高等职业技术院校房地产类规划教材

建筑法规与房地产法规实务

（第3版）

主　编　何　峰　晏　芳　李　丹
副主编　廖董言　宋　咪
　　　　赖泽凤　王　尧　陶　琴
主　审　范幸义

西南交通大学出版社
·成都·

图书在版编目（CIP）数据

建筑法规与房地产法规实务 / 何峰，晏芳，李丹主编. —3 版. —成都：西南交通大学出版社，2017.8（2021.1 重印）

高等职业技术院校房地产类规划教材

ISBN 978-7-5643-5622-4

Ⅰ.①建… Ⅱ.①何… ②晏… ③李… Ⅲ.①建筑法－中国－高等职业教育－教材②房地产法－中国－高等职业教育－教材 Ⅳ.①D922.297②D922.181

中国版本图书馆 CIP 数据核字（2017）第 179984 号

高等职业技术院校房地产类规划教材

建筑法规与房地产法规实务

（第 3 版）

主编　何　峰　晏　芳　李　丹

责任编辑	杨　勇
封面设计	何东琳设计工作室
出版发行	西南交通大学出版社 （四川省成都市二环路北一段 111 号 西南交通大学创新大厦 21 楼）
发行部电话	028-87600564　028-87600533
邮政编码	610031
网　　址	http://www.xnjdcbs.com
印　　刷	成都蜀通印务有限责任公司
成品尺寸	185 mm × 260 mm
印　　张	16
字　　数	398 千
版　　次	2017 年 8 月第 3 版
印　　次	2021 年 1 月第 11 次
书　　号	ISBN 978-7-5643-5622-4
定　　价	38.00 元

课件咨询电话：028-81435775
图书如有印装质量问题　本社负责退换
版权所有　盗版必究　举报电话：028-87600562

《建筑法规与房地产法规实务》(第3版)
编写委员会

主　编　何　峰　晏　芳　李　丹（西南大学）
主　审　范幸义
副主编　廖堇言　宋　咪（西南大学）
　　　　　赖泽凤　王　尧　陶　琴（重庆房地产职业学院）
编委成员（按单位与姓氏笔画排名）
　　　　　邓　莉、刘　波、刘世为、李　益、潘　娟、彭丽莉、彭雁英
　　　　　瞿　怡、冉小平、水天慧、陶　琴、王冬华、王丽梅、王　尧
　　　　　叶颖娟、张海念、张勇一（重庆房地产职业学院）

第 3 版前言

不知不觉中，本书已更新至第 3 版。在第 1 版、第 2 版的基础上，本次改版有三大特色：第一，新加入第 1、2 板块，法律实体与程序基础法律知识，这两个板块内容是注册一级、二级建造师考试第 1 章、第 8 章内容，也是我们学习建筑法、房地产法的基础，之前把这两部分内容分散在各板块之后，效果不佳，本版本将法律实体与程序基础法律知识单独作为第 1、2 板块内容给予呈现。第二，本版本加入新科技扫码功能，每一板块之后，可通过扫码获此相应习题以及实训内容参考答案。第三，本版本更新、优化了案例，并通过图表、思维导图方式呈现第 1、2 板块内容。

第 3 版主要沿用了第 2 版的体系，由上、中、下三篇（共十二大板块）组成，分别涉及法律基础知识、房地产前期开发中的法律实务（包括开发用地、勘察设计、规划许可等内容）、中后期开发中的法律实务（包括招投标、工程质量安全、工程造价、工程监理、房地产交易、装饰装修、物业管理等内容）。

第 3 版由西南大学法学院何峰老师主编，负责全书定稿。西南大学法学院晏芳老师（负责第 1 板块修订）、李丹老师（负责第 2 板块修订）、廖堇言同学（负责第 4、6 板块修订）、宋咪同学（负责第 7、9 板块修订），以及重庆房地产职业学院赖泽凤老师（负责第 11、12 板块修订）、王尧老师（负责第 3、5 板块修订）、陶琴老师（负责第 8、10 板块修订）参与了本书的修订。在此，感谢大立教育对本书修订过程中给予的帮助与支持。本书由范幸义教授主审，在此表示衷心感谢。

由于编者能力有限，书中难免有偏颇之处，敬请读者批评指正。

编　者

2017 年 6 月于重庆

第2版前言

本书经过两年的使用，发现了一些不足，因此希望通过第2版有所改进。首先，作为一门法律课程教材，案例的真实性与实务性十分重要，第2版教材经过反复推敲，选定了相对合适的案例。其次，高职院校注重实训与任务导向，实训任务提前至正文之前，使读者带着问题与任务去学习。最后，为了帮助读者更好地参加各类考证，增加了章节的同步考证习题。

第2版沿用了第1版的体系，由上、中、下三篇（共十大板块）组成，分别涉及房地产前期开发中的法律实务（包括开发用地、勘察设计、规划许可等内容），中期开发中的法律实务（包括招投标、工程质量安全、工程造价、工程监理等内容）和后期开发中的法律实务（包括房地产交易、装饰装修、物业管理等内容）。

第2版由何峰主编，负责全书定稿。具体章节的参与人如下：王尧参与第六、七板块的修订，王冬华参与第一、二板块的修订，邓莉参与第三、八板块的修订，瞿怡参与第四、五板块的修订，赖泽凤参与第九、十板块的修订。

本书由范幸义教授主审，在此表示衷心感谢。

由于时间紧迫，第2版难免有所疏漏与不足，敬请读者批评指正。

编　者

2013年7月

第 1 版前言

建筑法规与房地产法规是建筑类、房地产类专业重要的专业基础课，同时对学生今后的实务工作与考取相关证书都起着万分重要的作用。本书的一大特色就是将建筑法规与房地产法规进行有机结合，防止建筑类专业学生只懂建筑工程类法律知识以及房地产类专业学生只懂房地产相关法律知识，其实建筑法规与房地产法规本身有千丝万缕的联系，本书将其进行科学编排，希望对读者全面学习相关法律实务知识有所帮助。作为高职高专教材，本书通过科学的结构安排（以房地产建设流程为编写体例），将建筑法规与房地产法规紧密联系，同时强调实务（任务驱动模式），并与相关考证紧密联系（一级建造师等相关考试的法律科目），在强调实务性、培养复合型人才的教育理念下，以求对本专业高职教育的发展作出相应的贡献。本书的编著团队十分有特色。首先，编著团队涉及法律、建筑工程等专业，因此本书避免出现只讲法律，不懂建筑实务的情况。其次，编著团队以在职高校教师为主，同时有法律事务部门的法官与律师参与，因此强化了实务案例的质量。最后，编著团队涉及重庆、上海、北京、辽宁、陕西、厦门等地区，因此结合各地区实务案例与法律纠纷解决途径。

本书由上、中、下三篇（共十大板块）组成，分别涉及房地产前期开发中的法律实务（包括开发用地、勘察设计、规划许可等内容），房地产中期开发中的法律实务（包括招投标、工程质量安全、工程造价、工程监理等内容），房地产后期开发法律实务（包括房地产交易、装饰装修、物业管理等内容）。另外，每个板块由五部分组成，包括：导读（以故事连载、漫画的形式引出每一板块的重要知识点）；正文（包含大量的实务案例、相关法律纠纷的解决方案等）；法律基础（强化基本法律概念与制度）；实训任务（并非简单的案例，而是以任务驱动的模式，帮助读者主动查阅相关资料，培养其分析、预防和解决法律实务问题的能力);扩展阅读(涉及语言能力、经济学基础知识的介绍、职业规划等)。

  本书由何峰主编,负责定稿。全书共分10个板块,其中:第1、3板块由何峰编写;第2板块由李响、叶宏岩编写;第4板块由王丽梅编写;第5板块由肖念婷编写;第6板块由彭雁英、何峰编写;第7板块由叶宏岩、王淼编写;第8板块由何峰、张海念编写;第9板块由张勇一、陆强编写;第10板块由张勇一、刘波编写。李益负责整理历年考证真题,叶颖娟、张红英、刘世为、水天慧等负责相关漫画的创作。另外,本书还包含了大量参编人员以及部分学生的辛勤劳动(包括重庆房地产职业学院09级城规班的陈山、邓川,09级建筑学班的李孟恒、向美林、张声音等同学)。在此一并表示衷心感谢。

  本书由范幸义教授主审,谨此表示衷心感谢。

  由于时间紧迫,本书难免有所疏漏,敬请读者批评指正。

编 者

2011 年 8 月

目 录

上篇 法律基础知识

第1板块 建设工程基本法律知识 ·· 2
1.1 建设工程法律体系 ·· 2
1.2 建设工程法人制度 ·· 4
1.3 建设工程代理制度 ·· 5
1.4 建设工程物权制度 ·· 9
1.5 建设工程债权制度 ·· 10
1.6 建设工程知识产权制度 ·· 12
1.7 建设工程担保制度 ·· 14
1.8 建设工程保险制度 ·· 18
1.9 建设工程法律责任制度 ·· 20

第2板块 解决建设工程纠纷法律制度 ·· 21
2.1 建设工程纠纷主要种类和法律解决途径 ·· 21
2.2 民事诉讼制度 ·· 22
2.3 仲裁制度 ·· 29

中篇 房地产前期开发中的法律实务

第3板块 房地产开发用地相关法律实务 ·· 34
导 读 ·· 34
实训任务 ·· 35
3.1 房地产开发概述 ·· 37
3.2 房地产开发企业 ·· 39
3.3 房地产开发用地 ·· 43

第4板块 房地产勘察设计、规划许可相关法律实务……58

导　读……58
实训任务……59
4.1　勘察设计中的法律实务……61
4.2　规划许可中的法律实务……68

第5板块 合同法律实务……80

导　读……80
实训任务……81
5.1　合同与合同法概述……82
5.2　合同的成立……82
5.3　合同的效力……90
5.4　合同的履行……95
5.5　合同的担保……105
5.6　合同的变更、转让和终止……106

下篇　房地产中后期开发中的法律实务

第6板块 发包承包与招投标相关法律实务……112

导　读……112
实训任务……113
6.1　工程发包制度……114
6.2　工程承包制度……116
6.3　工程分包制度……119
6.4　招标投标法概述……122
6.5　投标人实施的不正当竞争行为……125
6.6　开标与评标……129
6.7　中　标……132

第7板块 工程质量安全相关法律实务……135

导　读……135
实训任务……136
7.1　工程质量相关法律实务……137
7.2　工程安全相关法律实务……144

第8板块 工程造价相关法律实务……155

导　读……155
实训任务……156

  8.1 工程造价基本知识 157
  8.2 工程造价管理 160
  8.3 工程造价法律纠纷 162

第 9 板块 工程监理相关法律实务 166
  导 读 166
  实训任务 167
  9.1 工程监理概述 168
  9.2 工程监理的依据、内容、权限和程序 171
  9.3 工程监理合同 173

第 10 板块 房地产交易相关法律实务 180
  导 读 180
  实训任务 181
  10.1 房地产交易概述 182
  10.2 房地产转让法律实务 183
  10.3 商品房预售法律实务 187
  10.4 房地产抵押法律实务 201
  10.5 房屋租赁法律实务 205

第 11 板块 建筑装饰装修相关法律实务 210
  导 读 210
  实训任务 211
  11.1 建筑装饰装修概述 212
  11.2 建筑装饰装修申报及物业管理法律关系 215
  11.3 建筑装饰装修合同 217

第 12 板块 物业管理相关法律实务 222
  导 读 222
  实训任务 223
  12.1 物业管理概述 224
  12.2 物业管理服务 226
  12.3 物业管理的基本制度 231

主要参考资料 240

第 1 版后记 241

第 2 版后记 243

第 3 版后记 244

上 篇

法律基础知识

第1板块
建设工程基本法律知识

1.1 建设工程法律体系

一、法律体系的基本框架

我国法律体系的基本框架可理解为"母子关系"。"母"为宪法及宪法相关法。如:《全国人民代表大会组织法》、《全国人民代表大会和地方各级人民代表大会选举法》等。这些法"高大上"。"子"有多种理解,可按通行的"三分法"理解,包括:

表 1-1 中国现行法律"三分法"基本框架表

三分法	实体法(举例)	程序法 包括诉讼与非诉讼程序 (指仲裁法)
私法(私人之间的事)	民法:合同法 商法:公司法	民事诉讼法
公法(有国家介入)	行政法:行政处罚法 刑法	刑事诉讼法 行政诉讼法
公共利益法	经济法:消费者权益保护法 社会法:劳动合同法	民事诉讼法

其一,私法。分为民法与商法。民法是规定并调整平等主体的公民间、法人间及公民与法人间的财产关系和人身关系的法律规范的总称,如《中华人民共和国合同法》、《中华人民共和国物权法》;而商法涉及平等主体间的商事关系,如《中华人民共和国公司法》、《中华人民共和国招标投标法》。

其二,公法。所谓公法,因其有国家的介入。例如刑法中,有检察院代表国家介入案件。行政法,如《中华人民共和国城市房地产管理法》、《中华人民共和国建筑法》等,其中,有政府机关代表国家介入行政法律关系。例如某公司对某建委做出的行政处罚不服,可起诉某建委,这就是典型的行政法律纠纷案件。

其三,公共利益法。理论上没有这种提法,为了帮助大家理解,笔者把第三类法统称为

"公共利益法",因其均涉及公共利益。经济法,如《中华人民共和国节约能源法》、《中华人民共和国标准化法》;社会法(保护弱势),如《中华人民共和国安全生产法》、《中华人民共和国劳动合同法》。

另外,程序法指诉讼与非诉讼程序法。诉讼法指我国三大传统诉讼法,分别涉及民事、行政、刑事诉讼,在商法、经济法、社会法纠纷中适用民事诉讼法;非诉讼程序法主要是《中华人民共和国仲裁法》。这部分内容将在教材第8板块重点讲解。

二、法的形式和效力层级

(一)法的形式

表 1-2 全国性的法律、法规、规章

名　称	谁制定?	谁公布?	例
1. 法律	全国人民代表大会及其常务委员会	国家主席	……法
2. 行政法规	国务院	总理	……条例
3. 部门规章	国务院各部、委、直属机构	部门首长	办法、规定、实施细则

表 1-3 地方性的法规、规章

名称	谁制定?	谁公布?	例
4. 地方性法规（自治条例、单行条例）	A. 省、自治区、直辖市人大 省、自治区、直辖市人大常委会 B. 设区的市人大及其常委会 C. 自治地方所在地人大及常委会	大会主席团 人大常委会 人大常委会（须报批） 人大常委会	……条例
5. 地方政府规章	省、自治区、直辖市、较大的市的地方人民政府	省长、 自治区主席、市长	……办法、规定、实施细则

表 1-4 国际条约

6. 国际条约,指国家签订的条约、协定			

在我国,习惯法、宗教法、判例法不是法的形式。

(二)法的效力层级

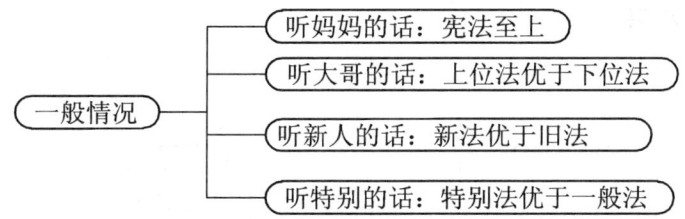

表 1-5 特殊情况需要由有关机关裁决

机关	冲突	适用	
同一机关制定	新的一般规定与旧的特别规定冲突	制定机关裁决	
不同机关制定	地方法规与部门规章冲突	国务院提出意见	国务院认为应适用地方法规，适用地方法规
			国务院认为应适用部门规章（国务院有包庇之嫌），提请全国人大常委会裁决
	部门规章与部门规章冲突、部门规章与地方政府规章冲突	国务院裁决	

1.2 建设工程法人制度

一、法人的法定条件及其在建设工程中的地位和作用

（一）法人应当具备的条件

表 1-6 法人应当具备的条件

	成立的法律要件
独立人格	1. 依法成立 2. 有自己的名称、组织机构和场所 （法人的法定代表人是自然人） （法人以它的主要办事机构所在地为住所）
独立财产	3. 有必要的财产或者经费
独立责任	4. 能够独立承担民事责任

（二）法人的分类

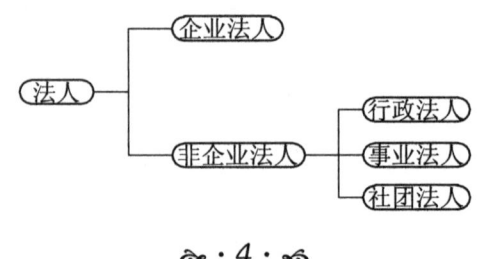

表 1-7　非企业法人何时取得法人资格？

情　形	何时取得法人资格
有独立经费的机关（主要指行政法人）	从成立之日起
具有法人条件的事业单位、社会团体，依法不需要办理法人登记的	从成立之日起
具有法人条件的事业单位、社会团体，依法需要办理法人登记的	经核准登记

二、企业法人与项目经理部的法律关系

表 1-8　项目经理与项目经理部的关系

项目经理	是企业法人授权在建设工程施工项目上的管理者
项目经理部	1. 是一次性的具有弹性的现场生产组织机构 2. 不具备法人资格，而是施工企业根据建设工程施工项目而组建的非常设的下属机构 3. 施工企业应当明确项目经理部的职责、任务和组织形式

1.3 建设工程代理制度

一、代理的法律特征和主要分类

（一）代理的法律特征

表 1-9　代理的法律特征

代理人	1. 须在代理权限范围内实施代理行为 2. 应以被代理人的名义实施代理行为
代理行为	3. 须是具有法律意义的行为 4. 法律后果归属于被代理人

（二）代理的主要种类

表 1-10　代理的主要种类

委托代理	按照被代理人的委托行使代理权
法定代理	根据法律的规定而发生的代理
指定代理	根据法院或有关单位的指定而发生的代理

二、建设工程代理行为的设立与终止

（一）建设工程代理行为的设立

表 1-11　建设工程代理行为的设立

一般书面委托代理	1. 授权委托书应当载明代理人的姓名或者名称、代理事项、权限和期间，并由委托人签名或者盖章 2. 委托书授权不明，被代理人应向第三人承担民事责任，代理人负连带责任
建设工程代理行为的设立	1. 建设工程的承包活动不得委托代理 2. 禁止承包单位将其承包的全部建筑工程转包给他人 3. 禁止承包单位将其承包全部建筑工程肢解后以分包名义分别转包给他人 4. 施工总承包的，建筑工程主体结构的施工必须由总承包单位自行完成

（二）建设工程代理行为的终止

表 1-12　建设工程代理行为的终止

委托代理终止的情形	法定或指定代理终止的情形
1. 死：被代理人死（仅限于被代理人是法人） 　　代理人死 2. 民事行为能力 　　代理人失去民事行为能力 3. 取消或不干了（被代理人取消委托或代理人辞去委托） 4. 事情做完了或时间到了 （代理期间届满或代理事务完成）	1. 死：被代理人死 　　代理人死 2. 民事行为能力 被代理人取得或恢复民事行为能力 代理人失去民事行为能力 3. 取消指定：代理的法院或单位取消指定

三、建设工程代理法律关系

表 1-13　建设工程代理法律关系

类　型	概　念	行　为	例　外	法律后果
一般代理		代理人在代理权限内，以被代理人的名义实施民事法律行为		被代理人承担责任
复代理（转代理） A 委托 B，B 又委托给 C ↓　　　　↓ 本代理　　复代理	代理人在必要的情形下，将全部或部分代理事项转托他人，选任其他人进行代理	被代理人事前同意或事后追认	情况紧急为保护被代理人利益	被代理人承担责任
		被代理人事后拒绝		代理人承担责任
无权代理	行为人没有代理权、超越代理权或代理权终止后的行为	1. 被代理人追认 2. 被代理人明知他人以自己名义实施民事行为不作否认		被代理人承担责任
		被代理人拒绝		行为人承担责任
表见代理	行为人没有代理权、超越代理权或代理权终止后以被代理人的名义订立合同，相对人有理由相信行为人有代理权的	客观要件（1）须存在足以使相对人相信行为人具有代理权的事实或理由。 主观要件（2）本人存在过失。 （3）相对人为善意		被代理人承担责任

案例分析讨论：开封安××公司纠纷案

案情简介：
再审申请人（一审被告、二审上诉人）：开封安××金属工程有限公司
被申请人（一审原告、二审被上诉人）：韩某，住河南省漯河市
被申请人（一审原告、二审被上诉人）：徐某，住河南省漯河市
一审被告：姚某，住河南省漯河市
再审申请人开封安××金属工程有限公司（以下简称安××公司）因与被申请人韩某、徐某及一审被告姚某建设工程施工合同纠纷一案，不服漯河市中级人民法院（2014）漯民四终字第330号民事判决，向本院申请再审。最终驳回开封安××金属工程有限公司的再审申请。

安××公司意见：

安××公司申请再审称：（一）韩某、徐某不是适格的诉讼主体，应驳回其诉讼请求。韩某、徐某不应起诉安××公司，不应与姚某在同一案件中合并审理。涉案合同没有安××公司的签名和盖章，安××公司对此合同毫不知情，更未参与合同的履行，该合同对安××公司不应发生任何法律效力。姚某不是安××公司的员工，也没有安××公司的授权，其签订合同的行为属个人行为，与安××公司无关。

（二）韩某、徐某通过起诉姚某来规避地域管辖。漯河市召陵区人民法院无管辖权，应将本案移送至有管辖权的开封市鼓楼区人民法院。

（三）韩某、徐某要求姚某和安××公司承担工程安装费45万元缺乏事实和法律依据，应依法驳回其诉讼请求。

（四）一审判决漏判，程序严重违法，二审应发回重审。

综上，一、二审判决认定事实错误，适用法律错误，程序违法，枉法裁判，明显偏袒韩某、徐某，请求对本案再审。

韩某、徐某意见

韩某、徐某提交意见称：（一）姚某签订劳务承包协议有安××公司的授权，该协议中约定的权利义务应由安××公司享有和承担。韩某、徐某是适格的诉讼主体。

（二）本案属建筑合同纠纷，一审法院作为工程建设所在地具有管辖权。

（三）安××公司在（2012）召民初字第16号案件中表述"我公司被迫停工，事实上我公司已经完成了工程量的绝大部分，只剩下屋面没有安装了"，该表述与二审判决认定的"除了屋面彩钢瓦之外的所有工程量"完全一致。同时安××公司的业务经理姚某对已经完成的工程量也已认可。

（四）姚某在本案中没有责任，二审判决已对一审漏判予以改正。

综上，安××公司的再审申请理由没有事实和法律依据，应当驳回。

姚某意见：

姚某提交意见称：姚某是安××公司的员工，安××公司称双方是挂靠关系不属实。在另案中安××公司已经认可工程基本完工。安××公司的再审申请理由不能成立，应当驳回。

争议焦点：
根据本节学习的代理相关法律知识，判断韩某、徐某是不是适格诉讼主体。

法律评析：
2011年3月29日安××公司出具的法人授权委托书显示：现授权委托开封安××金属工程有限公司的姚某、杨某同志为我公司的全权代理人，前往参加漯河市××香精香料有限公司厂房钢结构工程的投标、合同签订、施工事宜，代理人在投标过程中一切行为由本单位负责。姚某作为安××公司的代理人就××食用香精香料公司厂房车间的施工建设与韩某、徐某签订《安装工程合同》，未超越代理权限。该合同约定的相关权利义务应由安××公司享有和承担。安××公司关于韩某、徐某不是适格诉讼主体的再审申请理由不能成立。

1.4 建设工程物权制度

一、物权的主要种类和与土地相关的物权

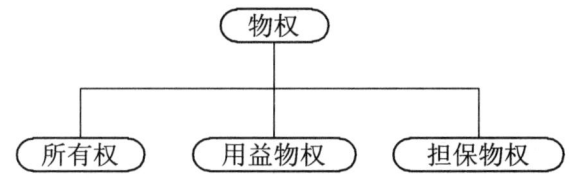

（一）所有权含义

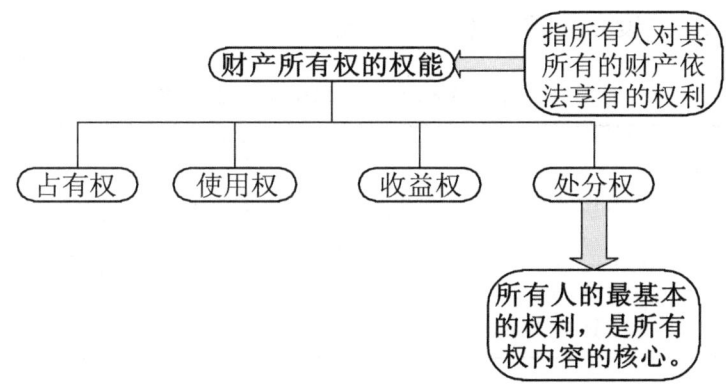

（二）用益物权

表 1-14 用益物权

含 义	权利人对他人所有的不动产或者动产，依法享有占有、使用和收益的权利
种 类	土地承包经营权、建设用地使用权、宅基地使用权和地役权

（三）担保物权

权利人在债务人不履行到期债务或者发生当事人约定的实现担保物权的情形，依法享有就担保财产优先受偿的权利。详见 1.7。

二、物权的设立、变更、转让、消灭和保护

（一）不动产物权的设立、变更、转让、消灭（登记生效）

表 1-15 不动产物权的设立、变更、转让、消灭（登记生效）

设 立	（1）登记生效主义+例外 不动产物权自记载于不动产登记簿时发生效力。经依法登记，发生效力；未经登记，不发生效力，但法律另有规定的除外。依法属于国家所有的自然资源，所有权可以不登记。 （2）不动产登记，由不动产所在地的登记机构办理
变 动	除法律另有规定或者合同另有约定外，自合同成立时生效；未办理物权登记的，不影响合同效力

（二）动产物权的设立和转让（交付生效）

表 1-16 动产物权的设立和转让（交付生效）

公示手段	占有和交付
交付生效	动产物权的设立和转让，应当依照法律规定交付。动产物权的设立和转让，自交付时发生效力
特 殊	船舶、航空器和机动车等物权的设立、变更、转让和消灭，未经登记，不得对抗善意第三人【登记对抗主义】

1.5 建设工程债权制度

一、债的基本法律关系

债的含义：按照合同的约定或者是按照法律规定，在当事人之间产生的特定的权利和义务关系，享有权利的人是债权人，负有义务的人是债务人。

表 1-17 物权债权比较

物 权	物权是绝对权
债 权	债权是相对权，其内涵包括： （1）债权主体相对性；（2）债权内容相对性；（3）债权责任相对性

二、建设工程债的产生和常见种类

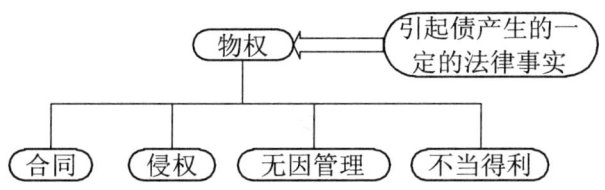

1. 合同

合同的意义：引起债产生的关系，是债发生的最主要、最普遍的依据。
合同之债：因合同而发生的债。

2. 侵权

表 1-18　侵　权

过错推定+追偿	建筑物、构筑物或者其他设施及其搁置物、悬挂物发生脱落、坠落造成他人损害，所有人、管理人或者使用人不能证明自己没有过错的，应当承担侵权责任。所有人、管理人或者使用人赔偿后，有其他责任人的，有权向其他责任人追偿
责任承担	建筑物、构筑物或者其他设施倒塌造成他人损害的，由建设单位与施工单位承担连带责任。建设单位、施工单位赔偿后，有其他责任人的，有权向其他责任人追偿。因其他责任人的原因，建筑物、构筑物或者其他设施倒塌造成他人损害的，由其他责任人承担侵权责任
特殊	从建筑物中抛掷物品或者从建筑物坠落的物品造成他人损害，难以确定具体侵权人的，除能够证明自己不是侵权人外，由可能加害的建筑物使用人给予补偿

3. 无因管理

指管理人员和服务人员没有法律上的特定义务，也没有受他人的委托，自觉为他人管理事务或提供服务。

4. 不当得利

指没有法律上或者合同上的依据，有损于他人利益而自身取得利益的行为。

1.6 建设工程知识产权制度

一、知识产权的法律特征

我国的知识产权法律特征（无形财产权）：财产权和人身权的双重属性、专有性、地域性、期限性。

二、建设工程知识产权的常见种类、保护和侵权责任

（一）建设工程知识产权的常见种类

1. 专利权

授予发明和实用新型专利权的条件	应具备新颖性、创造性和实用性
授予外观设计专利权的条件	除新颖外，外观设计还应具备富有美感和适于工业应用两个条件
专利权人的权利和期限	国务院专利行政主管部门收到专利申请文件之日为申请日。如果申请文件是邮寄的，以寄出的邮戳日为申请日

2. 商标权

商标权内容	只包括财产权（商标设计者的人身权受著作权法保护）
商标专用权	包括使用权和禁止权两方面

3. 著作权

概　念	指作者及其他著作权人依法对文学、艺术和科学作品所享有的专有权
主　体	指从事文学、艺术和科学等领域的创作出作品的作者及其他享有著作权的公民、法人或其他组织。在特定情况下，国家也可以成为著作权的主体
保护期 （期限+权利所属）	（1）作者的署名权、修改权和保护作品完整权的保护期不受限制。 （2）软件著作权属于软件开发者，《计算机软件保护条例》另有规定的除外。如无相反证明，在软件上署名的自然人、法人或者其他组织为开发者。 （3）由两个以上的自然人、法人或者其他组织合作开发的软件，其著作权的归属由合作开发者签订书面合同约定；无书面合同约定或者合同未作明确约定的，其著作权由受托人享有

著作权、商标权和专利权

类　型	保护对象	保护期限		起算日	能否续展
专利权	发明创造（发明、实用新型和外观设计）	发明：20年		申请日	不能
		实用新型和外观设计：10年			
商标权	经过国家商标管理机关核准注册的商标	10年		核准注册之日	能
著作权	作品（文字作品、建筑作品、图形作品）	自然人	公民作品：终生及死后50年	创作完成日	不能
			合作作品：最后死亡的作者终生及死后50年		
		法人或其他组织	发表的：发表后50年		
			未发表的：完成后50年		

（二）建设工程知识产权的保护

1. 建设工程专利权的保护

建设工程发明或者实用新型专利权的保护范围	以其权利要求的内容为准，说明书及附图可以用于解释权利要求的内容
外观设计专利权的保护范围	以表示在图片或照片中的该产品的外观设计为准，简要说明可以用于解释图片或照片所表示的该产品的外观设计

2. 建设工程商标权的保护

侵犯注册商标专用权行为（任一即可）【5禁止】	（1）未经商标注册人的许可，在同一种商品或者类似商品上使用与其注册商标相同或者近似的商标的； （2）销售侵犯注册商标专用权的商品的； （3）伪造、擅自制造他人注册商标标识或者销售伪造、擅自制造的注册商标标识的； （4）未经商标注册人同意，更换其注册商标并将该更换商标的商品又投入市场的； （5）给他人的注册商标专用权造成其他损害的

（三）建设工程知识产权侵权的法律责任

1. 建设工程知识产权侵权的民事责任

责任主要形式	赔偿损失
赔偿数额确定方法【4方法】	（1）侵权的赔偿数额按照权利人因被侵权所受到的实际损失确定； （2）实际损失难以确定的，可以按照侵权人因侵权所获利益确定；

续表

赔偿数额确定方法 【4方法】	（3）权利人的损失或者侵权人获得的利益难以确定的，参照该知识产权许可使用费的倍数合理确定； （4）权利人的损失、侵权人获得的利益和专利许可使用费均难以确定的，法院可以根据专利权的类型、侵权行为的性质和情节等因素，确定给予一定数额的赔偿。 【如侵犯的是建设工程专利权，应当为1万元以上100万元以下的赔偿；侵犯的是建设工程著作权和商标权，应当是50万元以下的赔偿。赔偿数额还应当包括权利人为制止侵权行为所支付的合理的开支。】

2. 建设工程知识产权侵权的行政责任

侵犯专利权		在侵犯建设工程专利权的行为中，需要承担行政责任的主要是假冒专利
侵犯商标权	使用注册商标违法 【改撤】	有下列行为之一的，由商标局责令限期改正或者撤销其注册商标：①自行改变注册商标的；②自行改变注册商标的注册人名称、地址或者其他注册事项的；③自行转让注册商标的；④连续三年停止使用的
	使用注册商标的商品生产或者销售有违法 【改罚撤】	使用注册商标，其商品粗制滥造，以次充好，欺骗消费者的，由各级工商行政管理部门分别不同情况，责令限期改正，并可以予以通报或者处以罚款，或者由商标局撤销其注册商标
	使用未注册商标违法 【改罚报】	有下列行为之一的，由地方工商行政管理部门予以制止，限期改正，并可以予以通报或者处以罚款：①冒充注册商标的；②使用不得作为商标使用标志的；③粗制滥造，以次充好，欺骗消费者的

1.7 建设工程担保制度

一、担保与担保合同的规定

担保方式：保证、抵押、质押、留置和定金。

担保合同

效　力	担保合同是主合同的从合同，主合同无效，担保合同无效。担保合同另有约定的，按照约定
	担保合同确认无效后，债务人、担保人、债权人有过错的，应当根据其过错各自承担相应的民事责任

二、建设工程保证担保的方式和责任

在建设工程活动中,保证是最为常见的一种担保方式。

(一)保证的基本法律规定

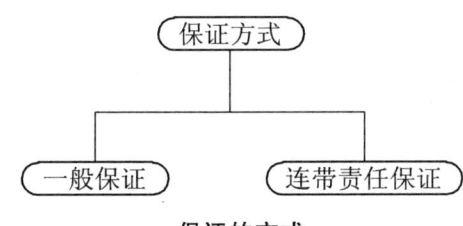

保证的方式

保证的方式	一般保证	当事人在保证合同中约定,债务人不能履行债务时,由保证人承担保证责任
	连带责任保证	当事人在保证合同中约定保证人和债务人对债务承担连带责任
		连带责任担保的债务人在主合同规定的履行期届满没有履行债务的,债权人可要求债务人履行债务,也可要求保证人在其保证范围内承担保证责任【债权人可选择】
		当事人对保证方式没有约定或约定不明确的,按照连带责任保证承担保证责任

(二)保证人资格

保证人	具有代为清偿债务能力的法人、其他组织或者公民,可以作为保证人
例外	以下组织不能作为保证人:【3禁止】 1. 国家机关不得为保证人,但经国务院批准为使用外国政府或者国际经济组织贷款进行转贷的除外。 2. 学校、幼儿园、医院等以公益为目的事业单位、社会团体不得为保证人。 3. 企业法人的分支机构、职能部门不得为保证人。企业法人的分支机构有法人书面授权的,可以在授权范围内提供保证

(三)保证责任

产 生	保证合同生效后,保证人应在合同约定的范围和保证期间承担保证责任
范 围	【4种类+约定】 保证担保的范围包括主债权及利息、违约金、损害赔偿金和实现债权的费用。另有约定的从约定。无约定或者约定不明确的,保证人应当对全部债务承担责任
变 更	【约定优先>转让或变更(合法)+保证人书面同意】 保证期间,债权人依法将主债权转让给第三人的,保证人在原保证担保的范围内继续承担保证责任。保证合同另有约定的,按照约定

变　更	保证期间，债权人许可债务人转让债务的，应当取得保证人书面同意，保证人对未经其同意转让的债务，不再承担保证责任。债权人与债务人协议变更主合同的，应当取得保证人书面同意，未经保证人书面同意的，保证人不再承担保证责任。保证合同另有约定的，按照约定
实　现	一般保证的保证人未约定保证期间的，保证期间为主债务履行期届满之日起6个月。连带责任保证的保证人与债权人未约定保证期间的，债权人有权自主债务履行期届满之日起6个月内要求保证人承担保证责任

（四）建设工程施工常用的担保种类

施工投标保证金：

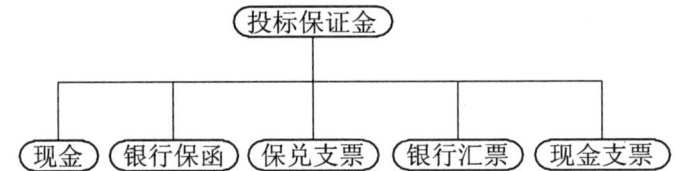

1. 施工合同履行保证金

《招标投标法》招标文件要求中标人提交履约保证金的，中标人应当提供。

2. 工程支付担保

招标人要求中标人提供履约保证金或其他形式履约担保的。招标人应当同时向中标人提供工程款支付担保。

3. 预付款担保

含　义	是指承包人向发包人提供的用于实现承包人按合同规定进行施工，偿还发包人已支付的全部预付金额的担保
实　现	如果承包人违约，使发包人不能在规定期限内从应付工程款中扣除全部预付款，则发包人有权行使预付款担保权利作为补偿

三、抵押、质权、留置、定金的规定

（一）抵押权

1. 抵押权的法律概念

指债务人或者第三人不转移对财产的占有，将该财产作为债权的担保。

债务人不履行债务时,债权人有权依照法律规定以该财产折价或者以拍卖、变卖该财产的价款优先受偿。其中,债务人或第三人称为抵押人,债权人称为抵押权人。【折拍变】

2. 抵押物

不得抵押物		(1)土地所有权;(2)耕地、宅基地、自留地、自留山等集体所有的土地使用权;(3)学校、幼儿园、医院等以公益为目的的事业单位、社会团体的教育设施、医疗卫生设施和其他社会公益设施;(4)所有权、使用权不明或有争议的财产;(5)依法被查封、扣押、监管财产;(6)依法不得抵押的其他财产
生效	登记生效	当事人以下列财产抵押的,应当办理抵押物登记,抵押合同自登记之日起生效:(1)建筑物和其他土地附着物;(2)建设用地使用权;(3)以招标、拍卖、公开协商等方式取得的荒地等土地承包经营权;(4)正在建造的建筑物
	登记对抗	当事人以下列财产抵押的,抵押权自抵押合同生效时设立,未经登记,不得对抗善意第三人:(1)生产设备、原材料、半成品、产品;(2)交通运输工具;(3)正在建造的船舶、航空器
	注意	办理抵押物登记,应当向登记部门提供主合同、抵押合同、抵押物的所有权或者使用权证书

(二)质 权

1. 质押的概念

含义	是指债务人或者第三人将其动产或权利移交债权人占有,将该动产或权利作为债权的担保。债务人不履行债务时,债权人有权依照法律规定以该动产或权利折价或者以拍卖、变卖该动产或权利的价款优先受偿【转移占有+优先受偿】
特征	质权是一种约定的担保物权,以转移占有为特征。债务人或第三人为出质人,债权人为质权人,移交的动产或权利为质物

2. 质押的分类

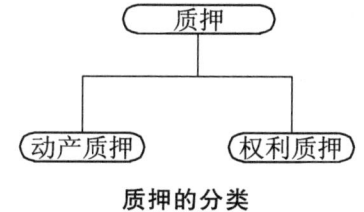

质押的分类

动产质押	指债务人或者第三人将其动产移交债权人占有,将该动产作为债权的担保。能够用作质押的动产没有限制
	可以质押的权利包括:(1)汇票、支票、本票、债券、存款单、仓单、提单;(2)依法可以转让的股份、股票;(3)依法可以转让的商标专用权、专利权、著作权中的财产权;(4)依法可以质押的其他权利

（三）留　置

概　念	指债权人按照合同约定占有债务人的动产，债务人不按照合同约定的期限履行债务的，债权人有权依照法律规定留置该财产，以该财产折价或者以拍卖、变卖该财产的价款优先受偿
产生原因	《担保法》规定，因保管合同、运输合同、加工承揽合同发生的债权，债务人不履行债务的，债权人有留置权。法律规定可以留置的其他合同，适用以上规定。当事人可以在合同中约定不得留置的物【特殊债权＋法律规定】
留置权人义务	留置权人须妥善保管留置物。因保管不善致使留置物灭失或者毁损的，留置权人应当承担民事责任【妥善保管＋损毁担责】

（四）定　金

含　义	当事人可以约定一方向对方给付定金作为债权的担保。债务人履行债务后，定金应当抵作价款或者收回。给付定金的一方不履行约定的债务的，无权要求返还定金；收受定金的一方不履行约定的债务的，应当双倍返还定金
形式、期限和生效	定金应当以书面形式约定。当事人在定金合同中应当约定交付定金的期限。定金合同从实际交付定金之日起生效。定金的数额由当事人约定，但不得超过主合同标的额的20%

1.8 建设工程保险制度

保险与保险索赔的规定：

一、保险合同

形 式		以保险单的订立的
分 类	人身保险合同	保险人对人身保险保险费，不得用诉讼方式要求投保人支付
	财产保险合同	在合同的有效期内，保险标的的危险程度显著增加的，被保险人应当按照合同约定及时通知保险人，保险人可以按照合同约定增加保险费或者解除合同【情事变更】
		财产虽然没有全部毁损或者灭失，但其损坏程度已达到无法修理，或者虽然能够修理但修理费将超过赔偿金额的，也应当按照全损进行索赔【视为全损】
		若一个建设工程项目同时由多家保险公司承保，则应当按照约定的比例分别向不同的保险公司提出索赔要求【比例索赔】

二、建设工程保险的主要种类和投保权益

保险种类	保险责任范围	除外责任
建筑工程一切险（及第三人责任险）	1. 自然事件，指地震、海啸、雷电、飓风、台风、龙卷风、风暴、暴雨、洪水、水灾、冰雹等。 2. 意外事故，指不可预料的以及被保险人无法控制并造成物资损失或人身伤亡的突发性事件，包括火灾和爆炸。 第三者责任险：1. 因发生与所保工程直接相关意外事故引起的工地内及邻近区域第三者人身伤亡、疾病或财产损失。 2. 被保险人因上述原因支付的诉讼费用及事先经保险人书面同意而支付的其他费用	1. 设计错误引起的损失和费用。 2. 自然磨损。 3. 因原材料缺陷或工艺不善引起的保险财产本身的损失以及为换置、修理或矫正这些缺点错误所支付的费用。 4. 非外力引起的机械或电气装置的本身损失。 5. 维修保养或正常检修的费用。 6. 档案、文件、账簿、票据、现金、各种有价证券、图表资料及包装物料的损失。 7. 盘点时发现的短缺等
安装工程一切险（及第三人责任险）	保险人对因自然灾害、意外事故（具体内容与建筑工程一切险基本相同）造成的损失和费用，负责赔偿	与建筑工程一切险 2、5、6、7 相同，不同在于：（1）因设计错误、铸造或原材料缺陷或工艺不善引起的保险财产本身的损失以及为换置、修理或矫正这些缺点错误所支付的费用。 （2）由于超负荷、超电压、碰线、电弧、漏电、短路、大气放电及其他电气原因造成电器设备或电气用具本身的损失。 （3）施工用机具、设备、机械装置失灵造成的本身损失

1.9 建设工程法律责任制度

一、法律责任类型的种类及承担方式

类 型	种 类	承担方式
民事责任	违约责任	3 继续履行；采取补救措施；停止违约行为 3 赔偿损失；违约金；定金
	侵权责任	6 停止侵害；排除妨碍；消除危险 　返还财产；恢复原状；修理、重作、更换 2 赔偿损失；违约金 2 消除影响、恢复名誉；赔礼道歉
行政责任	行政处罚	3 警告；罚款；没收违法所得、没收非法财物 3 责令停产停业；暂扣或吊销许可证、执照；拘留
	行政处分	3 警告；记过；记大过 3 降级；撤职；开除
刑事责任	主 刑	5 管制；拘役；有期徒刑；无期徒刑；死刑
	附加刑	4 罚金；剥夺政治权利；没收财产；驱逐出境

二、在建设工程领域常见的刑事责任法律责任

工程重大安全事故罪	建设单位、设计单位、施工单位、工程监理单位违反国家规定，降低工程质量标准
重大责任事故罪	在生产、作业中违反有关安全管理的规定，因而发生重大伤亡事故或者造成其他严重后果的
重大劳动安全事故罪	安全生产设施或者安全生产条件不符合国家规定，因而发生重大伤亡事故或者造成严重后果的

第 1 板块资源

第 2 板块
解决建设工程纠纷法律制度

2.1 建设工程纠纷主要种类和法律解决途径

一、建设工程民事纠纷

在建设工程领域,较为普遍和重要的民事纠纷主要是合同纠纷、侵权纠纷。发包人和承包人就有关工期、质量、造价等产生的建设工程合同争议,是建设工程领域最常见的民事纠纷。

二、建设工程行政纠纷

(1)行政机关的行政行为具有以下特征:

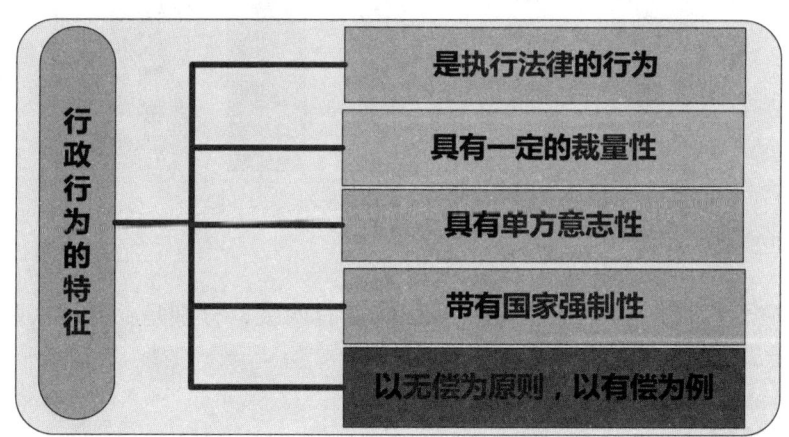

(2)在建设工程领域,行政机关易引发行政纠纷的具体行政行为主要有如下几种:

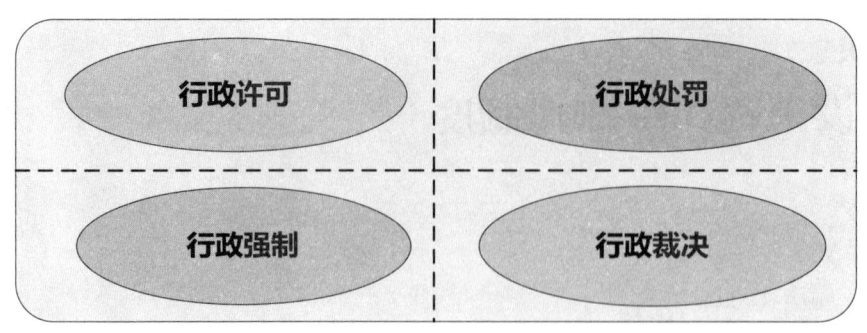

2.2 民事诉讼制度

一、民事诉讼的法律管辖

《民事诉讼法》规定的民事案件的管辖。

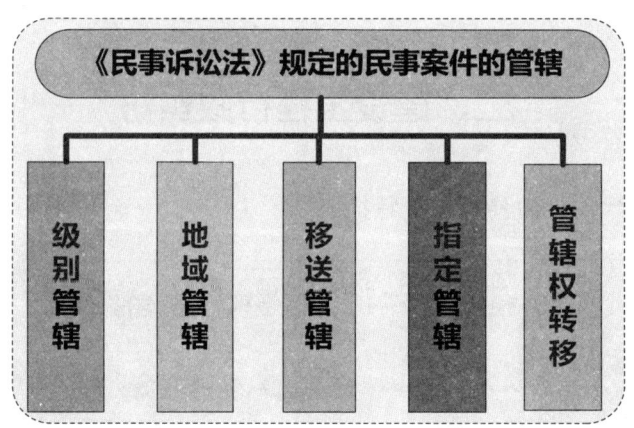

（一）级别管辖

是确定民事案件由哪一级法院管辖。我国法院有四级，分别是：基层法院、中级法院、高级法院和最高法院。

（二）地域管辖

概念	就是按照各法院的辖区范围和民事案件的隶属关系，划分同级法院之间审判第一审民事案件的权限

地域管辖	（一）一般地域管辖 通常实行"原告就被告"原则，即以被告住所地作为确定管辖的标准。 1. 对公民提起的民事诉讼，由被告住所地法院管辖。被告住所地与经常居住地不一致的，由经常居住地法院管辖。 2. 同一诉讼的几个被告住所地、经常居住地在两个以上法院管辖区的，原告可以向任何一个被告住所地或经常居住地法院起诉。 3. 对法人或其他组织提起的民事诉讼，由被告住所地法院管辖。 （二）特殊地域管辖 1. "因合同纠纷提起的诉讼，由被告住所地或合同履行地法院管辖。"建设施工合同纠纷以施工行为地为合同履行地。 2. 合同的当事人可以在书面合同中协议选择被告住所地、合同履行地、合同签订地、原告住所地、标的物所在地等与争议有实际联系的地点的法院管辖，但不得违反级别管辖和专属管辖规定
专属管辖	指法律规定某些特殊类型的案件专门由特定的法院管辖。 1. 因不动产纠纷提起的诉讼，由不动产所在地法院管辖。 2. 建设施工合同纠纷按照不动产纠纷确定管辖。不动产已登记的，以不动产登记簿记载的所在地为不动产所在地；未登记的，以不动产实际所在地为不动产所在地
协议管辖	合同的当事人可以在书面合同中协议选择被告住所地、合同履行地、合同签订地、原告住所地、标的物所在地等与争议有实际联系的地点的法院管辖，但不得违反本法对级别管辖和专属管辖的规定

（三）移送管辖和指定管辖

移送管辖	法院发现受理的案件不属于本院管辖的，应当移送有管辖权的法院，受移送的法院应当受理。受移送的法院认为受移送的案件依照规定不属于本院管辖的，应当报请上级法院指定管辖，不得再自行移送
指定管辖	有管辖权的法院由于特殊原因，不能行使管辖权的，由上级法院指定管辖

（四）管辖权异议

法院受理案件后，当事人对管辖权有异议的，应当在提交答辩状期间（收到起诉状副本之日起15日内）提出。法院对当事人提出的异议，应当审查。异议成立的，裁定将案件移交有管辖权的法院；异议不成立的，裁定驳回。

案情介绍：
上诉人（原审被告）：内蒙古××新能源有限公司。住所地：内蒙古兴和县兴旺角。
被上诉人（原审原告）：河南××城建集团有限公司。住所地：河南省安阳市北关区安漳大道××号。
原审被告：中国××冶集团有限公司。住所地：河北省唐山市丰润区幸福路××号。
上诉人内蒙古××新能源有限公司（以下简称内蒙古××公司）不服河北省唐山市中级

人民法院（2014）唐民初字第 401-3 号民事裁定，提出上诉。最终撤销河北省唐山市中级人民法院唐民初字第 401-3 号民事裁定。驳回河南××城建集团有限公司的起诉。

一审法院认为，本案第一被告中国××冶集团有限公司（以下简称××冶集团公司）的住所地在唐山，第二被告住所地在内蒙古乌兰察布市兴和县，根据《中华人民共和国民事诉讼法》规定，两地法院均有管辖权，河南××城建集团有限公司（以下简称河南城建公司）向唐山市中级人民法院提起诉讼，唐山市中级人民法院受理符合法律规定。

内蒙古××公司意见：

上诉人内蒙古××公司上诉称，上诉人与被上诉人河南城建公司不存在合同关系，不涉及承担民事责任的法律关系；上诉人与××冶集团公司签订《厂前单身公寓等住宅建筑合同》规定，双方解决争议的方式为呼和浩特仲裁委员会仲裁，上诉人已向该仲裁委提出仲裁申请，该案正在仲裁审理中。被上诉人河南城建公司提交答辩意见认为，虽然内蒙古××公司与河南城建公司不存在合同关系，但内蒙古××公司作为发包人与××冶集团公司存在工程款纠纷，根据《最高人民法院关于审理建设工程施工合同纠纷案件适用法律若干问题的解释》第二十六条规定，将内蒙××公司列为被告并无不妥；本案第一被告在唐山，唐山市中级人民法院受理符合法律规定；二十二冶集团公司同内蒙瑞盛公司发生的仲裁纠纷，与本案发生原因不同，不重合。应驳回上诉。

争议焦点

本案应由哪个法院管辖？

法律分析：

由于转包人××冶集团公司和发包人内蒙古××公司建设施工合同约定有协议管辖条款，河南城建公司作为实际施工人起诉二被告时应当受其双方合同中协议管辖条款制约。

1. 由于本案当事人已超出《厂前单身公寓等住宅建筑合同》约定仲裁当事人的范围，应由人民法院依法管辖。本案被告二十二冶集团公司住所地在河北省唐山市，依照《中华人民共和国民事诉讼法》第二十三条的规定，河北省唐山市中级人民法院对本合同纠纷具有管辖权。

2. 由于《厂前区办公楼建筑施工合同》协议管辖约定，发生纠纷，由乌兰察布市人民法院诉讼解决，且该约定为有效约定，河南城建公司在同时起诉转包人××冶集团公司和发包人内蒙古××公司时，应当受此协议管辖的约束。河北省唐山市中级人民法院对涉本合同之诉没有管辖权。

二、民事诉讼的当事人和代理人

（一）当事人

狭义的民事诉讼当事人	包括原告和被告
广义的民事诉讼当事人	包括原告、被告、共同诉讼人和第三人

共同诉讼人	是指当事人一方或双方为二人以上（含二人），其诉讼标的是共同的，或者诉讼标的是同一种类、法院认为可以合并审理并经当事人同意，共同在法院进行诉讼的人
第三人	是指对他人争议的诉讼标的有独立的请求权，或者虽无独立的请求权，但案件的处理结果与其有法律上的利害关系，而参加到原告、被告已经开始的诉讼中进行诉讼的人

（二）民事诉讼代理人

（1）民事诉讼代理人也可以分为：

$$\begin{cases} 法定诉讼代理人 \\ 委托诉讼代理人 \\ 指定诉讼代理人 \end{cases}$$

（2）《民事诉讼法》规定，当事人、法定代理人可以委托一至二人作为诉讼代理人。下列人员可以被委托为诉讼代理人：

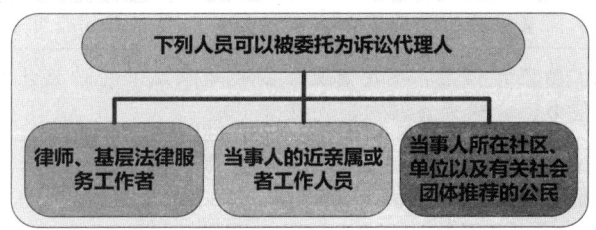

（3）《民事诉讼法》规定，诉讼代理人代为承认、放弃、变更诉讼请求，进行和解、提起反诉或者上诉，必须有委托人的特别授权。

三、民事诉讼证据的种类、保全和应用

1. 证据的概念

证据是指在诉讼中能够证明案件真实情况的各种资料。

2. 证据的种类

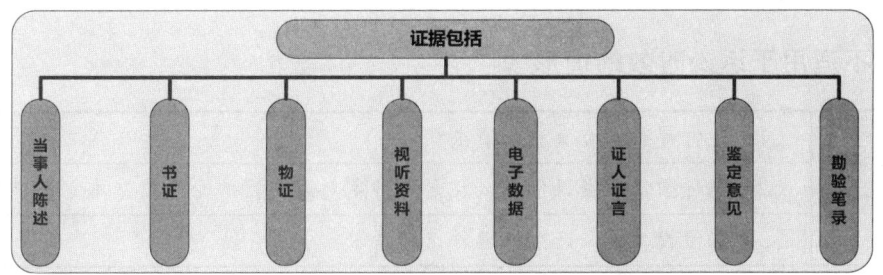

证据必须查证属实，才能作为认定事实和根据。

3. 不能作为或不能单独作为认定案件事实依据的证据

不能作为或不能单独作为认定案件事实依据的证据	（1）在诉讼中，当事人为达成调解协议或者和解目的作出妥协所涉及的对案件事实的认可，不得在其后的诉讼中作为对其不利的证据
	（2）以侵害他人合法权益或者违反法律禁止性规定的方法取得的证据，不能作为认定案件事实的依据
	（3）不能单独作为认定案件事实的证据：未成年人所作的与其年龄和智力状况不相当的证言；与一方当事人或者其代理人有利害关系的证人出具的证言；存有疑点的视听资料；无法与原件、原物核对的复印件、复制品；无正当理由未出庭作证的证人证言
	（4）当事人对自己的主张，只有本人陈述而不能提出其他相关证据的，其主张不予支持（但对方当事人认可的除外）

4. 数个证据对同一事实的证明力

数个证据对同一事实的证明力	（1）国家机关、社会团体依职权制作的公文书的证明力一般大于其他书证
	（2）物证、档案、鉴定意见、勘验笔录或者经过公证的书证，其证明力一般大于其他书证、视听资料和证人证言
	（3）证人提供的对于其亲属或者其他密切关系的当事人有利的证言，其证明力一般小于其他证人证言

四、民事诉讼时效

（一）诉讼时效的概念

（1）超过诉讼时效期间，在法律上发生的效力是权利人的胜诉权消灭。

（2）当事人未提出诉讼时间抗辩的，法院不应对诉讼时效问题进行释明及主动适用诉讼时效的规定进行裁判。当事人违反法律规定，约定延长或者缩短诉讼时效期间、预先放弃诉讼时效利益的，法院不予认可。

（3）超过诉讼时效期间，义务人履行义务后又超过诉讼时效为由反悔的，不予支持。

（二）不适用于诉讼时效的情形

不适用于诉讼时效的情形	（1）支付存款本金及利息请求权
	（2）兑付国债、金融债券以及向不特定对象发行的企业债券本息请求权
	（3）基于投资关系产生的缴付出资请求权

（三）诉讼时效期间的起算

1. 诉讼时效期间从当事人知道或者应当知道权利被侵害时起计算

诉讼时效期间起算的具体情况	（1）人身损害赔偿的诉讼时效期间，伤害明显的，从受伤害之日起算；伤害当时未曾发现，后经检查确诊并能证明是由侵害引起的，从伤势确诊之日起算
	（2）当事人约定同一债务分期履行的，诉讼时效期间从最后一期履行期限届满之日起计算
	（3）未约定履行期限的合同，依照《合同法》第61条、第62条可以确定履行期限的，诉讼时效期间从履行期限届满之日起计算；仍不能确定履行期限的，诉讼时效期间从债权人要求债务人履行义务的宽限期届满之日起计算，但债务人在债权人第一次向其主张权利之时明确表示不履行义务的，诉讼时效期间从债务人明确表示不履行义务之日起计算
	（4）享有撤销权的当事人一方请求撤销合同的，不适用诉讼时效，而应适用《合同法》关于1年除斥期间的规定。但合同被撤销后，当事人请求返还财产、赔偿损失请求权的，适用诉讼时效，诉讼时效期间从合同被撤销之日起计算

2. 诉讼时效期间

种 类	起算日	期 间	适用的纠纷
普通诉讼时效	从当事人知道或应当知道之日起算	2年	一般纠纷
短期诉讼时效		1年	（1）身体受到伤害要求赔偿的； （2）出售质量不合格的商品未声明的； （3）延付或拒付租金的； （4）寄存财物被丢失或损毁的
特殊诉讼时效		4年	国际货物买卖合同
		1年	海上货物运输
最长时效	权利被侵害时起算	20年	所有纠纷（一般在1.权利人始终不知道权利被侵害，2.过晚知道或应当知道权利被侵害时）

3. 诉讼时效的中止和中断

	发生原因	发生时间	后果
中止	（1）不可抗力； （2）其他障碍	诉讼时效期间的最后6个月内	暂停
中断	（1）当事人提起诉讼、提出要求； （2）当事人同意履行义务	诉讼时效进行中	清零

五、民事诉讼的审判程序

（一）一审程序

一审程序包括普通程序和简易程序。

适用普通程序审理的案件，根据《民事诉讼法》的规定，应当在立案之日起 6 个月内审结。有特殊情况需要延长的，由本院院长批准，可以延长 6 个月；还需要延长的，报请上级法院批准。

适用简易程序审理的案件，应当在立案之日起 3 个月内审结。

（二）第二审程序

当事人不服一审判决的，有权在判决书送达之日起 15 日内向上一级法院提起上诉；不服一审裁定的，有权在裁定书送达之日起 10 日内向上一级法院提起上诉。

二审法院对上诉案件的处理

情　形	处　理
原判决、裁定认定事实清楚，适用法律正确	以判决、裁定方式驳回上诉，维持原判决、裁定
原判决、裁定认定事实错误或者适用法律错误	以判决、裁定方式依法改判、撤销或者变更
原判决认定基本事实不清，裁定撤销原判决，	发回原审法院重审，或者查清事实后改判
原判决遗漏当事人或违法缺席判决等严重违反法定程序	发回原审法院重审，裁定撤销原判决

（三）审判监督程序

当事人申请再审，应当在判决、裁定发生法律效力后 6 个月内提出。但有 4 个例外：

超出 6 个月的例外情形	（1）有新的证据，足以推翻原判决、裁定的
	（2）原判决、裁定认定事实的主要证据是伪造的
	（3）据以作出原判决、裁定的法律文书被撤销或者变更的
	（4）审判人员审理该案件时有贪污受贿，徇私舞弊，枉法裁判行为的，当事人应当自知道或者应当知道之日起 6 个月内提出申请再审

六、民事诉讼的执行程序

（一）执行根据

民事诉讼的执行根据	1. 法院制作的发生法律效力的民事判决书、裁定书以及生效的调解书等
	2. 法院作出的具有财产给付内容的发生法律效力的刑事判决书、裁定书

民事诉讼的执行根据	3. 仲裁机构制作的依法由法院执行的生效仲裁裁决书、仲裁调解书
	4. 公证机关依法作出的赋予强制执行效力的公证债权文书
	5. 法院作出的先予执行的裁定、执行回转的裁定以及承认并协助执行外国判决、裁定或裁决的裁定
	6. 我国行政机关作出的法律明确规定由法院执行的行政决定
	7. 法院依督促程序发布的支付令等

（二）执行案件的管辖

发生法律效力的民事判决、裁定，以及刑事判决、裁定中的财产部分，由一审法院或者与一审法院同级的被执行的财产所在地法院执行。

（三）执行程序

当事人申请执行	申请执行的期间为两年
向上一级法院再申请执行	法院自收到申请执行书之日起超过6个月未执行的，申请执行人可以向上一级法院申请执行

（四）执行措施

被执行人未按执行通知履行法律文书确定的义务，应书面报告当前及收到执行通知之日前一年的财产情况，具体包括：收入等动产；债权等财产性权利；其他。

2.3 仲裁制度

一、仲裁协议的规定

（一）仲裁三项基本制度

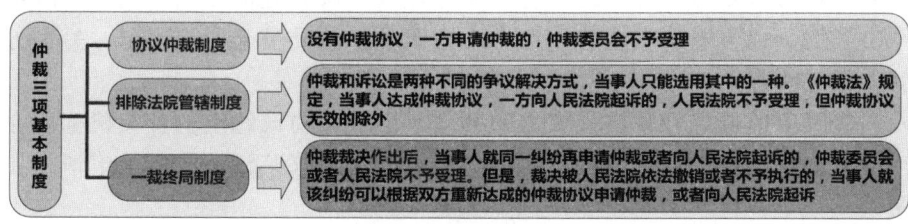

（二）仲裁协议

仲裁协议包括合同中订立的仲裁条款和其他以书面形式在纠纷发生前或者纠纷发生后达成的请求仲裁的协议。仲裁协议应当采用书面形式，口头方式达成的仲裁意思表示无效。

仲裁协议的内容

内　容	解　释
1. 请求仲裁的意思表示	当事人约定可以提交仲裁，也可以诉讼的，仲裁协议无效
2. 仲裁事项	仲裁事项约定不明的，当事人可以补充协议；否则仲裁协议无效
3. 选定的仲裁委员会	仲裁协议约定的仲裁机构名称不准确，但能够确定具体的仲裁机构的，应当认定选定了仲裁机构。仲裁协议约定有两个以上仲裁机构的，当事人可以协议选择其中的一个仲裁机构申请仲裁；当事人不能就仲裁机构选择达成一致的，仲裁协议无效。 仲裁协议约定由某地的仲裁机构仲裁且该地仅有一个仲裁机构的，该仲裁机构视为约定的仲裁机构。该地有两个以上仲裁机构的，当事人可以协议选择其中的一个仲裁机构申请仲裁；当事人不能就仲裁机构选择达成一致的，仲裁协议无效

仲裁协议的效力

主　体	效　力
1. 对当事人的法律效力	仲裁协议合法有效，发生纠纷后，一方当事人只能向仲裁协议约定的仲裁机构申请仲裁，而不能就该纠纷向法院提起诉讼
2. 对法院的约束力	当事人达成仲裁协议，一方向法院起诉未声明有仲裁协议，法院受理后，另一方在首次开庭前提交仲裁协议的，法院应当驳回起诉，但仲裁协议无效的除外。另一方如果没有在首次开庭前提交仲裁协议的，视为放弃仲裁协议，法院应当继续审理
3. 对仲裁机构的法律效力	仲裁协议是仲裁庭审理和裁决案件的依据。没有有效仲裁协议，仲裁委员会就不能获得对争议案件的管辖权。仲裁委员会只能对当事人在仲裁协议中约定的争议事项进行仲裁，对超出仲裁协议约定范围的其他争议事项无权仲裁

当事人对仲裁协议效力有异议的，应当在仲裁庭首次开庭前提出。当事人既可以请求仲裁委员会作出决定，也可以请求法院裁定。一方请求仲裁委员会作出决定，另一方请求法院作出裁定的，由法院裁定。

当事人向法院申请确认仲裁协议效力的案件，由仲裁协议约定的仲裁机构所在地的中级法院管辖；仲裁协议约定的仲裁机构不明确的，由仲裁协议签订地或者被申请人住所地的中级法院管辖。

二、仲裁的申请和受理

申请仲裁的条件和仲裁协议的内容的对比

申请仲裁的条件	仲裁协议的内容
1. 有效的仲裁协议； 2. 有具体的仲裁请求和事实、理由； 3. 属于仲裁委员会的受理范围	1. 请求仲裁的意思表示； 2. 仲裁事项； 3. 选定的仲裁委员会

民事诉讼和仲裁的区别对比

项　目		仲　裁	民事诉讼
提起的前提条件		有效的仲裁协议	民告民案件（含没有仲裁协议、仲裁协议无效、放弃仲裁协议）
适用范围	人身关系纠纷	×	√
	劳动争议纠纷	×	√
	行政争议纠纷	×	×
	农村土地承包经营纠纷	×	√
终局制度		一裁终局	两审终审
文书生效时间		裁决作出之日或调解书双方签收之日	一审判决：超过上诉期未上诉生效
管辖		当事人选定仲裁委员会，不适用级别管辖和地域管辖	严格的管辖制度
是否公开审理		原则上不公开	原则上公开
翻案		撤销，不予执行	再审
强制执行		法院	法院
组织属性		民间组织	司法机关

三、仲裁的开庭和裁决

（一）仲裁庭的组成

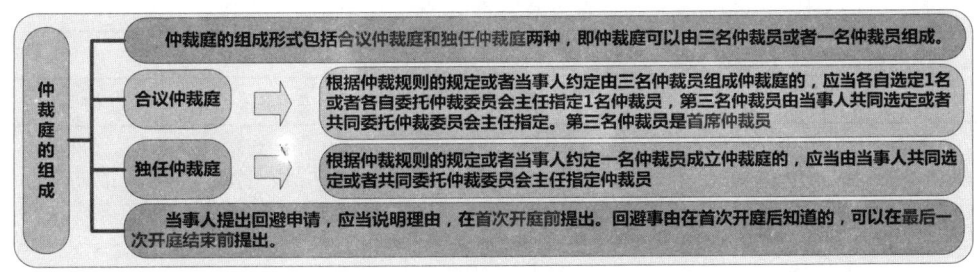

（二）开庭和审理

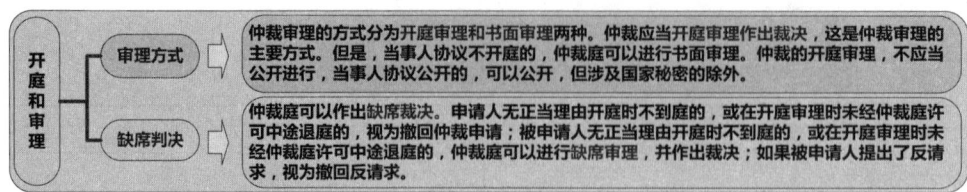

（三）仲裁和解与调解

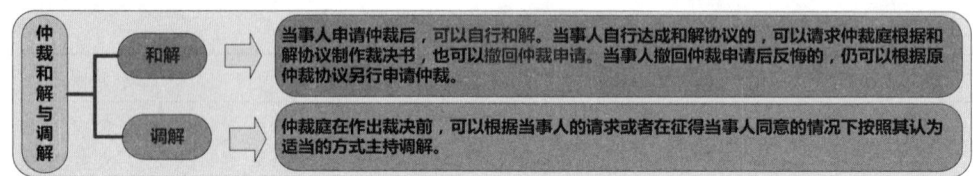

（四）仲裁裁决

少数服从多数或遵从首席仲裁员：独任仲裁庭审理案件由独任仲裁员作出仲裁裁决。合议仲裁庭审理的案件由 3 名仲裁员集体作出裁决。裁决也可按照多数仲裁员意见作出，仲裁庭无法形成多数意见时，按照首席仲裁员的意见作出。裁决书自作出之日起发生法律效力。

四、仲裁裁决的执行

（一）仲裁裁决的执行效力

仲裁裁决作出后，当事人应当履行裁决。一方当事人不履行的，另一方当事人可以向法院申请执行。当事人申请执行仲裁裁决案件，由被执行人所在地或者被执行财产所在地的中级法院管辖。仲裁裁决执行的申请期间为 2 年。

（二）仲裁裁决的不予执行和撤销

仲裁裁决不予执行的情形	（1）当事人在合同中没有仲裁条款或者事后没有达成书面仲裁协议的
	（2）裁决的事项不属于仲裁协议的范围或者仲裁机构无权仲裁的
	（3）仲裁庭的组成或者仲裁的程序违反法定程序的
	（4）裁决所根据的证据是伪造的
	（5）对方当事人向仲裁机构隐瞒了足以影响公正裁决的证据的
	（6）仲裁员在仲裁该案时有索贿受贿、徇私舞弊、枉法裁决行为的

仲裁裁决被法院依法裁定不予执行的，当事人就该纠纷可以重新达成仲裁协议，并依据该仲裁协议申请仲裁，也可以向法院提起诉讼。

中 篇

房地产前期开发中的法律实务

第 2 板块资源

第3板块
房地产开发用地相关法律实务

导 读

小芳，22岁，典型的重庆妹子。刚走出大学校园的她，对未来的生活充满期待。过五关斩六将，她成为了AAA房地产开发有限责任公司的总经理助理。她的成长历程将伴随各位读者阅读与学习这本教材。我们的故事就从她上班第一天开始……

2011年7月1日，夏天的重庆，像个火炉，小芳辛苦挤着公交车开始了第一天的工作。刚到单位打开电脑，王总的电话就来了。原来是让小芳马上查阅、整理"国有土地招标相关的法律、政策"，公司近期要投标重庆江北区的一块土地。挂了电话，小芳感到头晕，虽然在校期间上过相关法律课程，可自己当时没认真听讲，现在后悔莫及。

各位读者，为了预防类似小芳这种情况的发生，请认真开始第1板块"房地产开发用地相关法律实务"的学习。任何房地产开发与建设都是在土地上进行的，所以房地产开发用地相关法律实务是整个房地产行业的起点。在这一板块中，各位读者要特别注意：

（1）设置房地产开发企业相关的条件与程序（否则你的企业就可能是非法企业）。

（2）房地产开发用地的取得方式，特别是需要提交的相关文件、表格等。

实训任务

【1】【案情介绍】

原告：XX房屋拆迁有限公司（以下简称拆迁公司）

被告：张XX

2003年9月4日，拆迁公司与张XX双方签订房屋拆迁补偿安置合同，约定：拆迁公司拆除张XX所有的位于徐州贾汪夏桥洗运北里3号楼1-202室面积为52.05平方米的房屋一套，拆迁公司为张XX提供安置房，位于徐州贾汪祥颐小区6号楼3-301室，面积为65.30平方米，并于2004年5月31日交房。合同第四条规定："协议安置面积允许上下浮动3%，再超出面积部分（张XX）不再交付购房款，超过过渡期限，拆迁公司按有关规定进行赔偿。"合同签订后，徐州贾汪祥颐小区6号楼3-301室，面积为96平方米，并被开发商出售给了他人，导致拆迁公司无法向张XX交付约定的安置房。其间，拆迁公司多次找张XX协商变更安置补偿方式，以产权置换变更为货币补偿，但张XX一直不置可否。2007年7月10日，拆迁公司向法院起诉。

原告认为，开发商将安置房屋出卖给他人致使原告方违约，导致原拆迁安置补偿合同无法履行，原告多次与张XX协商，达不成变更安置补偿方式协议，张XX又不主动行使权利，现起诉要求变更或解除合同，并愿意承担应当承担的违约赔偿责任。

被告认为，如果将拆迁安置补偿方式从原约定的产权置换补偿变更为货币补偿，房屋面积则应以96平方米，市场每平方米单价1 600元计算，房屋补偿金额应为150 465.60元，过渡补助费用27 072元，合计177 537.60元。

请根据现有知识，判断本案会如何判决？

【2】 某地国土资源局拟出让一宗国有土地的使用权，李某得知此信息后，向该局相关人员行贿。为了确保李某得到该地块的土地使用权，双方共同商定将土地的前期开发费用虚高2亿元，然后以挂牌方式出让。由于该地块的前期开发费用被抬高，除李某参加竞买外，没有其他单位或个人参与该地块的竞买活动，李某顺利地拿到了该地块的土地使用权。检察机关指控李某的行为构成串通投标罪。

请查阅相关资料，自学串通投标罪的构成要件，并判断李某的行为是否构成串通投标罪？

【3】【案情介绍】

2005年7月，某市一工业企业以1 000万元的价钱通过协议出让方式取得某国有土地使用权，并与市国土资源局签订了出让合同，取得的土地面积为3 500平方米，其中应动工开发建设总面积为3 000平方米，总投资额为1.5亿元，并于当月取得了建设用地批准书。该企业随即开始动工建设，但由于资金问题，在投入3 000万元，已动工建设900平方米后，自2006年7月起自行停止了建设。由于这块土地长期得不到开发利用，市国土资源局先后两次发文通知该企业到该局进行处理。在2008年8月，市国土资源局对该企业做出无偿收回闲置土地的处罚。该企业不服，认为企业在土地取得和土地开发上已投入总计4 000万元，并已建设900平方米，应不属于闲置土地。

请问：

（1）闲置土地应当如何认定？

（2）对闲置土地应当如何处理？

（3）该市国土资源局对该企业的处罚是否正确？

（4）查阅"唐福珍案"，分析如何避免土地开发引起的拆迁血案。

3.1 房地产开发概述

一、房地产开发的概念和特征

(一)房地产开发的概念

房地产开发是指在依法取得国有土地使用权的土地上按照城市规划要求进行基础设施、房屋建设的行为。

以出让方式取得土地使用权进行房地产开发,必须按土地使用权出让合同约定的土地用途、动工开发期限开发土地。房地产开发项目的设计、施工,必须符合国家的有关标准和规范。国家采取税收等方面的优惠措施鼓励和扶持房地产开发企业开发建设居民住宅。

(二)房地产开发的特征

1. 涉及面广

房地产开发是一项综合性的经济活动,需要和多部门的协作。房地产开发包括基础设施开发和房屋开发,这就需要土地管理、设计、施工、市政、环境、绿化、供水、供电以及通信等多部门相互配合。

2. 时序性强

房地产开发具有很强的时序性。尽管房地产开发是一项涉及面广、比较复杂的经济活动,但从事务上来讲具有很强的操作时序性。从项目的可行性分析到土地的获取,从资金的融通到项目的实施,乃至后期的房屋出租受管理等,虽然头绪繁多,但先后有序。这不仅是由于政府的土地、规划、建设等部门的行政管理,使很多工作受到审批必要有周密的计划,使各个环节紧密衔接,协调进行,以缩短周期,降低风险。

3. 投资量大

房地产开发是以基础设施和房屋为开发对象的投资活动。由于基础设施开发涉及的范围比较大,包括地面设施建设和地下设施建设,因此,投资量比较大。

4. 建设周期长

房地产开发作为一种生产活动,与一般商品的小规模、少投资相比,要经历更多的环节,经过更多的程序才能完成。一般小型开发项目,从立项到交付使用,最少需要一二年时间；中型开发项目，需要三四年时间；大型项目则需要更长时间。因此，房地产开发周期较长。

二、房地产开发的类型

1. 按照开发的规模大小可以分为单项开发、小区开发和成片开发

1）单项开发

单项开发是指开发方式规模小，占地不大，项目功能单一，配套设施简单的开发形式。这种开发形式往往形成一个相对独立的项目，其外貌、风格、设施等要求与总体开发项目相协调，并在较短时间内完成这类开发。

2）小区开发

小区开发是指新城开发中一个独立小区的综合开发或旧城区改造中一个相对独立的局部区域的更新改建。这类开发形式要求开发区域范围内做到基础设施完善，配套项目齐全。与单项开发相比，规模较大，占地亦较大，投资较多，建设周期较长，一般分期、分批开发。

3）成片开发

成片开发是指范围广阔（其范围大到可以相近于开辟一个新的城区）、投入资金巨大、项目众多、建设周期长的综合性开发。如海南洋浦开发区、上海浦东开发区等诸如此类的著名的成片开发项目。在成片开发中，房地产开发往往成为基础产业和先行项目，发挥其启动和引导作用。

2. 按房地产开发的目的不同可分为经营性开发和自用性开发

以经营为目的的房地产开发是指房地产开发公司投资开发房地产，并通过房地产市场的转让，追求经营利润的开发活动。

以自用为目的的房地产开发是指房地产开发者为了满足自身生产、经营或消费需要的房地产开发活动。

3. 按房地产开发的范围不同可以分为新城区开发和旧城区拆迁改造

新城区开发主要指城市的新建或扩张，目的是为城市的各项建设事业顺利进行提供基础条件。

旧城区的拆迁改造是指对旧城区的基础设施、建筑物重新布局、改造或建设，目的是发挥城市的整体功能，以适应现代化城市生产和生活的需要。

三、房地产开发阶段

（一）房地产前期开发阶段

首先是前期土地取得，包括一级土地开发、招标拍卖挂牌取得、通过转让项目公司股权取得、直接转让取得等形式，涉及的有关法律包括土地法、房地产管理法及投资审批、城市规划、国土资源部关于土地取得、转让等法规规章，形成了一个复杂的体系，还包括国家对于土地的各种临时性的整顿文件，最高法院关于土地纠纷的司法解释等。

其次，包括建设工程规划的审批、开工许可、工程招投标等，涉及包括建筑法、招投标法、司法解释等。同时，合同法在前期开发和整个开发流程中，都起着十分重要的作用。

（二）房地产中期开发阶段

这里主要指施工阶段，包括招投标、工程造价、监理、工程质量安全等问题。

（三）房地产后期开发阶段

涉及房地产销售，销售广告，销售合同，房屋的验收与交付，包括房地产开发商与银行签订的担保协议，商品房买卖合同，购房者与银行的借贷合同，与保险公司的保险合同。另外，装修与物业管理也是实务中的热点问题。物业管理阶段，包括业主委员会的成立、议事规则，管理委员会、章程，管理规约，物业管理合同。包括物权法、物业管理条例在内的法律法规和章程、合同制定。

3.2 房地产开发企业

一、房地产开发企业的概念和种类

（一）房地产开发企业的概念

房地产开发企业，指以营利为目的，从事房地产开发和经营的企业。

（二）房地产开发企业的种类

随着房地产业的迅速发展，我国的房地产开发企业从无到有，日益增多，并随着实践的发展，出现了多种类型。

（1）按房地产开发企业的所有制性质来划分，可将房地产开发企业分为全民所有、集体所有、中外合营三种主要类型。

全民所有制的房地产开发企业，主要是在房屋统建的基础上发展起来的或政府各部门组建的房地产开发公司，如"城市建设结合开发公司"、"房地产开发经营公司"等。目前，全民所有制的房地产开发公司在房地产开发企业中占有较大的比重。

集体所有的房地产开发企业是集体出资开办，其资产属于集体所有的房地产开发企业。它一般是以有限责任公司的形式存在，实行自主经营、自负盈亏、独立核算。集体性质的房地产开发企业一般规模小，管理水平不高，现在数量已经很少了。

中外合资经营的房地产开发企业是中外双方在约定的期限内，以合资或者合作的方式进行房地产开发与经营的企业。合资或合作的条件可以是现金、实物，也可以是土地使用权。

（2）按房地产开发企业的经营性质来划分，可将其分为房地产开发专营企业、兼营企业和项目公司。

房地产开发专营企业是指以房地产开发经营为主的房地产综合开发企业，其有独立健全的组织机构及同企业等级相适应的专业技术人员和经济管理人员。

房地产开发兼营企业是以其他经营项目为主，兼营房地产开发经营的企业。房地产开发兼营企业不定资质等级。

房地产开发项目公司是以房地产开发项目为对象从事单项房地产开发经营的企业。其经营的对象只限于被批准的项目。被批准的项目开发、经营完毕后，应向工商行政管理机关办理核减经营范围和变更登记。

二、房地产开发企业的资质管理

我们首先看一个不具备资质个人私借公司营业执照进行房产开发的案例。

【案情介绍】

李XX于2009年4月15日开始，在未办理任何证照的情况下，与武汉市XX房地产开发有限公司签订《联合开发"新XX乐园"二期工程协议书》，协议以该公司名义从事房地产开发经营活动，李XX从中赢利101 600元。工商部门在日常巡查中，发现该项目实行独立核算，工程的各种费用、经济、销售、纳税、建设全部由李某负责。该项目建有简单的账目，成本、收入、税收均不纳入XX公司账目，实则为李XX个人未具备相关资质进行房地产开发。

工商部门经过深入调查取证，认定当事人李XX作为自然人，为达到个人开发房地产的目的，采取与具有房地产开发资格的武汉市XX房地产开发有限公司签订联合开发房地产合同的形式，实则为个人开发房地产，从而规避从事房地产开发必须具有营业执照和一定资质的法律规定，当事人李XX的行为违反了《中华人民共和国房地产管理法》第30条"未取得营业执照擅自从事房地产开发业务"、《城市房地产开发经营管理条例》第7条"设立房地产开发企业，应向县级以上人民政府工商行政管理部门申请登记"之规定，根据《中华人民共和国城市房地产管理办法》第65条"责令停止房地产开发业务活动，并可处违法所得五倍以下的罚款"、《城市房地产开发经营管理条例》第34条"对未取得营业执照擅自从事房地产开发业务的行为,罚款数额为违法所得五倍以下"之规定,对李XX作出责令停止房地产开发业务活动,没收非法所得10 900元的行政处罚决定。

同时,工商部门认定当事人武汉市XX房地产开发有限公司出借营业执照的行为,违反了《公司登记管理条例》第64条第一款"伪造、涂改、出租、出借、转让营业执照"之规定,根据《公司登记管理条例》第77条"处以1万元以上10万元以下的罚款"之规定,对该公司处以10 000元罚款。

房地产开发企业按照企业条件分为四个资质等级。各资质等级企业的条件如下:

(一)一级资质

(1)注册资本不低于5 000万元。
(2)从事房地产开发经营5年以上。
(3)近3年房屋建筑面积累计竣工30万平方米以上,或者累计完成与此相当的房地产开发投资额。
(4)连续5年建筑工程质量合格率达100%。
(5)上一年房屋建筑施工面积15万平方米以上,或者完成与此相当的房地产开发投资额。
(6)有职称的建筑、结构、财务、房地产及有关经济类的专业管理人员不少于40人,其中具有中级以上职称的管理人员不少于20人,持有资格证书的专职会计人员不少于4人。
(7)工程技术、财务、统计等业务负责人具有相应专业中级以上职称。
(8)具有完善的质量保证体系,商品住宅销售中实行了《住宅质量保证书》和《住宅使用说明书》制度。
(9)未发生过重大工程质量事故。

(二)二级资质

(1)注册资本不低于2 000万元。
(2)从事房地产开发经营3年以上。
(3)近3年房屋建筑面积累计竣工15万平方米以上,或者累计完成与此相当的房地产开发投资额。
(4)连续3年建筑工程质量合格率达100%。
(5)上一年房屋建筑施工面积10万平方米以上,或者完成与此相当的房地产开发投资额。
(6)有职称的建筑、结构、财务、房地产及有关经济类的专业管理人员不少于20人,其中具有中级以上职称的管理人员不少于10人,持有资格证书的专职会计人员不少于3人。
(7)工程技术、财务、统计等业务负责人具有相应专业中级以上职称。
(8)具有完善的质量保证体系,商品住宅销售中实行了《住宅质量保证书》和《住宅使用说明书》制度。
(9)未发生过重大工程质量事故。

(三)三级资质

(1)注册资本不低于800万元。
(2)从事房地产开发经营2年以上。
(3)房屋建筑面积累计竣工5万平方米以上,或者累计完成与此相当的房地产开发投资额。
(4)连续2年建筑工程质量合格率达100%。
(5)有职称的建筑、结构、财务、房地产及有关经济类的专业管理人员不少于10人,其中具有中级以上职称的管理人员不少于5人,持有资格证书的专职会计人员不少于2人。
(6)工程技术、财务等业务负责人具有相应专业中级以上职称,统计等其他业务负责人具有相应专业初级以上职称。
(7)具有完善的质量保证体系,商品住宅销售中实行了《住宅质量保证书》和《住宅使用说明书》制度。
(8)未发生过重大工程质量事故。

(四)四级资质

(1)注册资本不低于100万元。
(2)从事房地产开发经营1年以上。
(3)已竣工的建筑工程质量合格率达100%。
(4)有职称的建筑、结构、财务、房地产及有关经济类的专业管理人员不少于5人,持有资格证书的专职会计人员不少于2人。
(5)工程技术负责人具有相应专业中级以上职称,财务负责人具有相应专业初级以上职称,配有专业统计人员。
(6)商品住宅销售中实行了《住宅质量保证书》和《住宅使用说明书》制度。
(7)未发生过重大工程质量事故。

三、房地产开发企业的设立条件和程序

(一)房地产开发企业的设立条件

房地产开发企业是房地产开发经营活动的主体,其设立应该符合有关法律的规定。根据《城市房地产管理法》的相关规定,房地产开发企业的设立应符合以下条件:
(1)自己的名称和组织机构。
房地产开发企业是一个法人组织,应有自己的名称和组织机构。有了自己的名称和健全的组织机构,才能形成法人意志,对内执行法人意志,对外代表法人参加经济管理活动,且企业名称必须在企业设立时登记,由工商行政主管部门核准。
(2)固定的经营场所。
固定的经营场所一般是指企业主要办事机构所在地。

(3) 有符合国务院规定的注册资本。

注册资本是反映企业经济实力的重要标志,也是企业对外承担法律责任的基础。根据1998年《城市房地产开发经营管理条例》的规定,房地产开发企业的设立,应有100万元以上的注册资本,而且是实有资本。100万元是法定注册资本数额的最低要求。

(4) 有足够的专业技术人员。

房地产开发是一个专业性很强的行业,它不仅需要建筑、设计方面的专业技术人员,而且还需要经济、法律、会计、统计等方面的专业技术人员。根据《城市房地产开发经营管理条例》的规定,房地产开发企业设立的重要条件之一就是4名以上持有资格证书的房地产专业、建筑工程专业的专职技术人员,2名以上持有资格证书的专职会计人员。

(5) 法律、行政法规规定的其他条件。

(二)房地产开发企业的设立程序

根据《城市房地产管理法》和《城市房地产开发经营管理条例》的规定,房地产开发企业的设立主要包括以下两个步骤:

(1) 申请登记。设立房地产企业,首先应向县级以上人民政府工商行政管理部门提出登记申请,并如实报告创办企业所具备的各项条件,提供创办企业的可行性研究报告和各项经济技术资料。工商行政管理部门对符合法定条件的,自收到申请之日起30日内予以登记;对不符合法定条件的不予以登记,但应说明理由。工商行政管理部门在对房地产开发企业的登记申请进行审查时,还应当听取同级房地产开发主管部门的意见。

(2) 依法备案。为了加强对房地产开发企业的行业管理规定,我国有关法律、法规明确规定,房地产开发企业应当自领取营业执照之日起30日内,持有关文件到登记机关所在地的房地产开发主管部门备案。备案时应该提供的资料包括:营业执照复印件、企业章程、验资证明、企业法定代表人的身份证明以及专业技术人员的资格证书和聘用合同。

3.3 房地产开发用地

一、房地产开发用地制度

(一)房地产开发用地的概念

房地产开发用地,是指房地产开发商在房地产开发过程中所需要使用的土地。具体而言,就是对依法取得的国有土地使用权进行投资开发基础设施和房屋的国有土地。其具有以下特点:

（1）从权利性质来看，房地产开发用地仅指取得开发用地的使用权，而不是指取得开发用地的所有权。国家实行土地所有权与土地使用权分离制度，使土地使用权商品化，开发商取得的仅是使用权。

（2）从土地所有权来看，仅指城镇国有土地，而不包括集体所有的土地。由于我国对土地一级市场实行国家垄断经营的政策，因此只有城镇国有土地能有偿出让使用权，而集体所有土地除国家征用外，不得出让，不得用于经营性房地产开发，不得转让、出租用于非农业建设。

（3）从土地范围来看，出让的土地使用权只是一种地上使用权，该土地的地下资源和埋藏物仍属于国家所有。

（二）我国现行土地使用制度的特点

我国新的土地使用制度基本上已从以土地公有制为基础的非市场模式走向以土地公有制为主的国家控制的市场模式。它呈现出如下特点：

（1）国家实行国有土地有偿出让及保持少量必要的行政划拨。供应房地产开发用地，只转移了土地使用权，国家仍然享有土地所有权。

（2）土地使用权已成为具有相当独立意义的一种物权，土地使用者成为权利主体，即土地使用权人对土地依法享有占有、使用、收益和一定处分的权利。

（3）国家垄断城镇土地一级市场，同时加强土地二级市场的管理。在房地产市场的第一个层次即出让层次中，是由政府统一出面管理的。集体所有的土地不得擅自出让，只能先征用转为国有土地后方可出让。第二个层次即转让层次，也要受到原来土地使用权出让合同规定的条件和期限的制约。

（4）建立系统的登记制度。明确登记是确认土地使用权的要件。

二、房地产开发用地的取得方式

房地产开发企业取得城市国有土地的开发权主要有以下三种方式：

1. 土地使用权出让

土地使用权出让，是指国家将国有土地使用权在一定年限内出让给土地使用者，由土地使用者向国家支付土地使用权出让金的行为。

2. 土地使用权划拨

土地使用权划拨，是指县级以上人民政府依法批准，在土地使用者缴纳补偿、安置等费用后将该土地交付其使用，或者将土地使用权无偿交付给土地使用者使用的行为。

3. 土地使用权转让

有一些开发商，无法从房地产一级市场中获得土地，只有通过转让方式获得土地使用权。

（一）土地使用权出让

1. 土地使用权出让的概念及特征

土地使用权出让是指国家将国有土地使用权在一定年限内让给土地使用者，由土地使用者向国家支付土地使用权出让金的行为。土地使用权出让，可以采取拍卖、招标或双方协议的方式。商业、旅游、娱乐和豪华住宅用地，有条件的，必须采取拍卖、招标方式；没有条件采取拍卖、招标方式的，可以采取双方协议的方式。采取双方协议方式出让土地使用权的出让金不得低于按国家规定所确定的最低价。土地使用权出让最高年限由国务院规定。

土地使用权出让的最高年限规定为：居住用地70年，工业用地50年，教、科、文、卫、体育用地50年，商业、旅游、娱乐用地40年，综合或其他用地50年。使用期满，国家可以无偿收回土地使用权及地上建筑物和其他附着物所有权。

2. 土地使用权出让的方式

土地使用权出让主要包括以下几种方式：① 协议；② 招标；③ 拍卖；④ 挂牌。

1）协议出让

指出让方与受让方经过协商，就土地使用条件及双方的权利义务达成一致意见的一种出让方式。

我国现行与房地产相关的法律未规定协议出让程序，但根据沿海开放城市和其他地方的规定以及出让的实践，协议出让程序一般为：

（1）申请。协议出让首先由土地使用权有意受让人根据生产经营需要或生活及办公条件需要，向土地所有者提出使用土地申请，说明用地依据、面积、用途、出让金的来源及数额等。

（2）协商。出让人根据有意受让人的申请，结合有关规定，与有意受让人就用地面积大小、出让金的多少等具体问题进行谈判，直至最后取得一致意见。

（3）签约。出让方与有意受让人把协商的结果，即达成的一致意见，用书面形式确定下来，签订书面合同。

2）招　标

在指定的期限内，由符合条件的单位或者个人以书面形式竞投某地段的土地使用权，由出让人即招标人根据一定的要求择优确定土地使用权受让人的出让方式。

关于招标出让的程序，我国法律法规也没具体规定，结合部分城市的规定及招标出让的实践，我们认为一般情况下，招标出让的程序为：

（1）招标。招标通常先由招标人通过各种新闻媒介形式或其他形式（如通知）发出招标通告，公布招标出让土地使用权地块的位置、面积、用途、年限、投标者的资格及范围、报名地点、截止报名日期及其他事项。由有意受让人进行资格审查，并向合格者发送招投标文件。

（2）投标。土地使用权有意受让人，收到或领取招标文件后，按招标人规定的时间、地点，向招标人交纳投标保证金。

（3）定标。定标主要包括开标、评标、决标三个阶段，招标人要会同有关部门并聘请有关专家组成评标委员会，并主持开标、评标和决标的工作。

（4）签约。中标者接到中标证明书后，在规定的日期内持中标证明书与招标人签订出让合同。招投标内容将在第4板块讲解。

国有土地使用权招标出让公告格式

_____国土资源局

国有土地使用权招标出让公告

_____告字〔 〕 号

经_____人民政府批准，_____国土资源局决定以招标方式出让____（幅）地块的国有土地使用权。现将有关事项公告如下：

一、招标出让地块的基本情况和规划指标要求

编号	土地位置	土地面积（m²）	土地用途	规划指标要求			出让年限（年）	投资强度要求	投标保证金	…
				容积率	建筑面积	…				

〔其他需要说明的宗地情况〕

二、中华人民共和国境内外的法人、自然人和其他组织均可申请参加，申请人应当〔可以〕单独申请，〔也可以联合申请〕。〔申请人应具备的其他条件〕

三、本次国有土地使用权招标出让按照高者得原则确定中标人〔本次国有土地使用权招标出让按照能够最大限度地满足招标文件中规定的各项综合评价标准者原则确定中标人〕。

四、本次招标出让的详细资料和具体要求，见招标出让文件。申请人可于____年__月__日至____年__月__日，到_____（地点）获取招标出让文件。

五、申请人可于___年__月__日至___年__月__日，到_____（地点）向我局提交书面申请。交纳投标保证金的截止时间为_____年__月__日__时。

经审查，申请人按规定交纳投标保证金，具备申请条件的，我局将在____年__月__日____时前确认其投标资格。

六、本次国有土地使用权招标出让活动定于___年__月__日____时至___年__月__日__时在_____（地点）投标，___年__月__日__时在_____（地点）开标。

七、其他需要公告的事项

（一）本次招标不允许〔允许〕邮寄投标文件〔，但必须投标截止时间前到方为有效，具体时间以我局收到投标文件的时间为准〕。

……

```
┌─────────────────────────────────────────────────────────────────┐
│    八、联系方式与银行账户                                        │
│    联系地址：_____              │
│    联系电话：_____              │
│    联 系 人：_____              │
│    开户单位：_____              │
│    开 户 行：_____              │
│    账   号：_____              │
│                                                                   │
│                                         _____国土资源局   │
│                                         _____年___月___日    │
└─────────────────────────────────────────────────────────────────┘
```

3）拍　　卖

出让人在指定的时间、地点，组织符合条件的土地使用权的有意受让人到场，就拟出让使用权的地块公开竞投，按"价高者得"的原则确定土地使用权受让人的出让方式。拍卖这种出让方式主要适用于商业用地或娱乐用地，其程序主要包括以下几个方面：

（1）发出拍卖公告。土地出让方在拍卖活动开始前数日，要通过新闻媒介传播或刊登拍卖公告。

（2）交验相关证件，领取入场证。土地使用权有意受让人即竞投者，要在拍卖开始前规定的时间以内到拍卖人指定的地点交验有关的证件。由于各个地方规定不同，故效验的内容、时间方面也有所差异。

（3）拍卖。在规定的时间和地点，由土地所有者代表或委托人主持拍卖，拍卖采取公布底价以及每次加价的举牌拍卖方式，价高者得，并由公证员宣读公证词。

（4）签约。经过激烈的竞投，应价高者与土地使用权人签订土地使用权出让合同。

（5）登记。土地使用权受让人交纳土地使用权出让金以后，到土地管理部门办理土地使用权登记手续，领取土地使用证。

以下为国有土地使用权拍卖公告范本：

```
┌─────────────────────────────────────────────────────────────────┐
│                    国有土地使用权拍卖公告                         │
│    根据《招标拍卖挂牌出让国有土地使用权规定》，_____国土资源   │
│ 管理局定于_____年___月___日下午_____时正，在_____会堂（_____路   │
│ _____号）公开拍卖下列_____幅土地的使用权。                       │
│    一、地块编号_____，土地面积约为_____平方米。地块位于： │
│ _____，场地已三通一平（或五通一平）。土地用途为_____，可   │
│ 建设总建筑面积_____平方米，其中_____层住宅_____平方米，  │
│ 商业_____平方米（含居民会所_____平方米），配套设施       │
│ _____平方米。土地使用年期为70年。除配套设施和居民会所外，房  │
│ 地产可全部销售。                                                  │
│    二、地块编号_____，土地面积约为_____平方米（另不计入  │
│ 使用面积的公用道路_____平方米）。地块位于_____，场地已   │
│ 三通一平。土                                                      │
└─────────────────────────────────────────────────────────────────┘
```

地用途为住宅，可建设总建筑面积为_____层住宅_____平方米，会所_____平方米。土地使用年期为70年。除会所外，房地产可全部销售。

三、地块编号_____，土地面积约为_____平方米（另不计入使用面积的公用绿地_____平方米）。地块位于_____，场地已三通一平。土地用途为商业及文化活动中心，可建设总建筑面积_____平方米（其中商业_____平方米，文化活动中心_____平方米）。土地使用年期为40年。房地产可全部销售。

上述拍卖地块的竞得人应于签订《土地使用权出让合同》5日内一次性付清全部成交价。

中华人民共和国境内外的公司、企业、其他组织和个人均可参加竞投。可以独立竞投，也可以联合竞投。非房地产开发公司竞得的，可获得房地产单项开发经营权。有关文件资料可于____年____月____日至____月____日期间到_____国土资源管理局索取。

竞买申请者应于____年____月____日至____月____日期间向_____国土资源管理局提出竞买申请，并同时提供营业执照副本、法定代表人证明书、法人代表身份证影印件（竞买申请者为个人的提供身份证影印件）和履约保证金伍佰万元人民币（履约保证金是指在____月____日前有效的、并可在_____市的各家中资银行及外资银行的分支机构即时兑现的银行支票或汇票）。竞买申请的受理地点设在_____。本次拍卖不接受邮寄竞买申请。

竞买申请者可于____月____日向_____查询竞买资格。

本次拍卖的详细资料请参阅有关拍卖文件。

_____国土资源管理局地址：_____

电话：_____

传真：_____

_____国土资源管理局
____年____月____日

4）挂　牌

挂牌是指市、县人民政府土地行政主管部门发布挂牌公告，按公告规定的期限将拟出让宗地的交易条件在指定的土地交易场所挂牌公布，接受竞买人的报价申请并更新挂牌价格，根据挂牌期限截止时的出价结果确定土地使用者的行为。

以下为国有建设用地使用权挂牌出让公告实例：

湖北省××县国土资源局
国有建设用地使用权挂牌出让公告
建国土告字（2010）6号

经××县人民政府批准，××县国土资源局决定以挂牌方式出让××镇茨泉社区P（2010）5号、××镇指阳社区P（2010）7号地块国有建设用地使用权。现将有关事项公告如下：

一、挂牌出让地块的基本情况和规划指标要求。

编号	土地位置	土地面积（m²）	土地用途	规划指标 容积率	规划指标 绿地率	规划指标 建筑密度	出让年限	竞买保证金	挂牌起始价（宗/万元）
P（2010）5号	××镇茨泉路	1 764.41	商业住宅	≤3.0	—	≤45%	商业40年 住宅70年	100万元	288.6
P（2010）7号	××镇烟墩大道	1 661.22	商服	≤2.0	≥30%	≤35%	商业40年	10万元	48.0

二、中华人民共和国境内外法人、自然人和其他组织均可申请参加（法律法规另有规定的除外），申请人可以单独申请，也可以联合申请。

三、本次挂牌设底价，按价高者得的原则确定竞得人。

四、地块自公告之日起在其所在地展示，申请人自行到现场踏勘，出让人不集中组织踏勘。P（2010）5号宗地竞得人提供限价房1 720 m²；P（2010）7号宗地竞买人在递交竞买申请书之前应与原土地使用者自行协商拆迁安置补偿。本次公开出让的详细资料和其他具体要求见出让文件。

五、申请人可于2010年8月9日前到××县土地矿产交易中心领取出让文件，按文件的规定交纳竞买保证金，交纳保证金的截止时间为2010年8月9日下午5：00。申请人执本人身份证明文件以及竞买保证金交纳凭证到××县土地矿产交易中心三楼递交竞买申请书。

经审查，申请人按规定交纳竞买保证金，具备申请条件的，××县国土资源局将在2010年8月9日下午5：00前确认竞买资格。

六、本次国有建设用地使用权挂牌的时间、地点。

挂牌时间：2010年7月31日上午8：00至2010年8月11日下午5：00。

挂牌地点：××县土地矿产交易中心一楼。

挂牌时间截止时，若有竞买人表示愿意继续竞价，则转入现场竞价，通过现场竞价确定竞得人。

七、本公告内容如有变更，我局将另行通知。

联系地址：××大道

联系电话：1××××

联系人：李先生

××县国土资源局

二〇一〇年七月十二日

3. 土地使用权出让合同

出让土地使用权必须签订书面合同，土地使用出让合同是指土地使用权出让人与土地使用权受让人之间就土地出让有关事项所达成的、明确相互间权利义务关系的协议。

（1）土地使用权出让合同有以下几个方面的法律特征：

① 土地使用权出让合同是一种民事合同。根据《出让和转让条例》的规定，土地使用权出让合同是依照平等、自愿、有偿原则，由出让方和土地法使用者通过充分协商的基础上签订的，双方当事人都要承担合同上规定的相应的权利和义务。

② 土地使用权出让合同的标的的特殊性。土地使用权出让合同的标的是指出让土地在一定期限内的使用权，而不是所有权，而传统的土地专卖合同或者财产转移合同的标的都是指的所有权。

③ 土地使用权出让合同是一种要式合同。根据《出让和转让条例》第16条的规定，土地使用者在支付全部土地使用权出让金后，应当依照规定办理登记，领取土地使用权证，因此土地使用转移只有经过和领取使用证才能发生法律效力。

（2）出让合同包括以下主要内容：

① 双方当事人的名称、住所。

② 出让地块的基本情况（位置、面积、界线等）。

③ 出让金额的数量、支付方式和支付期限。土地使用权出让金实际上是土地使用价值的货币表现，即土地使用权价格。一般来说，出让金包括三个方面的因素：地租、征地费（包括补偿费、安置补偿费、耕地占用权税等所有征地过程中所支付的各种费和税）、投资开发费以及征地费和投资开费的孳息等。

④ 土地使用权的出让期限。土地使用期限的最高年限，《出让和转让条例》有明确规定，土地使用权在确定某块土地的出让期限时不得突破。

⑤ 土地使用规则。土地法使用权出让前，出让人应在符合城市总体规划的前提下编制所出让土地的使用规则，即建设规划条件和方案，包括土地的总平面布置图、建筑密度和高度控制指标、工程管线规划、工程深度限制、环境保护与园林绿化、消防等要求。

⑥ 违约责任。违约责任是指出让合同的当事人一方有履行合同，或者不适当履行合同的义务而应承担的法律责任。《出让和转让条例》第14条规定，土地使用者应当在签订土地使用权合同后60日内，支付全部土地使用权出让金。土地使用者逾期未支付全部出让金的，出让方有权解除合同，并可请求违约赔偿。该《条例》第15条规定：出让方应当按照合同规定，提供出让的土地使用权；未按合同规定提供土地使用权的，土地使用者有权解除合同，并可请求违约赔偿。

⑦ 双方认为应约定的其他条款。

⑧ 纠纷解决方式。

⑨ 合同订立的地点、日期等。

以下为合同范本：

国有土地使用权出让合同
第一章　总则
第二章　出让土地的交付与出让金的缴纳
第三章　土地开发建设与利用
第四章　土地使用权转让、出租、抵押
第五章　期限届满
第六章　不可抗力

第七章 违约责任
第八章 通知和说明
第九章 适用法律及争议解决
第十章 附　则

第一章　总　则

第一条　本合同当事人双方：

出让人：中华人民共和国____省（自治区、直辖市）____市（县）；

受让人：_____。

根据《中华人民共和国土地管理法》、《中华人民共和国合同法》和其他法律、行政法规、地方性法规，双方本着平等、自愿、有偿、诚实信用的原则，订立本合同。

第二条　出让人根据法律的授权出让土地使用权，出让土地的所有权属中华人民共和国，国家对其拥有宪法和法律授予的司法管辖权、行政管理权以及其他按中华人民共和国法律规定由国家行使的权力和因社会公众利益所必需的权益。地下资源、埋藏物和市政公用设施均不属于土地使用权出让范围。

第二章　出让土地的交付与出让金的缴纳

第三条　出让人出让给受让人的宗地位于_____，宗地编号为_____，宗地总面积大写_____平方米（小写_____平方米）。宗地四至及界址点坐标见附件《出让宗地界址图》（略）。

第四条　本合同项下出让宗地的用途为_____。

第五条　出让人同意在____年____月____日前将出让宗地交付给受让人，出让方同意在交付土地时该宗地应达到本条第_____款规定的土地条件：

（一）达到场地平整和周围基础设施_____通，即通_____。

（二）周围基础设施达到_____通，即通_____，但场地尚未拆迁和平整，建筑物和其他地上物状况如下：_____。

（三）现状土地条件。

第六条　本合同项下的土地使用权出让年期为_____，自出让方向受让方实际交付土地之日起算，原划拨土地使用权补办出让手续的，出让年期自合同签订之日起算。

第七条　本合同项下宗地的土地使用权出让金为每平方米人民币大写_____元（小写_____元）；总额为人民币大写_____元（小写_____元）。

第八条　本合同经双方签字后_____日内，受让人须向出让人缴付人民币大写_____元（小写_____元）作为履行合同的定金，定金抵做土地使用权出让金。

第九条　受让人同意按照本条第____款的规定向出让人支付上述土地使用权出让金。

（一）本合同签订之日起_____日内，一次性付清上述土地使用权出让金。

（二）按以下时间和金额分期向出让人支付上述土地使用权出让金。

第一期　人民币大写_____元（小写_____元），付款时间：____年____月____日之前。

第二期　人民币大写_____元（小写_____元），付款时间：____年____月____日之前。

第三期　人民币大写_____元（小写_____元），付款时间：____年____月

____日之前。

第四期 人民币大写_____元（小写_____元），付款时间：_____年____月____日之前。

分期支付土地出让金的，受让人在支付第二期及以后各期土地出让金时，按照银行同期贷款利率向出让人支付相应的利息。

第三章　土地开发建设与利用

第十条　本合同签订后_____日内，当事人双方应依附件《出让宗地界址图》所标示坐标实地验明各界址点界桩，受让人应妥善保护土地界桩，不得擅自改动，界桩遭受破坏或移动时，受让人应立即向出让人提出书面报告，申请复界测量，恢复界桩。

第十一条　受让人在本合同项下宗地范围内新建建筑物的，应符合下列要求：

主体建筑物性质_____；

附属建筑物性质_____；

建筑容积率_____；

建筑密度_____；

建筑限高_____；

绿地比例_____；

其他土地利用要求。

第十二条　受让人同意在本合同项下宗地范围内一并修建下列工程，并在建后无偿移交给政府：

（1）_____；

（2）_____；

（3）_____。

第十三条　受让人同意在_____年____月____日之前动工建设。

不能按期开工建设的，应提前30日向出让人提出延建申请，但延建时间最长不得超过1年。

第十四条　受让人在受让宗地内进行建设时，有关用水、用气、污水及其他设施同宗地外主管线、用电变电站接口和引入工程应按有关规定办理。

受让人同意政府为公用事业需要而敷设的各种管道与管线进入、通过、穿越受让宗地。

第十五条　受让人在按本合同约定支付全部土地使用权出让金之日起30日内，应持本合同和土地使用权出让金支付凭证，按规定向出让人申请办理土地登记，领取《国有土地使用证》，取得出让土地使用权。

出让人应在受理土地登记申请之日起30日内，依法为受让人办理出让土地使用权登记，颁发《国有土地使用证》。

第十六条　受让人必须依法合理利用土地，其在受让宗地上的一切活动，不得损害或者破坏周围环境和设施，使国家或他人遭受损失的受让人应负责赔偿。

第十七条　在出让期限内，受让人必须按照本合同规定的土地用途和土地使用条件利用土地，需要改变本合同规定的土地用途和土地使用条件的，必须依法办理有关批准手续，并向出让人申请，取得出让人同意，签订土地使用权出让合同变更协议或者重新签订土地使用权出让合同，相应调整土地使用权出让金，办理土地变更登记。

第十八条 政府保留对本合同项下宗地的城市规划调整权,原土地利用规划如有修改,该宗地已有的建筑物不受影响,但在使用期限内该宗地建筑物、附着物改建、翻建、重建或期限届满申请续期时,必须按届时有效的规划执行。

第十九条 出让人对受让人依法取得的土地使用权,在本合同约定的使用年限届满前不收回;在特殊情况下,根据社会公共利益需要提前收回土地使用权的,出让人应当依照法定程序报批,并根据收回时地上建筑物、其他附着物的价值和剩余年期土地使用权价格给予受让人相应的补偿。

第四章 土地使用权转让、出租、抵押

第二十条 受让人按照本合同约定已经支付全部土地使用出让金,领取《国有土地使用证》,取得出让土地使用权后,有权将本合同项下的全部或部分土地使用权转让、出租、抵押,但首次转让(包括出售、交换和赠与)剩余年期土地使用权时,应当经出让人认定符合下列第_____款规定之条件:

(一)按照本合同约定进行投资开发,完成开发投资总额的百分之二十五以上;

(二)按照本合同约定进行投资开发,形成工业用地或其他建设用地条件。

第二十一条 土地使用权转让、抵押,转让、抵押双方应当签订书面转让、抵押合同;土地使用权出租期限超过6个月的,出租人和承租人也应当签订书面出租合同。

土地使用权的转让、抵押及出租合同,不得违背国家法律、法规和本合同的规定。

第二十二条 土地使用权转让,本合同和登记文件中载明的权利、义务随之转移,转让后,其土地使用权的使用年限为本合同约定的使用年限减去已经使用年限后的剩余年限。本合同项下的全部或部分土地使用权出租后,本合同和登记文件中载明的权利、义务仍由受让人承租。

第二十三条 土地使用权转让、出租、抵押,地上建筑物、其他附着物随之转让、出租、抵押;地上建筑物、其他附着物随之转让、出租、抵押,土地使用权随之转让、出租、抵押。

第二十四条 土地使用权转让、出租、抵押的,转让、出租、抵押双方应在相应的合同签订之日起30日内,持本合同和相应的转让、出租、抵押合同及《国有土地使用证》,到土地行政主管部门申请办理土地登记。

第五章 期限届满

第二十五条 本合同约定的使用年限届满,土地使用者需要继续使用本合同项下宗地的,应当至迟于届满前一年向出让人提交续期申请书,除根据社会公共利益需要收回本合同项下土地的,出让人应当予以批准。

出让人同意续期的,受让人应当依法办理有偿用地手续,与出让人重新签订土地有偿使用合同,支付土地有偿使用费。

第二十六条 土地出让期限届满,受让人没有提出续期申请或者虽申请续期但依照本合同第二十五条规定未获批准的,受让人应当交回《国有土地使用证》,出让人代表国家收回土地使用权,并依照规定办理土地使用权注销登记。

第二十七条 土地出让期限届满,受让人未申请续期的,本合同项下土地使用权和地上建筑物及其他附着物由出让人代表国家无偿收回,受让人应当保持地上建筑物、其他附着物的正常使用功能,不得人为破坏,地上建筑物、其他附着物失去使用功能的,出让人

可要求受让人移动或拆除地上建筑物、其他附着物，恢复场地平整。

第二十八条　土地出让期限届满，受让人提出续期申请而出让人根据本合同第二十五条之规定没有批准续期的，土地使用权由出让人代表国家无偿收回，但对于地上建筑物及其他附着物，出让人应当根据收回时地上建筑物、其他附着物的残余价值给予受让人相应补偿。

第六章　不可抗力

第二十九条　任何一方对由于不可抗力造成的部分或全部不能履行本合同不负责任，但应在条件允许下采取一切必要的补救措施以减少因不可抗力造成的损失。当事人迟延履行后发生不可抗力的，不能免除责任。

第三十条　遇有不可抗力的一方，应在 1 小时内将事件的情况以信件、电报、电传、传真等书面形式通知另一方，并且在事件发生后 1 日内，向另一方提交合同不能履行或部分不能履行或需要延期履行理由的报告。

第七章　违约责任

第三十一条　受让人必须按照本合同约定，按时支付土地使用权出让金。如果受让人不能按时支付土地使用权出让金的，自滞纳之日起，每日按迟延支付款项的____‰向出让人缴纳滞纳金，延期付款超过 6 个月的，出让人有权解除合同，收回土地，受让人无权要求返还定金，出让人并可请求受让人赔偿因违约造成的其他损失。

第三十二条　受让人按合同约定支付土地使用权出让金的，出让人必须按照合同约定，按时提供出让土地。由于出让人未按时提供出让土地而致使受让人对本合同项下宗地占有延期的，每延期一日，出让人应当按受让人已经支付的土地使用权出让金的____‰向受让人给付违约金。出让人延期交付土地超过 6 个月的，受让人有权解除合同，出让人应当双倍返还定金，并退还已经支付土地使用权出让金的其他部分，受让人并可请求出让人赔偿因违约造成的其他损失。

第三十三条　受让人应当按照合同约定进行开发建设，超过合同约定的动工开发日期满 1 年未动工开发的，出让人可以向受让人征收相当于土地使用权出让金20%以下的土地闲置费；满 2 年未动工开发的，出让人可以无偿收回土地使用权；但因不可抗力或者政府、政府有关部门的行为或者动工开发必需的前期工作造成开发迟延的除外。

第三十四条　出让人交付的土地未能达到合同约定的土地条件的，应视为违约。受让人有权要求出让人按照规定的条件履行义务，并且赔偿延误履行而给受让人造成的直接损失。

第八章　通知和说明

第三十五条　本合同要求或允许的通知和通讯，不论以何种方式传递，均自实际收到时起生效。

第三十六条　当事人变更通知、通讯地址或开户银行、账号的，应在变更后15日内，将新的地址或开户银行、账号通知另一方。因当事人一方迟延通知而造成的损失，由过错方承担责任。

第三十七条　在缔结本合同时，出让人有义务解答受让人对于本合同所提出的疑问。

第九章　适用法律及争议解决

第三十八条　本合同订立、效力、解释、履行及争议双方协商解决，协商不成的，按本条第款规定的方式解决：

（一）提交_____仲裁委员会仲裁；
（二）依法向法院起诉。
第三十九条　因履行本合同发生争议，由争议双方协商解决，协商不成的，按本条第____款规定的方式解决：
（一）提交仲裁委员会仲裁；
（二）依法向法院起诉。

第十章　附　则

第四十条　本合同依照本条第款之规定生效：
（一）本合同项下宗地出让方案业经人民政府批准，本合同自双方签订之日起生效。
（二）本合同项下宗地出让方案尚需经人民政府批准，本合同自人民政府批准之日起生效。
第四十一条　本合同一式____份，具有同等法律效力，出让人、受让人各执____份。
第四十二条　本合同和附件共____页，以中文书写为准。
第四十三条　本合同的金额、面积等项应当同时以大、小写表示，大小写数额应当一致，不一致的，以大写为准。
第四十四条　本合同于_____年____月____日在中华人民共和国省（自治区、直辖市）市（县）签订。
第四十五条　本合同未尽事宜，可由双方约定后作为合同附件，与本合同具有同等法律效力。

出让人（章）：　　　　　　　　　　受让人（章）：
住所：　　　　　　　　　　　　　　住所：
法定代表人（委托代理人）：　　　　法定代表人（委托代理人）：
（签字）：　　　　　　　　　　　　（签字）：
电话：　　　　　　　　　　　　　　电话：
开户银行：　　　　　　　　　　　　开户银行：
账号：　　　　　　　　　　　　　　账号：

（二）土地使用权划拨

1. 土地使用权划拨的概念

土地使用权的划拨，是指通过行政划拨的方式取得土地使用权。即指县级以上人民政府依法批准，在土地使用者缴纳补偿、安置费用后，将该幅土地交付其使用，或者将土地使用权无偿交付给土地使用者使用的行为。土地使用者通过划拨方式取得土地使用权，其具有以下几个特征：

（1）土地使用权划拨是一种具体的行政行为，国家行使社会经济管理者的行政权力，将土地使用权进行分配或调整。

（2）土地使用权划拨是一种无偿的行为。通过划拨方式取得土地使用权无须支付土地使用权出让金，虽然土地使用者要缴纳补偿、安置等费用，但不必向国家支付地租性质的费用。

（3）土地使用权可以是有期限的，也可以是无期限的（法律规定的除外）。

（4）划拨的土地使用权，除法律规定的条件外不可以转让、出租、抵押。所谓法律规定的条件，主要是指《城市房地产管理法》规定的条件：首先要经市、县人民政府土地管理部门和房产管理部门批准。其次，要与土地管理部门签订土地使用权出让合同，向当地市县人民政府补交土地使用出让金，或者以转让、出租、抵押所获收益抵交主要使用权出让金。不具备这两个基本条件的，土地使用权不得转让、出租和抵押。

2. 土地使用权划拨的范围

下列建设用地的土地使用权，确属必需的可以由县级以上政府批准划拨：

（1）国家机关用地和军事用地。
（2）城市基础设施用地和公益事业用地。
（3）国家重点扶持的能源、交通、水利等项目用地。
（4）法律、行政法规规定的其他用地。

三、闲置土地处置办法

为有效处置和充分利用闲置土地，规范土地市场行为，促进节约集约用地，我国制定了《闲置土地处置办法》，该办法于2012年5月22日修订。

（一）闲置土地的概念

闲置土地，是指国有建设用地使用权人超过国有建设用地使用权有偿使用合同或者划拨决定书约定、规定的动工开发日期满一年未动工开发的国有建设用地。

已动工开发但开发建设用地面积占应动工开发建设用地总面积不足三分之一或者已投资额占总投资额不足百分之二十五，中止开发建设满一年的国有建设用地，也可以认定为闲置土地。

（二）闲置土地的认定及处置

依据《闲置土地处置办法》第8条规定，有下列情形之一，属于政府、政府有关部门的行为造成动工开发延迟的，国有建设用地使用权人应当向市、县国土资源主管部门提供土地闲置原因说明材料。

（1）因未按照国有建设用地使用权有偿使用合同或者划拨决定书约定、规定的期限、条件将土地交付给国有建设用地使用权人，致使项目不具备动工开发条件的。
（2）因土地利用总体规划、城乡规划依法修改，造成国有建设用地使用权人不能按照国有建设用地使用权有偿使用合同或者划拨决定书约定、规定的用途、规划和建设条件开发的。
（3）因国家出台相关政策，需要对约定、规定的规划和建设条件进行修改的。
（4）因处置土地上相关群众信访事项等无法动工开发的。

（5）因军事管制、文物保护等无法动工开发的。

（6）政府、政府有关部门的其他行为。

以上情况经审核属实的，按以下办法处置：

（1）延长动工开发期限。签订补充协议，重新约定动工开发、竣工期限和违约责任。从补充协议约定的动工开发日期起，延长动工开发期限最长不得超过一年。

（2）调整土地用途、规划条件。按照新用途或者新规划条件重新办理相关用地手续，并按照新用途或者新规划条件核算、收缴或者退还土地价款。改变用途后的土地利用必须符合土地利用总体规划和城乡规划。

（3）由政府安排临时使用。待原项目具备开发建设条件，国有建设用地使用权人重新开发建设。从安排临时使用之日起，临时使用期限最长不得超过两年。

（4）协议有偿收回国有建设用地使用权。

（5）置换土地。对已缴清土地价款、落实项目资金，且因规划依法修改造成闲置的，可以为国有建设用地使用权人置换其他价值相当、用途相同的国有建设用地进行开发建设。涉及出让土地的，应当重新签订土地出让合同，并在合同中注明为置换土地。

（6）市、县国土资源主管部门还可以根据实际情况规定其他处置方式。

除《闲置土地处置办法》第8条规定的以上6种情形和不可抗力造成的土地闲置外，闲置土地按照下列方式处理：

（1）未动工开发满一年的，由市、县国土资源主管部门报经本级人民政府批准后，向国有建设用地使用权人下达《征缴土地闲置费决定书》，按照土地出让或者划拨价款的百分之二十征缴土地闲置费。土地闲置费不得列入生产成本。

（2）未动工开发满两年的，由市、县国土资源主管部门按照《中华人民共和国土地管理法》第37条和《中华人民共和国城市房地产管理法》第26条的规定，报经有批准权的人民政府批准后，向国有建设用地使用权人下达《收回国有建设用地使用权决定书》，无偿收回国有建设用地使用权。闲置土地设有抵押权的，同时抄送相关土地抵押权人。

第3板块资源

第4板块
房地产勘察设计、规划许可相关法律实务

导　读

　　AAA房地产开发有限责任公司终于顺利拿到了重庆江北区的一块土地。小芳本以为可以轻松一段时间，但接下来，就要涉及勘察设计、规划许可等流程。根据房地产行业现状，许多项目是一边前期勘察设计、一边进行规划许可等报批手续。为了赶进度，不少工程甚至是无证开工。事实上，我们知道，勘察设计与规划许可具有密不可分的关联，因为规划许可证的报批手续中，非常重视勘察设计文本。但小芳是这方面的"菜鸟"，看来她要和我们一起补上这方面的知识。

　　对于建筑"设计"，最直观的案例是两栋楼离得很近，电视都可以共同欣赏。这种设计是否违反了相关规范、法律法规？规划部门在审核时，有没有相关标准？

　　在这一板块中，各位读者要特别注意：

　　（1）勘察设计的监督管理。

　　（2）建筑设计规范。

　　（3）"一书二证"的办理流程。

实训任务

【1】 【案情介绍】

原告：刘某

被告：某市城市规划管理局

第三人：某市房地产综合开发公司

2003年5月，被告某市城市规划管理局批准第三人某市房地产综合开发公司建造某市第一副食大楼工程，2004年10月，该副食大楼建成。原告刘某以被告审批建设的该副食大楼影响了其房屋日照为由，多次找被告协商。2004年4月9日，被告作出《关于东方大厦住户反映遮光问题的答复》，认定包括原告在内等四户居室满窗采光时间均达到1小时以上，符合《城市居住区规划设计规范》（GB50180—93）的有关规定。原告不服，向某市法院提起行政诉讼。庭审中，该院根据原告的申请，依法委托鸡西市中级法院对被告审批建设的某市第一副食大楼是否影响原告刘某房屋日照进行了鉴定。鸡西市中级法院作出鸡中法（2004）司鉴字第66号建筑技术鉴定书，鉴定结论为被告审批建设的某市第一副食大楼影响原告的房屋日照。被告对此鉴定结论不服，在法定期限内未交纳鉴定费用，视为其放弃权利。

通过查阅资料定义采光权。如何认定其他建筑侵犯了自己的采光权？

【2】 2007年2月25日，22岁的姑娘小燕到××市第二医院住院治疗。住院前的10多天，她感觉身上多处关节疼痛，后来痛得越来越厉害，皮肤也出现青紫现象。经诊断，小燕为系统性红斑狼疮，这是一种会累及全身多系统的病变。入院当天，医院就对小燕发出病重通知，进行一级护理。经过一段时间治疗，小燕病情有所好转，但仍然"精神差"。小燕的病房在住院部10楼，床头玻璃窗户可以推开，距地板约1.2米高。当年4月3日7时20分，小燕的小姨送早餐过来，发现小燕爬到窗外露台上，欲往下跳。小姨立即喊起来，劝小燕"不要做傻事"，同时通知医务人员。当日7时25分，忍受不了肉体和精神折磨的小燕，从10楼坠下，当场身亡。事后，小燕的父母认为，院方在管理、护理上均存在过错，没有尽到保障安全义务以致悲剧发生，遂将医院告上法庭，索赔丧葬费、死亡赔偿金等共38万余元。

小燕住院期间跳楼身亡，作为医院一方，是否存在管理、看护不严的失责，要不要承担赔偿责任，这引起很大的争议。

观点一：小燕是自行爬上窗外露台跳楼自杀的，医务人员已履行了治疗、告知、劝说义务。小燕已年满22岁，是一个具备完全民事行为能力的人，又有家属陪伴，医院对小燕自杀不承担责任。

观点二：小燕所患的是一种累及全身的特殊病变，医院除了对她进行药物治疗外，还应加强心理疏导，但医生忽视了这一点。同时，医务人员在对小燕劝说无效后，没有及时采取有效措施，对事故有不可推卸的责任。此外，病房窗户是可以推开的，医院在管理上存在过失。

法院审理认为，小燕作为一个完全民事行为能力人，理应配合医院治疗疾病，选择逃避行为跳楼身亡，应承担主要过错责任。小燕所患系统性红斑狼疮是一种累及全身多系统的病变，护理表现一直为"精神差"，处于萎靡状态。医院应及时进行颅脑影像学检查，或者请专家会诊，排除累及中枢神经系统病变等，对小燕进行心理疏导。依据医学鉴定报告，医院对病人的管理、护理存在一定的过错，这是导致小燕放弃治疗跳楼的因素之一。医院应对小燕跳楼身亡承担 40% 的次要责任，赔偿小燕家属损失 13.38 万元。

甲认为：家属认为如果窗户是封死的，小燕就不能可爬窗跳楼，医院应该为此事负主要责任。

乙认为：对于小燕这样容易激动、烦躁的特殊病人，医院应该加强看护，提供更为安全的设施。而半开式的窗户，为小燕跳楼提供了一种可能，医院在管理上存在过失。

病人从医院病房窗口跳楼自杀，家属认为医院设计有问题（窗口开口过大），医院设计是一个很特殊的建筑设计种类，有它自己单独的设计规范，不过我国目前的医院建筑设计规范都是 20 世纪 80 年代制定的，只能做一个参考，要想做好，还要去查日本医院类建筑的设计规范，参考价值比较大。另外还要参照无障碍设计规范。

请通过查阅资料，查找医院设计特殊规范。并从设计方的利益出发，谈谈如何避免此类法律纠纷。

【3】 在建筑设计，以及规划许可证的申请过程中，环境保护的因素显得日趋重要。请查证相关建筑设计与申请规划许可证过程中，必须达到的环保标准。

【4】 整理申请"一书二证"需要准备的材料目录。

【5】 肖某夫妇带着 4 岁的女儿，租住在 XX 县象园街道一栋房子的 4 楼。2011 年 10 月 9 日晚，肖某的女儿在楼梯口玩耍时，从楼梯处坠下身亡。

房子是张某的，交给李某出租经营。肖某上诉到法院，认为楼梯不符合国家建筑标准是导致其女儿坠亡的原因。

李某辩称，出租房并无安全隐患，也无法证明小孩是从出租房楼梯坠楼死亡，他对于小孩的死亡没有过错。房东张某觉得很冤，他说自己没有将房屋租给肖某，与肖某之间并不存在租赁关系；且房屋不存在安全隐患，他不应该成为被告。

根据医院和警方提供的证明，可以认定小孩是从楼梯处坠楼身亡的。根据实地测量，该楼房的楼梯也不符合《民用建筑设计通则》关于室外楼梯临空处设置护栏应有的高度。

请问：

（1）此案应该做如何判决？

（2）建筑设计规范中对楼梯设计有何具体规范和要求？

4.1 勘察设计中的法律实务

一、勘察设计概述

勘察设计是工程建设的重要环节,勘察设计的好坏不仅影响建设工程的投资效益和质量安全,其技术水平和指导思想对城市建设的发展也会产生重大影响。

工程勘察是指勘察人对工程的地理状况进行调查研究,包括对工程进行测量,对工程建设地址的地质、水文地质进行调查等工作。

工程设计是指设计人对工程结构进行设计、工程价款等进行概预算。

依照《中华人民共和国招标投标法》和《工程建设项目勘察设计招标投标办法》的规定:依法必须进行勘察设计招标的建设工程项目,在招标时应当具备下列条件:

(1)按照国家有关规定需要履行项目审批手续的,已履行审批手续,取得批准。

(2)勘察设计所需资金已经落实。

(3)所必需的勘察设计基础资料已经收集完成。

(4)法律法规规定的其他条件。

招标人可以依据建设工程项目的不同特点,实行勘察设计一次性总体招标;也可以在保证项目完整性、连续性的前提下,按照技术要求实行分段或分项招标。但招标人不得将依法必须进行招标的项目化整为零,或者以其他任何方式规避招标。

根据国务院颁发的《建设工程勘察设计管理条例》第 16 条规定,可以直接发包的建设工程勘察、设计项目有:

(1)采用特定的专利或专有技术的。

(2)建筑艺术造型有特定要求的。

(3)国务院规定的其他建设工程的勘察设计。

(4)发包方可以将整个建设工程勘察设计发包给一个勘察、设计单位,也可以将建设工程的勘察、设计分别发包给几个勘察、设计单位。

建设工程勘察、设计单位不得将所承揽的建设工程勘察、设计任务进行转包。但经发包方书面同意后,可将除建设工程主体部分外的其他部分的勘察、设计分包给具有相应资质等级的其他建设工程勘察、设计单位。

二、建设工程勘察设计工作的监督管理

国务院建设行政主管部门对全国的建设工程勘察、设计活动实施统一监督管理。国务院铁路、交通、水利等有关部门按照国务院规定的职责分工，负责对全国的有关专业建设工程勘察、设计活动的监督管理。县级以上地方人民政府建设行政主管部门对本行政区域内的建设工程勘察、设计活动实施监督管理。县级以上地方人民政府交通、水利等有关部门在各自的职责范围内，负责对本行政区域内的有关专业建设工程勘察、设计活动的监督管理。

建设工程勘察、设计单位在建设工程勘察、设计资质证书规定的业务范围内跨部门、跨地区承揽勘察、设计业务的，有关地方人民政府及其所属部门不得设置障碍，不得违反国家规定收取任何费用。

县级以上人民政府建设行政主管部门或者交通、水利等有关部门应当对施工图设计文件中涉及公共利益、公众安全、工程建设强制性标准的内容进行审查。施工图设计文件未经审查批准的，不得使用。

任何单位和个人对建设工程勘察、设计活动中的违法行为都有权检举、控告、投诉。

三、勘察设计合同

勘察、设计合同是指勘察人、设计人完成工程勘察设计任务，发包人支付勘察设计费的协议。勘察、设计合同明确了发包人与勘察、设计人之间的权利义务关系。工程勘察、设计合同，一般包括提交勘察或者设计基础资料、勘察或者设计文件（包括概预算）的期限、勘察或者设计的质量要求、勘察或者设计费用以及其他协作条件等条款。

提交勘察或者设计基础资料是发包人的义务，勘察或者设计的基础资料是指勘察人、设计人进行勘察、设计工作所依据的基础文件和情况。勘察的基础资料包括可行性报告，工程需要勘察的地点、内容、勘察技术要求及附图等。设计的基础资料包括工程的选址报告等勘察资料以及原料（或者经过批准的资源报告）、燃料、水、电、运输等方面的协议文件，需要经过科研取得的技术资料。为了保证勘察设计工作的顺利进行，当事人应当在合同中明确提交与勘察设计有关的基础资料的期限。

以下是工程勘察设计合同范本：

建设工程勘察设计合同范本

发包方：_____

承包方：_____

根据《中华人民共和国经济合同法》和《建设工程勘察设计合同条例》的有关规定，经双方协商一致，签订本合同，以资共同遵守。

第一条 工程名称_____；

工程地点_____；

工程规模_____；

工程投资_____。

第二条 委托方根据本合同规定填写建设工程勘察设计委托书（见附表一、二）。

第三条 勘察设计费取费的依据和取费标准，按国家规定执行。

勘察设计费的拨付办法，自合同生效后____天内，委托方应向承包方给付定金。合同履行后，定金抵做勘察设计费，不足部分委托方应在____天内一次结清（或订为分若干次结清）。

勘察任务的定金为勘察费的30%，设计任务的定金为估算设计费的20%。本工程的勘察费为____元，估算设计费为____元。

委托方不履行合同的，无权要求返还定金；承包方不履行合同的，应双倍返还定金。

第四条 委托方的义务

1. 委托方应在商定的时间内向承包方提供必要的资料并对提供的时间、进度与资料和可靠性负责。

提供资料的内容、技术要求及期限见附表三。

2. 在勘察设计人员进入现场作业或配合施工时，应负责提供以下工作和生活条件：

（1）

（2）

（3）

3. 委托方配合引进项目的设计任务，从询价、对外谈判、国内外技术考察直至建成投产的各阶段，应吸收承担有关设计任务的承包参加。

4. 按有关规定的勘察设计取费标准如期如数付给承包方勘察设计费。

5. 维护承包方的勘察成果和设计文件，不得擅自修改或转让给第三方重复使用。

第五条 承包方的义务

1. 承包方应在____年____月____日前提交有关勘察成果和设计文件，并承担责任。

提交勘察成果的范围、进度和质量，以及设计的阶段、进度、质量和设计文件份数。

2. 初步设计经上级主管部门审查后，在原定任务书范围内的必要修改，由承包方负责。原定任务书有重大变更而重做或修改设计时，须具有设计审批机关或设计任务书批准机关的意见书，经双方协商，另订合同。

3. 设计单位对所承担设计任务书的建设项目应配合施工，进行设计技术交底，解决施工过程中有关设计的问题，负责设计变更和修改预算，参加试车考核及工程竣工验收。对于大中型工业项目和复杂的民用工程应派现场设计代表，并参加隐蔽工程验收。常驻代表费用由双方协商（另附协议）。

第六条 违约责任

1. 因勘察设计质量低劣引起工程返工，或未按期提交勘察设计文件拖延工期造成损失，由承包方继续完善勘察设计任务，并视造成的损失浪费大小减收或免收勘察设计费。具体规定如下：

（1）

（2）

（3）

2. 因勘察设计错误而造成工程重大质量事故，承包方除免收受损失部分的勘察设计费外，还应付给委托方与直接受损失部分的勘察设计费相等的赔偿金。

3. 承包方不按合同规定的期限提交勘察成果、设计文件，每拖延一天，应向委托方交纳按勘察设计费 5‰的违约金。

4. 由于变更计划、提供的资料不准确、未按期提供勘察设计必需的资料或工作条件而造成勘察设计工作的返工、窝工或修改设计，委托方应按承包方实际消耗的工作量增付费用。具体规定如下：

（1）

（2）

（3）

5. 因委托方责任造成勘察设计工作的重大返工或重任设计，应另行增加勘察设计费用。

6. 委托方超过合同规定的日期付费时，应偿付逾期的违约金。违约金每逾期一天，按该工程勘察设计费的 5‰计算。

第七条 争议的解决方式

合同执行过程中如有争议，双方应及时协商解决，协商不成时，双方属于一个部门的由上级主管部门调解；调解不成，或双方不属于同一个部门的，合同双方任何一方均可向工商局经济合同仲裁委员会申请仲裁，也可直接向法院起诉。

第八条 经双方协商一致，增加补充下列____项条款（没有增补以"空白"记入）。

第九条 附则

本合同未言明事项，一律按《中华人民共和国经济合同法》和《建设工程勘察设计合同条例》规定执行。

本合同附件：《建筑工程设计委托书》、《工程地质勘察委托书》、《建设文件和勘察设计基础资料交付日期一览表》、《勘察设计文件交付日期一览表》等均为本合同的组成部分，具有同等的法律效力。

本合同自双方签字盖章之日起生效，正本 2 份，委托方、承包方各执 1 份；副本____份，分别报送业务主管部门、工商行政管理局和建设银行备案。

委托方（盖章）：　　　　　　　　　承包方（盖章）：

鉴（公）证意见：

地　址：　　　　　　　　　　　　　地　址：

经办人：

法定代表人（签名）：　　　　　　　法定代表人（签名）：

鉴（公）证机关（章）

委托代理人（签名）：　　　　　　　委托代理人（签名）：

开户银行：　　　　　　　　　　　　开户银行：

账　号：　　　　　　　　　　　　　账　号：

电　话：　　　　　　　　　　　　　电　话：

电　挂：　　　　　　　　　　　　　电　挂：

邮政编码：　　　　　　　　　　　　邮政编码：

签约时间：　　年　月　日　　　　　签约地点：

有效期限：　　年　月　日至　年　月　日

附表一：

建设工程设计委托书

委托方委托承包方进行_____设计工作。

工程设计项目表

工程编号	项目名称	建设性质	投资（万元）	规模	建筑层数	结构	设计内容

附表二：

工程、地质勘察委托书

建设单位		工程名称		场地位置	
设计单位		要求提交勘察资料内容		提出任务书日期	
勘察技术要求				要求提交资料日期	
				要求提交资料份数	
				附任务书附图	蓝色

顺序号	总图编号	建筑物名称	层数	高度米	建构筑物等级	结构类型	对差异沉降敏感程度	建（构）筑物基础				主要设备说明				
								形状	尺寸（米×米）	材料	砌置深度	单位负重（吨/米）或总荷重（吨）	设备名称	设备基础			
														形状	尺寸（米×米）	材料	砌置深度	单位负重（吨/米）或总荷重（吨）

附表三：

建设文件和勘察设计基础资料交付日期一览表

双方协议，由委托方向承包方按照下表提供建设文件和勘察设计基础资料。

序 号	文件和资料名称	份 数	提 交 日 期

四、建筑设计规范

建筑设计规范是由政府或立法机关颁布的对新建建筑物所作的最低限度技术要求的规定，是建筑法规体系的组成部分。建筑设计规范的内容和体例一般分行政实施部分和技术要求部分。行政实施部分规定建筑主管部门的职权，设计审查和施工、使用许可证的颁发，争议、上诉和仲裁等内容。技术要求部分主要包括：建筑物按用途和构造的分类分级；各类（级）建筑物的允许使用负荷、建筑面积、高度和层数的限制等；防火和疏散，有关建筑构造的要求；结构、材料、供暖、通风、照明、给水排水、消防、电梯、通信、动力等的基本要求（这些部分通常另有专业规范）；某些特殊和专门的规定等。有些国家的大城市还制定与建筑设计规范平行的火警区域规范和分区规范。前者规定市区由于防火要求不同而对区内建筑物提出的技术要求，后者规定不同区域内的建筑功能类型以及对建筑物高度等的限制。

建筑设计规范在有些国家由政府主管部门组织专家编制，由政府审查批准后公布；在有些国家则由学术团体或民间组织编写出"示范本"，由中央或地方立法机关颁布专门法令，加以全部或部分采用。美国有四种建筑规范的"示范本"，由各州或大城市的立法机关选择采用。建筑设计规范制定公布后，由执行机构监督实施。这项工作在许多国家由城市建设主管部门负责，设置专门人员按规范审查施工图，对不符合要求的设计责成设计人修改，然后颁发施工许可证。在建筑物的建造和使用过程中，主管部门可按照建筑规范要求，检查房主是否正确使用和维护房屋。但主管部门的权力以建筑设计规范规定的为限，不得额外对设计、施工或使用者进行干预。设计、施工、使用者有权对主管部门的决定提出申诉，通过仲裁机关作出裁决。

建筑设计规范主要涉及的规范与标准：

规范：
1. 《城乡规划规范》
2. 《工程勘察测量规范》
3. 《城镇道路桥梁设计规范》
4. 《城镇道路桥梁施工规范》
5. 《城镇给水排水工程规范》
6. 《建筑给水排水工程规范》
7. 《城镇燃气与供热工程规范》
8. 《城镇市容环境卫生工程规范》
9. 《建筑设计规范》
10. 《建筑地基基础规范》
11. 《建筑结构设计规范》
12. 《建筑施工技术规范》
13. 《建筑施工质量验收规范》
14. 《建筑施工安全规范》

标准：
1. 城市用地分类与规划建设用地标准 GBJ 137—90
2. 城市居住区规划设计规范 GB 50180—93（2002年版）
3. 城市规划基本术语标准 GB/T 50280—98
4. 城市抗震防灾规划标准 GB 50413—2007
5. 城市给水工程规划规范 GB 50282—98
6. 城市工程管线综合规划规范 GB 50289—98

7. 城市电力规划规范 GB 50293—1999
8. 城市排水工程规划规范 GB 50318—2000
9. 城市用地分类代码 CJJ 46—91
10. 城市用地竖向规划规范 CJJ 83—99
11. 城市规划制图标准 CJJ/T 97—2003
12. 乡镇集贸市场规划设计标准 CJJ/T 87—2000
13. 风景名胜区规划规范 GB 50298—1999
14. 历史文化名城保护规划规范 GB 50357—2005
15. 城市道路交通规划设设计规范 GB 50220—95
16. 城市道路绿化规划与设计规范 CJJ 75—97
17. 公园设计规范 CJJ 48—92
18. 镇规划标准 GB 50188—2007
19. 城市居民生活用水量标准 GB/T 50331—2002
20. 城市用水分类标准 CJ/T 3070—1999
21. 城市容貌标准 CJ/T 12—1999
22. 城市绿地分类标准 CJJ/T 85—2002
23. 风景园林图例图示标准 CJJ 67—95
24. 园林基本术语标准 CJJ/T 91—2002
25. 环境卫生设施与设备图形符号 CJ/T 13~15—1999
26. 城市环境卫生设施规划规范 GB 50337—2003
27. 城镇环境卫生设施设置标准 CJJ 27—2005
28. 市容环境卫生术语标准 CIJ/T 65—2004

案例分析

案情概况：某厂新建一车间，分别与市设计院和市建某公司签订设计合同和施工合同。工程竣工后厂房北侧墙壁发生较大裂缝，属工程质量问题。为此，某厂向法院起诉市建某公司。经过工程质量鉴定单位勘查后，查明裂缝是由于地基不均匀沉降引起。进一步分析的结论是结构设计图纸所依据的地质资料不准，于是某厂又诉讼市设计院。市设计院答辩，设计院是根据某厂提供的地质资料设计的，不应承担事故责任。经法院查证：某厂提供的地质资料不是新建车间的地质资料，而是与该车间相邻的某厂的地质资料，事故前设计院也不知该情况。

问题：请分析哪些单位应承担此质量问题的法律责任。

参考答案

该案例中，设计合同的主体是某厂和市设计院，施工合同的主体是某厂和市建某公司。根据案情，由于设计图纸所依据的资料不准，地基不均匀沉降，最终导致墙壁裂缝事故，所以，事故涉及的是设计合同中的责权关系，而与施工合同无关，即市建某公司没有责任。

在设计合同中，提供准确的资料是委托方的义务之一，而且要对"资料的可参性负责"（《建设工程勘察设计管理条例》第八条），所以委托方提供假地质资料是事故的根源，委托方是事故的责任者之一；市设计院按对方提供的资料设计，似乎没有过错，但是直到事故发生前设计院仍不知道资料虚假，说明在整个设计过程中，设计院并未对地质资料进行认真的审查，使假资料滥竽充数，导致事故，否则，有可能防患于未然。所以，设计院也是责任者之一。由此可知：在此事故中，委托方（某厂）为直接责任者、主要责任者，承接方（设计院）为间接责任者、次要责任者。

4.2 规划许可中的法律实务

一、规划许可概述

根据《中华人民共和国城乡规划法》的规定，房地产开发商在取得土地使用权之后，须办理相关的规划许可证方能进入建设施工阶段。从行政管理的角度来看，这一阶段被称为城乡规划管理，其主要包括两个方面的内容，即建设用地规划管理与建设工程规划管理。

就建设用地规划管理而言，其基本任务是根据城乡规划和建设工程的要求，结合用地现状条件，决定建设工程可以利用哪些土地，不可以利用哪些土地，以及如何经济合理地利用土地，保障城乡规划的实施，促进建设的协调发展。对此，核发的法律性文件有2个，即：① 建设项目选址意见书；② 建设用地规划许可证。前者是计划审批阶段的建设用地规划管理，后者是实施阶段的建设用地规划管理。

就建设工程规划管理而言，其内容包括：建设工程使用性质的控制、建筑容积率的控制、建筑密度的控制、绿地率的控制、建筑（层数）高度的控制、建筑间距的控制、建筑范围的控制、道路交通的控制、基地标高的控制、建筑环境的协调管理、配套公共设施和无障碍设施的控制等。开发商在取得选址意见书和建设用地规划许可证后，须继续申请办理建设工程规划许可证。前面的"一书一证"是政府部门对开发商用地的许可，建设工程许可证是政府规划部门对开发项目工程规划的许可。

在城乡规划的实施过程中，习惯上将选址意见书、建设用地规划许可证、建设工程规划许可证，一并称为"一书两证"。城市规划主管部门依申请核发"一书两证"统称为城乡规划许可。开发商在取得"一书两证"后，就可以办理工程开工手续了。因此，本章的核心内容，便是围绕如何办理这"一书两证"展开。

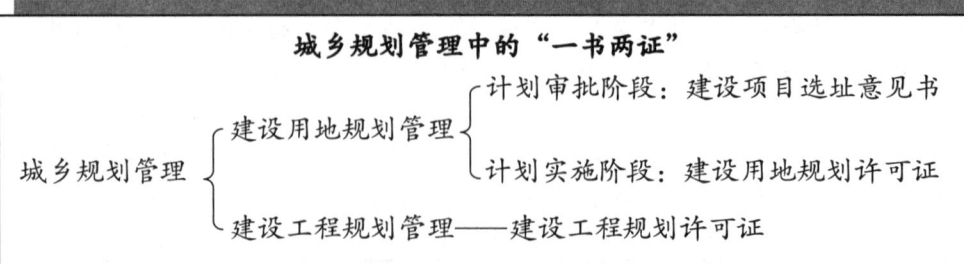

二、建设项目选址意见书

（一）"建设项目选址意见书"的概念

所谓建设项目选址意见书，简称选址意见书，是城乡规划行政主管部门依法核发的，有关建设项目的选址和布局的法律凭证。建立选址意见书制度的目的在于——保证各项建设项目的布局能符合城乡规划。建设项目选址意见书的发放依据主要有《城乡规划法》、城市总体规划，以及《建设项目选址规划管理办法》等。

选址意见书的主要内容

根据《建设项目选址规划管理办法》第 6 条的规定，建设项目选址意见书的内容包括以下 3 个方面：

1. 建设项目的基本情况

主要指建设项目的名称、性质，用地与建设规模，供水与能源的要求量，采取的运输方式与运输量，以及废水、废气、废渣的排放方式和排放量等主要情况。

2. 建设项目规划选址的主要依据

（1）须批准的项目建议书。

（2）建设项目与城市交通、通信、能源、市政、防灾规划的衔接与协调。

（3）建设项目与城市规划布局的协调。

（4）建设项目配套的生活设施与城市生活居住及公共设施规划的衔接与协调。

（5）建设项目对于城市环境可能造成的污染影响，以及与城市环境保护规划和风景名胜、文物古迹保护规划的协调。

3. 建设项目选址、用地范围和具体规划要求

以下为建设项目选址意见书样本：

中华人民共和国 建设项目选址意见书 中华人民共和国建设部制		
建设项目选址意见书 编号：　　　字第　　号		
根据《中华人民共和国城乡规划法》第 36 条和《建设项目选址规划管理办法》的规定，特制定本建设项目选址意见书，作为审批建设项目设计任务书（可行性研究报告）的法定附件。		
建设项目 基本情况	建设项目名称	
	建设项目单位	
	建设项目依据	
	建设规模	
	建设单位拟选位置	

城乡规划行政主管部门选址意见	
城乡规划行政主管部门选址意见	
附件附图名称	

（二）需要申请选址意见书的建设项目

根据《城乡规划法》第 36 条的规定，凡是具备以下 3 个要件的建设项目，就需要向规划主管部门申请选址意见书：

一是在城市、镇规划区内。规划主管部门只能在规划区内实施规划许可，在规划区外是不能核发选址意见书的。

二是建设项目需要有关部门批准或者核准。建设项目的立项审批分为批准、核准和备案三种。其中，备案是一种事后监督的方式，不需要向投资管理部门取得任何许可文件，而建设项目选址意见书是为获取立项许可文件服务的，所以对只需要向主管部门备案的建设工程，无须领取选址意见书。

三是以划拨方式提供国有土地使用权的。在我国，一般而言，取得国有土地使用权的方式有划拨和出让两种方式。其中，以出让方式取得国有土地使用权的建设项目，出让前规划条件已经纳入国有土地使用权出让合同，故没有必要再申请核发选址意见书。所以，只有以划拨方式取得国有土地使用权的建设项目才可能需要领取选址意见书。

（三）选址意见书的办理

有关申请选址意见书应提交的材料、审批程序等，各地的规定并不完全一致，这里主要按照重庆市的相关规定进行介绍。

1. 申　请

申请人应首先到其所属辖区的规划局递交申请材料。

申请建设项目选址意见书应提交的材料
关于提交的材料，因是否通过招标、拍卖、挂牌取得而有不同，如下： 1. 通过招标、拍卖、挂牌取得建设用地使用权的 （1）土地实行招标、拍卖、挂牌前，由土地行政主管部门向规划行政主管部门提出申

请，并提供以下材料：

① 土地行政主管部门提出取得拟招标、拍卖、挂牌地块规划招标的书面申请（原件1份）。

② 土地行政主管部门在1：500现状地形图上划定的拟公示的土地范围（原件1份）。

③ 1：500现状地形图（原件2份，附电子文档）。

④ 法律法规要求的其他材料（1份）。

（2）通过招标、拍卖、挂牌方式取得国家建设用地使用权出让合同的申请人，申请领取建设工程选址意见书和建设用地规划许可证，需提供以下材料：

① 书面申请（原件1份）。

② 申请人身份证材料（复印件1份，核原件）。

③ 国有土地使用权出让合同（复印件1份，核原件）。

④ 1：500现状地形图（原件2份，附电子文档）。

⑤ 法律法规规定需要的其他材料（1份）。

2. 非通过招标、拍卖、挂牌取得建设用地使用权的

非通过招标、拍卖、挂牌方式取得建设用地使用权的建设项目，申请领取建设项目选址意见书应提供以下材料：

（1）书面申请（原件1份）。

（2）申请人身份证材料（复印件1份，核原件）。

（3）1：500现状地形图（原件2份，附电子文档）。

（4）土地行政主管部门相关材料。

（5）投资行政主管部门的建设项目建议书批复文件（限投资行政主管部门审批的建设项目）（复印件1份，核原件）。

（6）相关协议（限联建项目）（原件1份）。

（7）房地产开发行政主管部门批文（限转让项目）（原件1份）。

（8）房屋行政主管部门核定的安置房的安置范围、数量、标准及书面意见。

2. 受 理

窗口工作人员负责对申请材料核对、登记，并在1日内转交区分局经办人。区分局经办人验核申请材料后，提交区分局业务办公会审核。区分局业务办公会5日内作出受理、不予受理或要求补正申请材料的决定，并在窗口公示。具体规则如下：

（1）同意受理的，向申请人核发重庆市规划局建设工程规划许可证申请受理复函。

（2）不予受理的，向申请人核发重庆市规划局建设工程规划许可证申请不予受理复函。

（3）要求补正申请材料的，向申请人核发重庆市规划局建设工程规划许可证申请补正材料复函，一次性告知申请人需要补正的全部材料，逾期不告知的，自收到申请材料之日起即为受理。

3. 审查与决定

（1）市局管理的建设项目（市局审查，分局办理）。

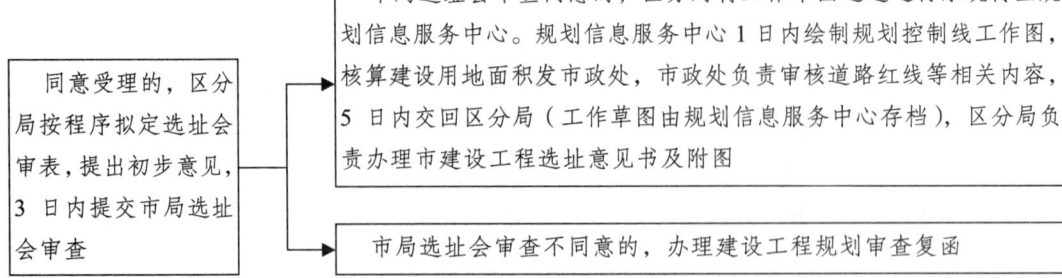

（2）区分局管理的建设项目（分局审查，分局办理）。

经办负责人 3 日内绘制与申报项目相关的规划控制线工作图，并提交区分局业务办公会审查；需提交协办部门分别审批的，经办认在收齐协办意见或在协办意见办理期限届满后 2 日内，综合有关材料，草拟选址会审表和经办意见，提交区分局业务办公会审查。区分局业务办公会审查同意后，办理市建设工程选址意见书及其附图；区分局业务办公会审查不同意的，办理选址审查复函。

4. 公布与颁发

行政许可决定的书面文件应在规定的办理期限届满前完成内部审签，同时，应自作出决定之日起 10 日内在窗口公布并向申请人颁发。其中，不予许可的行政决定，应当书面说明理由，告知申请人依法享有申请行政复议或提起行政诉讼的权利。

（四）选址意见书的有效期

选址意见书的有效期分为两种情形：
（1）非通过招标、拍卖、挂牌方式取得建设用地使用权的建设项目，在取得市建设工程选址意见书后 6 个月内未报送规划设计方案的，其市建设工程选址意见书（含附图）自行失效；但是，因遇不可抗力的除外。
（2）通过招标、拍卖、挂牌方式取得国有建设用地使用权出让合同的建设项目，除国有建设用地使用权出让合同中涉及规划指标及控制性要求的内容与规划部门核发的建设用地规划公告函不一致的，需报相关业务办公会研究外，均可直接按程序核发市工程选址意见书，同时核发市建设用地规划许可证及其附图。

三、建设用地规划许可证

（一）"建设用地规划许可证"的概念

建设用地规划许可证，是建设单位在向土地管理部门申请征用、划拨土地前，经城乡规划行政主管部门确认建设项目位置和范围符合城乡规划的法定凭证，是建设单位用地的法律凭证。核发建设用地规划许可证的目的在于——确保土地利用符合城乡规划，维护建设单位按照城乡规划使用土地的合法权益。建设用地规划许可证是向土地管理部门申请土地使用权必备的法律凭证，没有此证的用地单位属非法用地，不能领取房地产权属证件。建设用地规划许可证的发放依据主要有《城乡规划法》、建设项目选址意见书、有关部门批准的建设项目可行性研究报告等。如前所述，一般而言，在我国取得国有土地使用权的方式有划拨和出让两种。以划拨方式提供国有土地使用权的建设项目，在规划部门领取建设项目选址意见书并经立项部门批准、核准、备案后，依据控制性详细规划核定建设用地的位置、面积、允许建设的范围，核发建设用地规划许可证。以出让方式提供国有土地使用权的，在签订国有土地使用权出让合同后，建设单位应当持建设项目的批准、核准、备案文件和国有土地使用权出让合同，向城市、县人民政府城乡规划主管部门领取建设用地规划许可证。也就是说，以出让方式取得国有土地使用权的建设项目，在签订国有土地使用权出让并立项之后，直接领取建设用地规划许可证。

以下为建设用地规划许可证样本：

中华人民共和国
建设用地规划许可证

编号：

根据《中华人民共和国城乡规划法》第 37 条规定，经审核，本用地项目符合城乡规划要求，准予办理征用划拨土地手续。

特发此证

发证机关：

日　　期：

用地单位	
用地项目名称	
用地位置	
用地面积	
附图及附件名称	

遵守事项：

一、本证是城乡规划区内，经城乡规划行政部门审核，许可用地的法律凭证。

二、凡未取得本证，而取得建设用地批准文件、占用土地的，批准文件无效。

三、未经发证机关审核同意，本证的有关规定不得变更。

四、本证自核发之日起，有效期为 6 个月，逾期未使用，本证自行失效。

（二）需要申请建设用地规划许可证的建设项目

房地产开发建设项目有下列情形之一的，应当按照规定申请建设用地规划许可证：

（1）在城市、镇规划区内新建建筑物、构筑物、道路、管线和其他工程设施的建设单位需要使用土地的。

（2）在城市、镇规划区内扩建建筑物、构筑物、道路、管线和其他工程设施的建设单位需要使用土地的。

（3）在城市、镇规划区内改建建筑物、构筑物、道路、管线和其他工程设施的建设单位地产需要使用土地的。

（4）建设单位因建设需要改变土地使用性质的。

（三）建设用地规划许可证的办理

关于建设用地规划许可证的办理程序，各地略有不同。这里以重庆市规划局核发或领取建设用地规划许可证的程序为例。

1. 申　请

申请人应首先到其所属辖区的规划局递交申请材料。

申请建设用地规划许可证应提交的材料

申请核发或领取建设用地规划许可证应根据土地是划拨还是出让，而有不同：

1. 以出让方式取得建设用地使用权，即通过招标、拍卖、挂牌方式取得建设用地使用权的建设项目，申请领取建设用地规划许可证应提交以下材料：

（1）书面申请（原件1份）。

（2）申请人身份证明材料（复印件1份，核原件）。

（3）建设用地使用权出让合同（复印件1份，核原件）。

（4）法律法规规定需要的其他材料（1份）。

2. 以划拨方式取得建设用地使用权，即非通过招标、拍卖、挂牌方式取得建设用地使用权的建设项目，申请核发建设用地规划许可证应提交以下材料：

（1）书面申请（原件1份）。

（2）申请人身份证明材料（复印件1份，核原件）。

（3）建设工程选址意见书（复印件1份，核原件）。

（4）环境影响评价报告（限对环境有影响的工业等项目）及环保部门的审查意见（复印件1份，核原件）。

（5）相关部门的书面审查意见（限涉及国家安全、消防、文物保护等部门的项目）（复印件1份，核原件）。

（6）建设用地批准文件（复印件1份，核原件）。

（7）建设项目可行性研究报告审批文件或企业投资项目核准文件（限需投资行政主管部门审批、核准的建设项目）（原件1份）。

（8）方案（修建性详细规划）设计图（含室外综合管线方案设计，加盖设计资质印章，原件2份，附电子文档）。

（9）彩色渲染图和建筑模型（限主要地段、重要节点及大型项目）（原件2份）。

（10）法律法规规定需要的其他材料（1份）。

2. 受理

窗口工作人员负责对申请材料核对、登记，并在1日内转交区分局经办人。

区分局经办人验核申请材料后，提交区分局业务办公会审核。区分局业务办公会5日内作出受理、不予受理或要求补正申请材料的决定，并在窗口公示。具体规则如下：

（1）同意受理的，向申请人核发重庆市规划局建设工程规划许可证申请受理复函。

（2）不予受理的，向申请人核发重庆市规划局建设工程规划许可证申请不予受理复函。

（3）要求补正申请材料的，向申请人核发重庆市规划局建设工程规划许可证申请补正材料复函，一次性告知申请人需要补正的全部材料，逾期不告知的，自收到申请材料之日起即为受理。

3. 审查与决定

1）通过招标、拍卖、挂牌方式取得国有土地使用权的建筑工程

对通过招标、拍卖、挂牌方式取得国有土地使用权的建筑工程，在办理重庆市建设工程选址意见书的同时，直接办理重庆市建设用地规划许可证及其附图，由各区分局分管负责人签发。须注意的是，通过招标、拍卖、挂牌方式取得国有土地使用权的建筑工程，在办理重庆市建设用地规划许可后，仍需进行规划设计方案审查，其申请材料、办理时限及程序参见非招标、拍卖、挂牌项目方案审查的有关规定。

2）非通过招标、拍卖、挂牌方式取得国有土地使用权的建筑工程

（1）市局管理的建筑工程（市局审查、分局办理）。

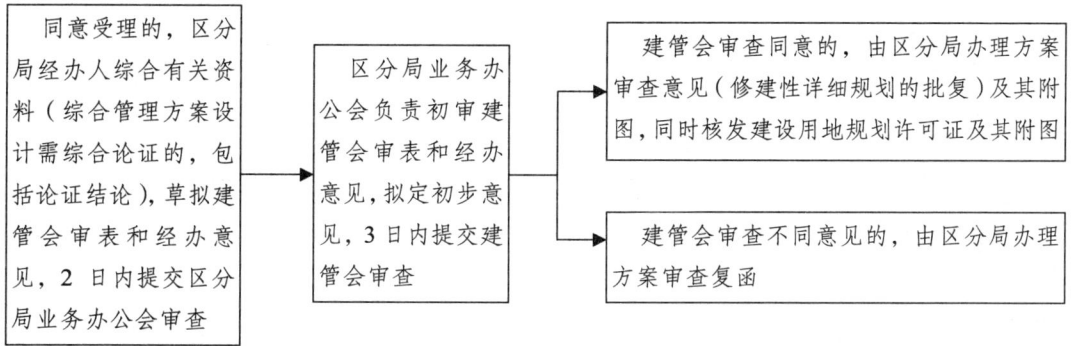

（2）区分局管理的建筑工程（分局审查、分局办理）。

同意受理的，区分局经办人综合有关资料、草拟建管会审表和经办意见，2日内提交区分局业务办公会审查。区分局业务办公会审查同意的，办理方案审查意见（修改性详细规划的批复）及其附图，同时核发重庆市建设用地规划许可证及其附图；区分局业务办公会审查不同意的，办理方案审查复函。

4. 公布与颁发

行政许可决定书面文件应在规定的办理期限届满前完成内部审签，同时，应自作出决定之日起10日内在窗口公布并向申请人颁发。其中，不予许可的行政决定，应当书面说明理由，并告知申请人依法享有申请行政复议或提起行政诉讼的权利。

（四）建设用地规划许可证的有效期

建设单位在取得建设用地规划许可证后 3 个月内未取得建设用地批准文件，其建设用地规划许可证（含附件、附图）和建设工程选址意见书自行失效；但是，因遇不可抗力的除外。

四、建设工程规划许可证的办理

（一）"建设工程规划许可证"的概念

建设工程规划许可证，是有关建设工程符合城乡规划要求的法律凭证，是建设单位建设工程的法律凭证，是建设活动中接受监督检查时的法定依据。核发建设工程规划许可证的目的——是为了确认有关建设活动的合法地位，保证有关建设单位和个人的合法权益。没有建设工程规划许可证的建设单位，其工程建筑是违章建筑。建设工程规划许可证的法律依据涉及范围非常广泛，包括各种法律、法规、技术规范与标准和城乡规划。

以下为建设工程规划许可证样本：

中华人民共和国
建设工程规划许可证

编号：

根据《中华人民共和国城乡规划法》第 40 条规定，经审核，本建设工程符合城乡规划要求，准予建设。

特发此证

发证机关：

日　　期：

建设单位	
建设项目名称	
建设位置	
建设规模	
附图及附件名称	

遵守事项：

一、本证是城乡规划区内，经城乡规划行政主管部门审定，许可建设各类工程的法律凭证。

二、凡未取得本证或不按本证规定进行建设，均属违法建设。

三、未经发证机关许可，本证的各项规定均不得随意变更。

四、建设工程施工期间，根据城乡规划行政主管部门的要求，建设单位有义务随时将本证提交查验。

五、本证自核发之日起，必须在 6 个月内，按规定进行建设，逾期本证自行失效。

（二）需要申请建设工程规划许可证的建设项目

关于哪些建设项目需要申请建设工程规划许可证，各地规定有所不同。这里以重庆市为例，涉及的规范有《城乡规划法》。比如《城乡规划法》第40条规定：在城市、镇规划区内进行建筑物、构筑物、道路、管线和其他工程建设的，建设单位或者个人应当向城市、县人民政府城乡规划主管部门或者省、自治区、直辖市人民政府确定的镇人民政府申请办理建设工程规划许可证。申请办理建设工程规划许可证，应当提交使用土地的有关证明文件、建设工程设计方案等材料。需要建设单位编制修建性详细规划的建设项目，还应当提交修建性详细规划。对符合控制性详细规划和规划条件的，由城市、县人民政府城乡规划主管部门或者省、自治区、直辖市人民政府确定的镇人民政府核发建设工程规划许可证。城市、县人民政府城乡规划主管部门或者省、自治区、直辖市人民政府确定的镇人民政府应当依法将经审定的修建性详细规划、建设工程设计方案的总平面图予以公布。

《城乡规划法》第41条规定，在乡、村庄规划区内进行乡镇企业、乡村公共设施和公益事业建设的，建设单位或者个人应当向乡、镇人民政府提出申请，由乡、镇人民政府报城市、县人民政府城乡规划主管部门核发乡村建设规划许可证。在乡、村庄规划区内使用原有宅基地进行农村村民住宅建设的规划管理办法，由省、自治区、直辖市制定。在乡、村庄规划区内进行乡镇企业、乡村公共设施和公益事业建设以及农村村民住宅建设，不得占用农用地；确需占用农用地的，应当依照《中华人民共和国土地管理法》有关规定办理农用地转用审批手续后，由城市、县人民政府城乡规划主管部门核发乡村建设规划许可证。建设单位或者个人在取得乡村建设规划许可证后，方可办理用地审批手续。

《重庆市城市规划管理条例》第29条第2款规定：建设单位或个人新建、扩建、改建和大修（构）建筑物和城市小区，施工前须取得城市规划行政主管部门核发的建设工程规划许可证及其附件、附图。修建临时性建（构）筑物，应申办临时建设工程规划许可证。

（三）建设工程规划许可证的办理

关于建设工程规划许可证的办理程序，各地略有不同。这里以重庆市规划局核发或领取建设工程规划许可证的程序为例。

重庆市核发建设工程规划许可证按以下程序进行。

1. 申　　请

申请人按窗口公示的《重庆市建设工程规划许可证》办理要求，到区分局窗口递交申请材料。

申请建设工程规划许可证应提交的材料

各地申请核发建设工程规划许可证应提交的材料略有不同，这里以重庆市为例简要介绍。重庆市对建设单位申请核发建设工程规划许可证，一般需要提供以下材料：

（1）书面申请（原件1份）。

（2）申请人身份证明材料（复印件1份，核原件）。

（3）《重庆市建设用地规划许可证》（复印件1份，核原件）。
（4）《重庆市国有土地使用权出让合同》或划拨用地批准文件（复印件1份，核原件）。
（5）环保、消防、人防等相关主管部门的审查意见（复印件1份，核原件）。
（6）施工图说（加盖设计资质印章，建筑工程限于建施图，原件各2份，附电子文档）。
（7）方案设计批准文件及施工图审查意见（原件1份）。
（8）投资许可文件（限国家或市政府规定须投资许可的工程）（原件1份）。
（9）高切坡、深开挖论证意见（限涉及高切坡、深开挖的工程）（原件1份）。
（10）法律法规规定需要的其他材料（原件1份）。

2. 受　理

窗口工作人员负责对申请材料核对、登记，1日内转交区分局经办人。

区分局经办人验核申请材料后，提交区分局业务办公会审核。区分局业务办公会在5日内作出受理、不予受理或要求补正申请材料的决定，并在窗口公示。同意受理并需协办部门审批的，同时确定协办部门。

主管部门收到申请后，经初步审查分别按以下方式处理：

（1）同意受理的，向申请人核发《重庆市规划局建设工程规划许可申请受理复函》。

（2）不予受理的，向申请人核发《重庆市规划局建设工程规划许可证申请不予受理复函》。

（3）要求补正申请材料的，向申请人核发《重庆市规划局建设工程许可申请补正材料复函》，一次性告知申请人需要补正的全部材料。

（4）逾期不告知的，自收到申请材料之日起即为受理。

3. 审查与决定

1）市局管理的建筑工程（市局审查、分局办理）

市局管理建筑工程的建施图规划审查和建设工程规划许可证的核发，实行市局审查、分局办理，其审查程序与区分局管理建设工程审查程序相同。其中，超高层建筑工程、市级及其以上重点建筑工程、市局业务办公会确定需要由市局审查的建筑工程，其建施图规划审查及建设工程规划许可证的核发，应报市局审查。

具体审查程序如下：①同意受理的，区分局按程序拟定《建管会审表》和经办意见，2日内提交分局业务办公会审查。②区分局业务办公会负责初审《建管会审表》和经办意见，拟定初步意见，3日内提交建管会审查。③建管会审查同意的，由区分局办理《建设工程放线通知单》及附图；不同意的，由区分局办理《建设工程规划许可审查复函》。

2）区分局管理的建设工程（分局审查、分局办理）

同意受理的，区分局经办人综合有关资料、草拟《建管会审表》和经办意见，2日内提交区分局业务办公会审查。区分局业务办公会审查同意的，办理《放线通知单》及附图；不同意的，办理《建设工程规划许可审查复函》。

4. 放线、验线、现场核查

（1）申请人按《放线通知单》的要求，委托有资质的测绘单位实地放线后将《建设工程放线回单》及附图交区分局窗口。区分局窗口收到后1日内交经办人。

（2）申请人在建设工程验线前，应当拆除、迁红线范围内应拆迁的建（构）筑物。对需要临时保留使用的应拆建（构）筑物，在注销《国有土地使用权证》和《房屋所有权证》之后，可以申请临时使用，但须在申请规划验收前予以拆除。

（3）经办人收齐放线结果后5日内，会同规划跟踪管理联系人对放线情况进行验核、对拆迁情况进行检查。验核、检查无误的，办理《重庆市建设工程规划许可证》及其附图；否则办理《建设工程许可审查复函》。

5. 公布与颁发

行政许可决定的书面文件应在规定的办理期限届满前完成内部审签，并应自作定之日起10日内在窗口公布并向申请人颁发。其中不予许可的行政决定，应当书明理由，告知申请人依法享有申请行政复议或提起行政诉讼的权利。

第4板块资源

第5板块
合同法律实务

导 读

今天，小芳拿到了人生第一份正式工资（2 000元），正准备约上好友逛街，突然接到同学小美的电话，要向她借1 000元救急，虽然有点多，但小芳还是碍于情面借给了她。小美走后，小芳突然意识到，没有写借条，万一小美不还，如何是好？小芳想到手机有自动录音功能，何不早把谈话录音保存下来，作为口头借款合同？可是，口头合同有效吗？

虽然小芳在公司也接触过一些合同问题，但毕竟不是法律专业，因此，为了那1 000元能如期索回，也为了更好地工作，小芳决定重新翻开书本，认真学习与合同相关的法律知识。合同法不是房地产开发中一个单独的内容，但是合同法将贯穿房地产开发整个流程，也是学习房地产、建筑类各专业的重要基础知识。因此，本板块的内容中，可能涉及前两个板块中开发用地、勘察设计与规划许可等合同，也会涉及后面的板块，例如施工、房屋销售合同。

在这一板块中，各位读者要特别注意：

（1）在房地产开发过程中，严格依据《合同法》及相关法规的规定，确立当事人之间的权利、义务以及法律责任。

（2）掌握《合同法》中关于"合同的订立"和"合同的履行"等重要章节的法律规定，并在法理方面进行深层次的理解，以便在实践中正确实施。

（3）在房地产开发的全过程中，为了规避风险，保障合同权益的实现，也应当熟悉《担保法》的相关知识。

实训任务

【1】 本板块导读中，小芳如果把录音保存下来，作为口头借款合同，但是，口头合同有效吗？

在房地产行业中，也会遇到口头合同。例如：甲施工企业与乙建材企业达成口头协议，由乙企业在半年之内供应甲企业50吨钢材。3个月后，乙企业以原定钢材价格过低为由要求加价，并提出，如果甲企业同意，双方立即签订书面合同，否则乙企业将不能按期供货。甲企业表示反对，并声称，如乙企业到期不履行协议，将向法院起诉。

请查阅相关资料后判断谁将胜诉？

【2】 个体户张某、王某二人于1999年10月1日从汽车交易中心购得一辆"东风"牌二手卡车，共同从事长途货物的运输业务。二人各出资人民币3万元。同年12月，张某驾驶这辆汽车外出联系业务时，遇到李某，李某表示愿意出资人民币8万元购买此车，张某随即把车卖给了李某，并办理了过户手续，事后，张某把卖车一事告知王某，王某要求分得一半款项。

李某买到此车后，于同年年底又将这辆卡车以人民币9万元卖给赵某。二人约定，买卖合同签订时，卡车即归赵某所有，赵某租车给李某使用，租期为1年，租金人民币1万元，二人签订协议后，到有关部门办理了登记过户手续。

赵某把车租赁给李某使用期间，由于运输缺乏货源，于是李某准备自己备货，因缺乏资金遂向银行贷款人民币5万元，李某把那辆卡车作为抵押物，设定了抵押，双方签订了抵押协议，但没有进行抵押登记。

次年11月赵某把该车以人民币10万元的价格卖给了钱某。12月赵某以租期届满为由，要求李某归还卡车，李某得知赵某把车卖给钱某，遂不愿归还卡车，主张以人民币9万元买回此车，赵某不允，遂生纠纷。

现问：

（1）张某、王某对卡车是什么财产关系？

（2）张某、李某的汽车买卖合同是否有效？为什么？

（3）李某、赵某约定买卖合同签订时，卡车即归赵某所有，该约定是否有效？为什么？

（4）李某与银行的抵押合同能否生效？为什么？

（5）李某主张买回卡车的主张能否得到支持？为什么？

（6）截至纠纷发生时，该卡车所有权归谁享有？为什么？

【3】 张三在喝醉了的情况下签订的合同是否有法律效力？

5.1 合同与合同法概述

一、合同的概念和特点

（一）合同的概念

合同是平等主体的自然人、法人、其他组织之间设立、变更、终止民事权利义务关系的协议。

（二）合同的特点

（1）平等主体的自然人、法人和其他组织所实施的一种民事法律行为。
（2）以设立、变更或终止民事权利义务关系为目的和宗旨。
（3）是当事人协商一致的产物或意思表示一致的协议。

二、合同的种类

（1）以双方是否存在对待给付义务为标准，分为：双务合同和单务合同。
（2）以按照当事人权利的获得是否支付代价为标准，分为：有偿合同和无偿合同。
（3）以法律法规是否对其名称作出明确规定为标准，分为：有名合同和无名合同。
（4）合同的成立是否以交付标的物为条件，分为：诺成合同和实践合同。
（5）以法律法规是否要求具备特定形式和手续为标准，分为：要式合同和非要式合同。
（6）以合同的主从关系为标准，分为：主合同和从合同。

5.2 合同的成立

一、合同成立的意义

（1）解决合同是否存在的问题。

（2）是区分违约责任和缔约过失责任的根本标志。
（3）合同成立与合同生效紧密联系。

二、合同成立的要件

（1）订约主体存在双方或多方当事人。
（2）订约主体对主要条款达成合意。
（3）合同成立应具备要约和承诺阶段。
订立合同的主体：
（1）当事人要具备相应的民事权利能力。
（2）当事人要有相应的民事行为能力（详见第2板块法律基础部分）。
（3）当事人的代理人可代为签订合同——委托代理、法定代理、指定代理等。

三、要约与承诺

《中华人民共和国合同法》（以下简称《合同法》）第13条规定："当事人订立合同，采用要约、承诺方式。"要约与承诺，是当事人订立合同必经的程序，也即当事人双方就合同的一般条款经过协商一致并签署书面协议的过程。

（一）要 约

1. 要约的概念

《合同法》第14条规定："要约是希望和他人订立合同的意思表示，该意思表示应当符合下列规定：① 内容具体确定；② 表明经受要约人承诺，要约人即受该意思表示约束。"

要约是一种法律行为。它表现在规定的有效期限内，要约人要受到要约的约束。受要约人若按时和完全接受要约条款时，要约人负有与受要约人签订合同的义务。否则，要约人对由此造成受要约人的损失应承担法律责任。

2. 要约邀请

《合同法》第15条规定："要约邀请是希望他人向自己发出要约的意思表示。寄送价目表、拍卖公告、招标公告、招股说明书、商业广告等为要约邀请。商业广告的内容符合要约规定的，视为要约。"

3. 要约生效

《合同法》第16条规定："要约到达受约人时生效。采用数据电文形式订立合同，收件人指定特定系统接收数据电文的，该数据电文进入该特定系统的时间，视为到达时间；未指定特定系统的，该数据电文进入收件人的任何系统的首次时间，视为到达时间。"

4. 要约撤回与要约撤销

要约撤回《合同法》第17条规定："要约可以撤回。撤回要约的通知应当在要约到达受要约人之前或者与要约同时到达受要约人。"

要约撤回，是指要约在发生法律效力之前，要约人欲使其不发生法律效力而取消要约的意思表示。要约的约束力一般是在要约生效之后才发生，要约未生效之前，要约人是可以撤回要约的。

要约撤销《合同法》第18条规定："要约可以撤销。撤销要约的通知应当在受要约人发出承诺通知之前到达受要约人。"

要约撤销，是指要约在发生法律效力之后，要约人欲使其丧失法律效力而取消该项要约的意思表示。要约虽然生效后对要约人有约束力，但是，在特殊情况下，考虑要约人的利益，在不损害受要约人的前提下，要约是应该被允许撤销的。但是，《合同法》第19条规定："有下列情况之一的，要约不得撤销：① 要约人确定了承诺期限或者以其他形式明示要约不可撤销；② 受要约人有理由认为要约是不可撤销的，并已经为履行合同做了准备工作。"

5. 要约失效

《合同法》第20条规定："有下列情形之一的，要约失效：① 拒绝要约的通知到达要约人；② 要约人依法撤销要约；③ 承诺期限届满，受要约人未作出承诺；④ 受要约人对要约的内容作出实质性变更。"

（二）承　诺

1. 承诺的概念

承诺，是指合同当事人一方对另一方发来的要约，在要约有效期限内，作出完全同意要约条款的意思表示。《合同法》第21条规定："承诺是受要约人同意要约的意思表示。"

承诺也是一种法律行为。承诺必须是要约的相对人在要约有效期限内以明示的方式作出，并送达要约人；承诺必须是承诺人作出完全同意要约的条款，方为有效。如果受要约人对要约中的某些条款提出修改、补充、部分同意，附有条件或者另行提出新的条件，以及迟到送达的承诺，都不被视为有效的承诺，而被称为新要约。

2. 承诺具有法律约束力的条件

承诺须由受要约人向要约人作出。非受要约人向要约人作出的意思表示不属于承诺，而是一种要约。

承诺的内容应当与要约的内容完全一致。承诺是受要约人愿意接受要约的全部内容与要约人订立合同的意思表示。因此，承诺是对要约的完全同意，也即对要约的无条件的接受。

承诺人必须在要约有效期限内作出承诺。《合同法》第28条规定："受要约人超过承诺期限发出的承诺，除要约人及时通知受要约人该承诺有效的以外，为新要约。"

3. 承诺的方式、期限和生效

承诺的方式 《合同法》第22条规定:"承诺应当以通知的方式作出,但根据交易习惯或者要约表明可以通过行为作出承诺的除外。"

"通知"的方式,是指承诺人以口头形式或书面形式明确告知要约人完全接受要约内容作出的意思表示。"行为"的方式,是指承诺人依照交易习惯或者要约的条款能够为要约人确认承诺人接受要约内容作出的意思表示。

承诺期限 《合同法》第23条规定:"承诺应当在要约确定的期限内到达要约人。要约没有确定承诺期限的,承诺应当依照下列规定到达:① 要约以对话方式作出的,应当即时作出承诺,但当事人另有约定的除外;② 要约以非对话方式作出的,承诺应当在合理期限到达。"

承诺生效 《合同法》第25条规定:"承诺生效时合同成立。"承诺生效与合同成立是密不可分的法律事实。承诺生效,是指承诺发生法律效力,也即承诺对承诺人和要约人产生法律约束力。承诺人作出有效的承诺,在事实上合同已经成立,已经成立的合同对合同当事人双方具有约束力。

4. 承诺撤回、超期和延误

承诺撤回 《合同法》第27条规定:"承诺可以撤回。撤回承诺的通知应当在承诺通知到达要约人之前或者与承诺通知同时到达要约人。"承诺的撤回,是指承诺人主观上欲阻止或者消灭承诺发生法律效力的意思表示。承诺可以撤回,但不能因承诺的撤回而损害要约人的利益,因此,承诺的撤回是有条件的,即撤回承诺的通知应当在承诺生效之前或者与承诺通知同时到达要约人。

承诺超期 承诺的超期,也即承诺的迟到,是指受要约人主观上超过承诺期而发出的承诺。迟到的承诺,要约人可以承认其效力,但必须及时通知受要约人,因为如果不及时通知受要约人,受要约人也许会认为承诺并未生效或者视为自己发出了新要约而希望得到要约人的承诺。

承诺延误 是指承诺人发出承诺后,被外界原因而延误到达。"受要约人在承诺期限内发出承诺,按照通常情形能够及时到达要约人,但因其他原因承诺到达要约人时超过承诺期限的,除要约人及时通知受要约人因承诺超过期限不接受该承诺的以外,该承诺有效。"

5. 受要约人对要约内容的实质性变更和承诺对要约内容的非实质性变更

受要约人对要约内容实质性变更。《合同法》第30条规定:"承诺的内容应当与要约内容一致。受要约人对要约的内容作出实性变更的,为新要约。有关合同标的、数量、质量、价款或者报酬、履行期限、履行地点和方式、违约责任和解决争议方法等的变更,是对要约内容的实质性变更。"

承诺对要约内容的非实质性变更,是指受要约人在有关合同的标的、数量、质量、价款或报酬、履行期限、履行地点和方式、违约责任和解决争议方法等方面以外,对原要约内容作出某些补充、限制和修改。如承诺中增加有建议性条款、说明性条款,以及在要约人的授权范围内对要约内容的非实质性变更。

承诺对要约的内容作出非实质性变更的,除要约人及时表示反对或者要约表明承诺不得对要约的内容作出任何变更的以外,该承诺有效,合同的内容以承诺的内容为准。

以下是一典型案例分析:

> 某市食品公司因建造一栋大楼急需水泥,基建处向本市的青锋水泥厂、新华水泥厂和建设水泥厂发出函电。函电中称:"我公司急需标号为150型号的水泥100吨,如贵厂有货,请速来函电,我公司愿派人前往购买。"三家水泥厂在收到函电后,都先后向食品公司回复了函电,在函电中告知了他们备有现货,且告知了水泥的价格。建设水泥厂在发出函电的同时,派车给食品公司送去了50吨水泥。在该批水泥没有到达食品公司之前,食品公司得知新华水泥厂的水泥质量比较好,且价格比较合理,因此,向新华水泥厂发出函电:"我公司愿意购买贵厂100吨150型号的水泥,盼速发货,运费由我公司承担。"在发出函电后的第二天上午,新华水泥厂回函告知已准备发货。下午,建设水泥厂将50吨水泥送到。食品公司告知建设水泥厂,他们已经决定购买新华水泥厂的水泥,因此不能接受建设水泥厂送来的水泥。建设水泥厂认为,双方之间的合同已经签订,拒收货物就构成违约。最后双方协商不成,建设水泥厂向法院提起诉讼。
>
> 1. 食品公司向三家水泥厂发函的行为属于什么行为?为什么?
> 2. 三家水泥厂向食品公司回函的行为属于什么行为?为什么?
> 3. 建设水泥厂与食品公司的合同是否成立?为什么?

四、缔约过失责任

(一)缔约过失责任的概念

缔约过失责任,是指当事人在订立合同过程中,因一方或者双方的过失行为,致使预期的合同不成立,被确认无效或者被撤销,从而导致另一方当事人信赖其合同能够有效成立而受到损失时,有权要求相对人承担相应民事责任,赔偿基于此项信赖而发生的实际损失,所应承担的民事责任。缔约过失责任不同于违约责任。

(二)缔约过失责任的构成要件

1. 缔约过失责任发生在合同订立过程中

缔约过失行为的出现,是发生在当事人之间洽商合同订立的过程中,也即双方作出订立合同的意思表示,但是合同尚未成立。

2. 缔约人一方主观上有过错行为

当事人的过错行为,包括主观上的故意行为、过失行为而引发合同不成立。

3. 缔约人另一方受到实际损失

实际损失是构成缔约过失责任的前提条件，也即缔约人一方基于对另一方的信赖，能够订立有效的合同，却因对方的过错行为，致使合同不能成立，而造成损失，有权依法得到保护，而追究对方的缔约过失责任。

4. 缔约当事人一方有过错行为与另一方当事人的损失之间存在因果关系

缔约过程中，当事人一方的过错行为与当事人另一方的损失之间在客观上有因果关系，是承担法律责任的前提条件之一。缔约过失责任人承担其行为造成相对人实际损失的法律责任，不属于合同中的违约责任，而是因其订约中的过错行为违反了法定的合同义务形成的因果关系。

（三）关于缔约过失责任的法律规定

《合同法》第42条规定："当事人在订立合同过程中有下列情形之一的，给对方造成损失的，应当承担损害赔偿责任：

（1）假借订立合同，恶意进行磋商。

（2）故意隐瞒与订立合同有关的重要事实或者提供虚假情况。

（3）有其他违背诚实信用原则的行为。"

《合同法》第43条规定："当事人在订立合同过程中知悉的商业秘密无论合同是否成立，不得泄露或者不正当地使用，泄露或者不正当地使用该商业秘密给对方造成损失的，应当承担损害赔偿责任。"

以下是一典型案例分析：

> 张某经营一个幼儿园。由于入园的孩子不断增加，原来的教室很拥挤。计划将幼儿园扩大。王某长期在外经商，自己经营一家企业。在2000年5月初回到家乡，听说朋友张某扩建幼儿园资金不足，正在四处筹集资金，便主动提出愿意借款80万元。二人在同年5月25日经协商，确定了资金到位的时间和开工的时间。王某提出其借款将在7月初到位，在此之前张某可作好开工准备工作，包括准备必要的配套资金。
>
> 同年6月中旬，张某将原有做幼儿园四间平房拆除，在外租房临时使用，并于6月底向一家信用社贷款40万元，期限为1年。7月初，张某找到王某催要借款。王某提出因其生意亏本无力支付。张某提出可以减少借款，但王某表示仅能借10万元。为此，双方不能达成协议，张某将王某告到法庭，要求王某履行诺言，否则赔偿张某的损失。王某辩解称，双方并没有签订书面合同，他没有义务必须借款，至于张某遭受的损失是由于其自己的原因造成，他不应该承担任何责任。
>
> 你支持谁的观点？

五、合同的形式

合同的形式，是指合同当事人双方对合同的内容、条款经过协商，作出共同的意思表示的具体形式。

《合同法》第10条规定："当事人订立合同，有书面形式、口头形式和其他形式。法律、行政法规规定采用书面形式的，应当采用书面形式。当事人约定采用书面形式的，应当采用书面形式。"

《合同法》第36条规定："法律、行政法规规定或者当事人约定采用书面形式订立合同，当事人未采用书面形式但一方已经履行主要义务，对方接受的，该合同成立。"

《合同法》第11条规定："书面形式是指合同书、信件和数据电文（包括电报、电传、传真、电子数据交换和电子邮件）等可以有形地表现所载内容地形式。"

合同书，是指记载合同内容的文书，合同书有标准合同书和非标准合同书之分。标准合同书指合同条款由当事人一方预先拟定，对方只能表示全部同意或者不同意的合同书；非标准合同书指合同条款完全由当事人双方协商一致所签订的合同书。

信件，是指当事人就要约与承诺所作地意思表示的普通文字信函。

数据电文，是指与现代通信技术相联系，包括电报、电传、传真、电子数据交换和电子邮件等。

因此，书面与口头形式都是合同的形式（小芳借给小美 1 000 元的口头协议？）

（1）书面形式：优点：有据可查，发生纠纷便于举证，便于分清责任。

（2）口头形式：当事人无约定、法律未规定特定形式的合同，可采用口头形式。

优点：简便易行，即时清结。

缺点：发生纠纷难以取证，不易分清责任。不能即时清结的和合同标的额较大的合同，不宜采用。

六、合同的一般条款

合同的一般条款，即合同的内容，是指由合同当事人约定的合同条款。《合同法》第12条规定："合同的内容由当事人约定，一般包括以下条款：① 当事人的名称或者姓名和住所；② 标的；③ 数量；④ 质量；⑤ 价款或者报酬；⑥ 履行期限、地点和方式；⑦ 违约责任；⑧ 争议解决的方式。当事人可以参照各类合同的示范文本订立合同。"

1. 当事人的名称或者姓名和住所

当事人的名称或者姓名，是指法人和其他组织的名称，或者自然人的姓名，住所是指其主要办事机构所在地。

2. 标　的

标的，是指合同当事人双方权利和义务共同指向的对象。即合同法律关系的客体。标的可以是货物、劳务、工程项目或者货币等。依据合同种类的不同，合同的标的也各有不同。

3. 数　量

数量，是计算标的的尺度。它把标的定量化，以便确立合同当事人之间的权利和义务的量化指标，从而计算价款或报酬。签订合同时，应当使用国家法定计量勒）做到计量标准化、规范化。如果计量单位不统一，一方面会降低工作效率，另一方面也会因发生误解而引起纠纷。

4. 质　量

质量，是标的物内在特殊物质属性和一定的社会属性，是标的物性质差异的具体特征。它是标的物价值和使用价值的集中表现，并决定着标的物的经济效益和社会效益，还直接关系到生产的安全和人身的健康等。因此，当事人签订合同时，必须对标的物的质量作出明确的规定。标的物的质量，有国家标准的按国家标准签订，没有国家标准，而有行业标准的按行业标准签订，或者有地方标准的按地方标准签订。如果标的物是没有上述标准的新产品时，可按企业新产品鉴定的标准（如产品说明书、合格证载明的），写明相应的质量标准。国家鼓励企业采用国际质量标准。

5. 价款或者报酬

价款，通常是指当事人一方为取得对方出让的标的物，而支付给对方一定数额的货币。报酬，通常是指当事人一方为对方提供劳务、服务等，从而向对方收取一定数额的货币报酬。在建立社会主义市场经济过程中，当事人签订合同时，应接受有关部门的监督，不得违反有关规定，扰乱社会经济秩序。

6. 履行期限、地点和方式

（1）履行期限，是指当事人交付标的和支付价款或报酬的日期。也就是依据合同的约定，权利人要求义务人履行义务的请求权发生的时间。合同的履行期限，是一项重要条款，当事人必须写明具体的履行起止日期，避免因履行期限不明确而产生纠纷。倘若合同当事人在合同中没有约定履行期限，只能按照有关规定处理。

（2）履行地点，是指当事人交付标的和支付价款或报酬的地点。它包括标的交付、提取地点，服务、劳务或工程项目建设的地点，价款或报酬结算的地点等。合同履行地也是一项重要条款。它不仅关系到当事人实现权利和承担义务的发生地，还关系到法院受理合同纠纷案件的管辖地问题。因此，合同当事人双方签订合同时，必须将履行地点写明，并且要写得具体、准确，以免发生差错而引起纠纷。

（3）履行方式，是指合同当事人双方约定以哪种方式转移标的物和结算价款。履行方式应视所签订合同的类别而定。例如，买卖货物、提供服务、完成工作合同，其履行方式均有所不同。此外在某些合同中还应写明运输、包装、结算方式等，以利于合同的完全履行。

7. 违约责任

违约责任，是指合同当事人约定一方或双方不履行或不完全履行合同义务时，必须承担的法律责任。违约责任包括支付违约金、偿付赔偿金以及发生意外事故的处理等其他责任。法律有规定责任范围的按规定处理；法律没有规定责任范围的，由当事人双方协商议定办理。

8. 争议解决的方式

争议解决的方式，是指合同当事人约定在合同产生争议时，采取什么方式解决争议。我国解决合同争议采取"或裁或审"制度，选择何种方式应在合同中加以约定。特别是仲裁方式，若没有约定，双方产生争议后又没有达成仲裁协议，只能通过诉讼方式解决争议。

5.3 合同的效力

一、合同生效的要件

合同成立后，能否产生法律效力，能否产生当事人所预期的法律后果，要视合同是否具备生效要件。合同生效应当具备以下要件。

1. 合同当事人具有相应的民事权利能力和民事行为能力

合同当事人必须具有相应的民事权利能力和民事行为能力以及缔约能力，才能成为合格的合同主体。若主体不合格，合同不能产生法律效力。

2. 合同当事人意思表示真实

当事人意思表示真实，是指行为人的意思表示应当真实反映其内心的意思。合同成立后，当事人的意思表示是否真实往往难以从其外部判断，法律对此一般不主动干预。缺乏意思表示真实这一要件即意思表示不真实，并不绝对导致合同一律无效。

3. 合同不违反法律或者社会公共利益

合同不违反法律和社会公共利益，主要包括两层含义：一是合同的内容合法，即合同条款中约定的权利、义务及其指向的对象即标的等，应符合法律的规定和社会公共利益的要求。二是合同的目的合法，即当事人缔约的原因合法，并且是直接的内心原因合法，不存在以合法的方式达到非法目的等规避法律的事实。

4. 具备法律、行政法规规定的合同生效必须具备的形式要件

所谓形式要件，是指法律、行政法规对合同形式上的要求，形式要件通常不是合同生效的要件，但如果法律、行政法规规定将其作为合同生效的条件时，便成为合同生效的要件之

一,不具备这些形式要件,合同不能生效。当然法律另有规定的除外。

二、无效合同、可变更可撤销合同、效力待定合同

除了有效合同之外,按照合同的效力分类,另有三类重要合同:无效合同、可撤销合同、效力待定合同。

(一)无效合同

1. 合同无效的概念

合同无效,是指虽经合同当事人协商订立,但因其不具备或违反了法定条件,法律规定不承认其效力的合同。

2. 合同无效的法律规定

《合同法》第52条规定:"有下列情形之一的,合同无效:
(1)一方以欺诈、胁迫的手段订立合同,损害国家利益。
(2)恶意串通、损害国家、集体或者第三人利益。
(3)以合法形式掩盖非法目的。
(4)损害社会公共利益。
(5)违反法律、行政法规的强制性规定。"

3. 合同中免责条款无效的法律规定

(1)合同中免责条款,是指当事人在合同中约定免除或者限制其未来责任的合同条款。免责条款无效,是指没有法律约束力的免责条款。

(2)《合同法》第53条规定:"合同中的下列免责条款无效:① 造成对方人身伤害的;② 因故意或者重大过失造成对方财产损失的。"法律之所以规定上述两种情况的免责条款无效,原因有二:一是这两种行为具有一定的社会危害性和法律的谴责性;二是这两种行为都可能构成侵权行为责任,如果当事人约定这种侵权行为可以免责,就等于以合同的方式剥夺了当事人合同以外的合法权利。

(二)可变更可撤销合同

1. 当事人依法请求变更或撤销的合同的概念

当事人依法请求变更或撤销的合同,是指合同当事人订立的合同欠缺生效条件时,一方当事人可以依照自己的意思,请求法院或仲裁机构作出裁定,从而使合同的内容变更或者使合同的效力归于消灭的合同。

2. 可变更或可撤销的合同的法律规定

《合同法》第 53 条规定:"下列合同,当事人一方有权请法院或者仲裁机构变更或者撤销。

(1) 因重大误解订立的;重大误解,是指当事人一方因自己的过失导致对合同的内容等发生重大误解而订立的合同的行为。

(2) 在订立合同时显失公平的。显失公平,是当事人一方处于紧迫或者缺乏经验的情况下而订立的明显对自身有重大不利的合同的行为。

(3) 一方以欺诈、胁迫的手段或者乘人之危,使对方在违背真实意思的情况下订立的合同,受损害方有权请求法院或者仲裁机构变更或者撤销。"当事人一方因欺诈、胁迫的手段或者乘人之危,使对方在违背真实意思的情况下订立的合同,根据《合同法》的规定应属于无效合同。但是,与违法合同以及损害国家、集体利益的合同不同,这种合同受害者只是受欺诈、受胁迫或被乘人之危的一方当事人,根据意思自治原则,受害方可以有选择合同效力的权利,即可以撤销或者变更合同而使合同无效,也可以直接请求法院或者仲裁机构确认合同无效,也还可以保持合同有效。

3. 撤销权消灭

撤销权消灭,是指依照法律的规定,当事人原享有的撤销权因一定的法定事由的出现,而使其撤销权丧失的法律事实。撤销权消灭的法律规定。《合同法》第 55 条规定:"有下列情形之一的,撤销权消灭:① 具有撤销权的当事人自知道或者应当知道撤销事由之日起一年内没有行使撤销权;② 具有撤销权的当事人知道撤销事由后明确表示或者以自己的行为放弃撤销权。"

撤销权的行使期间。合同当事人一方行使撤销权时,应当在其知道或者应当知道撤销事由的 1 年内行使。这一年的期间在法律上称作除斥期间,除斥期间是法律规定的当事人的某种权利的存续期间,期间届满后,权利归于消灭。

撤销权的放弃。撤销权的放弃,是指享有撤销权的当事人以明示或者默示的方式放弃撤销权的行为。撤销权作为合同当事人一方基于法律规定而享有的一项权利,对因重大误解或显失公平等法律事实真相如实了解后,有权按照"意思自治"原则,作出"明确表示"或者"以自己的行为放弃撤销权",最终达到维护自身根本利益的目的。

(三) 效力待定合同

1. 效力待定合同的概念

效力待定合同,是指合同一方当事人签订的合同,已经成立,但因其不完全符合有关合同生效要件的规定,其法律效力能否发生,尚未确定,一般须经有权人表示承认方能生效的合同。

2. 效力待定合同的法律规定

(1) 限制民事行为能力人订立的合同,限制民事行为能力人订立的合同,经法定代理人追认后，该合同有效，但纯获利益的合同或者与其年龄、智力、精神健康状况相适应而订立的合同，不必经法定代理人追认。

相对人可以催告法定代理人在1个月内予以追认。法定代理人未作表示的，视为拒绝追认。合同被追认之前，善意相对人有撤销的权利。撤销应当以通知的方式作出。

根据法律规定，限制民事行为能力人订立的合同在以下三种情况下是有效的：

① 经过法定代理人追认。

② 纯获利益的合同，如赠与合同。

③ 与其年龄、智力、精神健康状况相适应而订立的合同。

此外，还应当注意相对人依法行使催告权和撤销权的规定。

（2）无权代理的行为人代订合同的效力待定。

无权代理行为，是指行为人没有代理权、超越代理权限范围代理或者代理权终止后仍以被代理人的名义订立的合同，属于效力待定的合同。

① 无权代理人代订的合同对被代理人不发生效力，未经被代理人追认，对被代理人不发生效力，由行为人承担责任。

② 无权代理人代订合同行为有效的规定。行为人没有代理权、超越代理权或者代理权终止后以被代理人名义订立合同，相对人有正当理由相信行为人有代理权的，该代理行为有效。

但是，此处要注意因表见代理、表见代表订立的合同。表见代理、表见代表订立的合同，不经本人的追认即有效

表见代理是指行为人虽然没有代理权，但善意相对人客观上有充分的理由相信行为人具有代理权，而与其为民事行为，该民事行为的后果直接由本人承担。

表见代理的构成要件：

其一，客观上有使相对人相信行为人具有代理权的根据。

其二，相对人须是善意且无过失。

其三，行为人与相对人之间的民事行为有效合法。

> 阿呆为某工程机械厂业务员，现已辞职，但凭借未归还的盖有公司公章的空白合同、工作证等骗取与机械厂常有业务往来的乙公司货款20万元，其至今未被捉拿归案，问机械厂是否有义务履行合同？

（3）法人或者其他组织的法定代表人、负责人越权订立合同的效力待定。

法定代表人、负责人依法享有相应的权利订立的合同是有效的；只有在相对人知道或者应当知道法定代表人、负责人超越权限时，才属无效。

（4）无处分权人处分他人财产的合同效力。

当事人订立合同处分财产时，应当享有财产处分权，否则合同无效。但是，法律规定，无处分权的人处分他人的财产，经权利人追认或者无处分权的人订立合同后取得处分权的，该合同有效。

> 案例分析：严女士与肖先生已结婚20年，8年前，二人共同翻盖了6间正房，4间西厢房。2008年1月，因生活琐事，双方发生争吵，严女士遂离家出走。2008年9月，肖先生到法院起诉严女士离婚，离婚诉讼中严女士得知，肖先生于2008年8月20日将6间正房、

4间西厢房以4万元价格卖给了自己的胞弟，遂对肖先生胞弟提起诉讼，要求其返还6间正房、4间西厢房。

【法院判决】

严女士自今年1月离家出走至今，而肖先生出卖房屋时并未与严女士商议，肖先生胞弟购买此房屋时亦明知严女士已经离家出走半年多。根据我国《物权法》规定，严女士与肖先生具有夫妻关系，涉诉房屋为家庭财产，且并未约定共有方式，该涉诉房屋应视为共同共有，而处分共同共有物应经全体共同共有人同意，否则构成无权处分，买卖合同的效力待定，且被告系原告丈夫胞弟，明知原告丈夫未经原告同意出卖房屋而购买，不符合善意原则，不构成善意取得，原告以起诉的方式明确不追认无权处分人的效力待定合同，使得该买卖合同不生效，被告人应返还涉诉房屋。最终，法院判决支持了严女士的诉讼请求。

三、附条件、附期限合同的效力

《合同法》第45条规定："当事人对合同的效力可以约定附条件。附生效条件的合同，自条件成就时生效。附解除条件的合同，自条件成就时失效。当事人为自己的利益不正当地阻止条件成就的，视为条件已成就；不正当地促成条件成就的，视为条件不成就。"

《合同法》第46条规定："当事人对合同的效力可以约定附期限。附生效期限的合同，自期限届至时生效。附终止期限的合同，自期限届满时失效。"

以下案例虽然不是房地产类案例，但是笔者想通过这个案例提醒大家：合同法具有普遍是哟很难实用性，除了一些特殊规定外，一般的合同（包括建筑、房地产类合同，均适用合同法）。

张某家中饲养耕牛3头，在农忙季节因一头牛闲置不用，便租给同村农民李某。合同规定：租期2年，每年租金180元。在李某租牛10天后，耕牛突然走失，寻找无结果。于是张、李二人协商：如果李某不能找回耕牛，则赔偿张某1 500元的损失，并支付尚未交付的租金90元。在该协议达成后，李某又继续找牛。几天后找到牛。李某在将牛牵回家的途中，听说市场上耕牛的价格已经涨至2 000元。于是李某就将牛牵到市场上出售给邻村的王某，获价款2 100元。李某回家后谎称耕牛没有找到，向张某交付了约定的1 590元。几天后，张某到邻村干活，在王某家发现了自己的耕牛。张某要求带回耕牛，遭到王某的拒绝。张某便向法院起诉，要求李某返还耕牛，赔偿损失。

对本案的不同意见：

一种意见认为，李某不应该承担责任。尽管在本案中李某具有欺骗行为，但是已交付了租金和赔偿金，尽管赔偿金的价格低于市场的价格，但是这是经双方协商的。现在既然不能从王某那里要回耕牛，要求李某返还耕牛和赔偿损失是不合理的。

另一种意见认为：李某应当承担违约责任。因为双方约定只有在李某找不到耕牛时才支付赔偿金，既然耕牛已经找到，就应该继续由李某使用。李某不能将其转卖他人，否则构成违约，应当承担违约责任。

请问，你同意哪种意见？

5.4 合同的履行

一、合同履行的一般规定

（一）合同履行的概念

合同履行，是指合同当事人双方依据合同条款的规定，实现各自享有的权利，并承担各自负有的义务。合同的履行，就其实质来说，是合同当事人在合同生效后，全面地、适当地完成合同义务的行为。

（二）合同履行的原则

《合同法》第60条规定："当事人应当按照约定全面履行自己的义务。当事人应当遵循诚实信用原则，根据合同的性质、目的和交易习惯履行通知、协助、保密等义务。"

合同当事人履行合同时，应遵循以下原则。

1. 全面、适当履行的原则

全面、适当履行，是指合同当事人按照合同约定全面履行自己的义务，包括履行义务的主体、标的、数量、质量、价款或者报酬以及履行的方式、地点、期限等，都应当按照合同的约定全面履行。

2. 遵循诚实信用的原则

诚实信用原则，是我国《民法通则》的基本原则，也是《合同法》的一项十分重要的原则，它贯穿于合同的订立、履行、变更、终止等全过程。因此，当事人在订立合同时，要讲诚实，要守信用，要善意，当事人双方要互相协作，合同才能圆满地履行。

3. 公平合理，促进合同履行的原则

合同当事人双方自订立合同时起，直到合同的履行、变更、转让以及发生争议时对纠纷的解决，都应当依据公平合理的原则，按照《合同法》的规定，根据合同的性质、目的和交易习惯善意地履行通知、协助和保密等附随义务。

4. 当事人一方不得擅自变更合同的原则

合同依法成立，即具有法律约束力，因此，合同当事人任何一方均不得擅自变更合同。《合同法》在若干条款中根据不同的情况对合同的变更，分别作了专门的规定。这些规定更加完善了我国的合同法律制度，并有利于促进我国社会主义市场经济的发展和保护合同当事人的合法权益。

（三）合同履行中条款空缺的法律适用

1. 合同条款空缺的概念

合同条款空缺，是指合同生效后，当事人对合同条款约定有缺陷，依法采取完善或妥善处理的法律行为。当事人订立合同时，对合同条款的约定应当明确、具体，以便于合同履行。然而，由于某些当事人因合同法律知识的欠缺，对事物认识上的错误以及疏忽大意等原因，而出现欠缺某些条款或者条款约定不明确，致使合同难以履行，为了维护合同当事人的正当权益，法律规定允许当事人之间可以约定，采取措施，补救合同条款空缺的问题。

2. 协议补充、按照有关规定或者交易习惯

《合同法》第61条规定："合同生效后，当事人就质量、价款或者报酬、履行地点等内容没有约定或者约定不明确的，可以协议补充。不能达成补充协议的，按照合同有关条款或者交易习惯确定。"

·协议补充，是指合同当事人对没能约定或者约定不明确的合同内容通过协商的办法订立补充协议，该协议是对原合同内容的补充，因而成为原合同的组成部分。

·合同当事人不能达成补充协议，按照合同有关条款或者交易习惯确定，是指在合同当事人就没有约定或者约定不明确的合同内容不能达成补充协议的情况下，可以依据合同的其他方面的内容确定；或者按照人们在同样的合同交易中通常或者采用的合同内容（即交易习惯）予以补充或者加以确定。

3. 合同内容不明确，又不能达成补充协议时的法律适用

《合同法》第62条规定："当事人就有关合同内容约定不明确，依照本法第61条的规定仍不能确定的，适用下列规定。

·质量要求不明确的，按照国家标准、行业标准履行；没有国家标准、行业标准的，按照通常标准或者符合合同目的的特定标准履行。

·价款或者报酬不明确的，按照订立合同时履行地市场价格履行；依法应当执行政府定价或者政府指导价的，按照规定履行。

·履行地点不明确的，给付货币的，在接受货币一方所在地履行；交付不动产的，在不动产所在地履行；其他标的，在履行义务一方所在地履行。

·履行期限不明确的，债务人可以随时履行，债权人也可以随时要求履行，但应当给对方必要的准备时间。

·履行方式不明确的，按照有利于实现合同目的的方式履行。

·履行费用的负担不明确的，由履行义务一方负担。"

4. 合同中规定执行政府定价或政府指导价的法律规定

《合同法》第63条规定："执行政府定价或者政府指导价的，在合同约定的交付期限内政府价格调整时，按照交付时的价格计价。逾期交付标的物的，遇价格上涨时，按照原价格执行，价格下降时，按照新价格执行。逾期提取标的物或者逾期付款的，遇价格上涨时，按照新价格执行，价格下降时，按照原价格执行。"

5. 合同履行中的第三人

依据法律规定，合同履行中，当事人约定由债务人向第三人履行债务或者由第三人向债权人履行债务，原债权人与债务人的债务法律关系并不因此而变更。

1）由债务人向第三人履行债务

《合同法》第64条规定："当事人约定由债务人向第三人履行债务的，债务人未向第三人履行债务或者履行债务不符合约定，应当向债权人承担违约责任。"向第三人履行债务，即债务人本应向债权人履行债务，而由于债权人与债务人通过约定由债务人向第三人履行债务，但原债权人的地位不变。向第三人履行债务的合同也被称作为第三人利益订立的合同。

依据法律规定，债务人未向第三人履行债务或者履行债务不符合约定，应向债权人承担违约责任。

2）由第三人向债权人履行债务

《合同法》第65条规定："当事人约定由第三人向债权人履行债务的，第三人不履行债务或者履行债务不符合约定，债务人应当向债权人承担违约责任。

第三人代为履行债务，是指经当事人双方约定由第三人代替债务人履行债务的，第三人并不因履行债务而成为合同的当事人。"

第三人替代债务人履行债务，只要不违反法律规定和合同约定，且未给债权人造成损失或增加费用，此种履行在法律上是有效的。第三人代为履行债务必须符合一定条件：第一，与向第三人履行的情况相同，在第三人代为履行债务时，该第三人并没有成为合同的当事人，仅是债务履行的辅助人；第二，当事人约定由第三人向债权人履行债务时，必须经当事人协商一致，特别是征得债权人的同意；第三，第三人代为履行债务时，对债权人不得造成消极影响，即第三人代为履行不能损害债权人的权益。

依据法律规定，第三人不履行债务或履行债务不符合约定，债务人应当向债权人承担违约责任。

二、抗辩权

（一）抗辩权的概念

抗辩权，是指在双务合同中，当事人一方有依法对抗对方要求或否认对方权利主张的权利。《合同法》规定了同时履行抗辩权和异时履行抗辩权。

（二）同时履行抗辩权

《合同法》第66条规定："当事人互负债务，没有先后履行顺序的，应当同时履行。一方在对方履行之前有权拒绝其履行要求。一方在对方履行债务不符合约定时，有权拒绝其相应的履行要求。"

同时履行，是指合同订立后，在合同有效期限内，当事人双方不分先后地履行各自的义务的行为。同时履行抗辩权，是指在没有规定履行顺序的双务合同中，当事人一方在当事人另一方未为对待给付以前，有权拒绝先为给付的权利。

同时履行抗辩权的适用条件：

·由同一双务合同产生互负的债务，只有在同一双务合同中才能产生同时履行抗辩权。

·在合同中未约定履行顺序，即"没有先后履行顺序"，在这种情况下往往要求当事人同时履行。只有在当事人双方的债务同时到期时才可能产生同时履行抗辩权。

·当事人另一方未履行债务。

·对方的对待给付是可能履行的义务，倘若对方所负债务已经没有履行的可能性，即同时履行的目的已不可能实现时，则不发生同时履行抗辩问题，当事人可依照法律规定解除合同。

（三）异时履行抗辩权

异时履行抗辩权，包括后履行一方的抗辩权和先履行一方的抗辩权。

1. 后履行一方的抗辩权

是指在有履行顺序的双务合同中，后履行合同的一方有权要求应当履行的一方履行其义务，如果应当履行的一方未履行债务或者履行债务不符合约定，后履行的一方当事人有权拒绝应当先履行一方的履行的请求。此时，后履行的一方当事人有权行使其异时履行抗辩权。

后履行一方抗辩权应适用的条件：① 由同一双务合同产生互负的对价给付债务；② 合同中约定了履行的顺序；③ 应当先履行的合同当事人没有履行合同债务或者没有正确履行债务；④ 应当先履行的对价给付是可能履行的义务。

2. 先履行一方的抗辩权——不安抗辩权

1）不安抗辩权的概念

不安抗辩权，是指在双务合同中，当事人互负债务，合同约定有先后履行顺序的，先履行债务的当事人一方应当先履行其债务。但是，在应当履行债务的当事人一方，有确切证据证明对方有丧失或者可能丧失履行债务能力的情况下可以中止履行其债务。此时，先履行的一方当事人有权行使其异时履行抗辩权。

关于不安抗辩权的法律规定，《合同法》第68条规定："应当先履行债务的当事人，有确切证据证明对方有下列情形之一的，可以中止履行：① 经营状况严重恶化；② 转移财产、抽逃资金，以逃避债务；③ 丧失商业信誉；④ 有丧失或者可能丧失履行债务能力的其他情形。当事人没有确切证据中止履行的，应当承担违约责任。"

不安抗辩权适用于双务合同；后履行债务的当事人一方的债务履行期限尚未截止；后履行债务的一方当事人有丧失或者可能丧失履行债务能力的情况。

2）法定不安抗辩权的目的

《合同法》规定，当事人行使不安抗辩权的法律结果是中止履行。中止履行，是指行使不安抗辩权当事人一方，有权暂时停止合同的履行或者延期履行合同；一旦中止履行的原因排除后，应当恢复履行合同，从而达到实现合同当事人权利的目的。因此，中止履行与终止合同不同，终止合同是指解除、消灭合同关系的法律行为。

行使不安抗辩权的当事人中止履行的义务和权利，《合同法》第69条规定："当事人依照本法第68条的规定中止履行的，应当及时通知对方。对方提供适当担保时，应当恢复履行，中止履行后，对方在合理期内未恢复履行能力并且未提供适当担保的，中止履行的一方可以解除合同。"

行使不安抗辩权的当事人应当承担的义务：首先，通知义务，是指行使不安抗辩权的当事人应当将中止履行的事实、理由以及恢复履行的条件及时通知对方；其次，当对方当事人提供担保时，应当恢复履行合同。

行使不安抗辩权的当事人享有的权利：行使不安抗辩权当事人在中止履行后，对方在合理期限内未恢复履行能力并且未提供适当担保的，有权通知对方解除合同。

三、合同的保全

在合同的履行过程中，为了保障（保全）合同的履行，法律规定了代位权和撤销权制度。

（一）代位权

1. 债权人代位权的概念

债权人代位权，是指债权人为了保障其债权不受损害，而以自己的名义代替债务人行使债权的权利。

关于债权，债权人只能向债务人请求履行，原则上是不涉及第三人的。但是，当债务人与第三人的行为危害到债权人的利益时，法律规定允许债权人对债务人与第三人的行为行使一定权利，以排除对其债权的危害。

2. 债权人行使代位权的法律规定

《合同法》第73条规定："因债务人怠于行使到期债权，对债权人造成损害的，债权人可以向法院请求以自己的名义代位行使债务人的债权，但该债权专属于债务人自身的除外。代位权的行使范围以债权人的债权为限。债权人行使代位权的必要费用，由债务人负担。"法律规定代位权的成立应具备的法定要件：一是债务人怠于行使其债权；二是债务人怠于行使权利的行为对债权人造成危害；三是债权人有保全债权的必要。

3. 债权人行使代位权的效力

代位权的行使对债权人和债务人都会产生一定的法律效力。对于债权人的代位权的效力表现在以下两个方面：

（1）代位权行使所产生的费用。债权人行使代位权的必要费用，有权要求债务人予以返还，亦即该项费用应由债务人负担。

（2）原债务人拒绝受领。在债务链中，如果原债务人的债务人向原债务人履行债务，原债务人拒绝受领时，则债权人有权代原债务人受领。但在接受之后，应当将该财产交给原债务人，而不能直接独占财产。然后，再由原债务人向债权人履行其债务。如原债务人不主动履行债务时，债权人可请求强制履行受偿。

> 案例分析：甲公司向乙商业银行借款10万元，借款期限为1年。借款合同期满后，由于甲公司经营不善，无力偿还借款本息。但是丙公司欠甲公司到期货款20万元，甲公司不积极向丙公司主张支付货款。为此，乙商业银行以自己的名义请求法院执行丙公司的财产，以偿还甲公司的借款。
> 【问题】
> （1）法院是否应支持乙商业银行的请求？
> （2）若乙商业银行行使代位权花费3 000元必要费用，此费用应由谁承担？
> 分析：
> （1）法院应支持乙商业银行的请求。《合同法》第73条第1款规定："因债务人怠于行使到期债权，对债权人造成损害的，债权人可以向法院请求以自己的名义代位行使债务人的债权，但该债权专属于债务人自身的除外。"本案中，甲公司怠于行使对丙公司的债权，损害了债权人乙商业银行的利益，因此，乙商业银行有权行使代位权，请求法院执行丙公司的财产以偿还甲公司的借款。
> （2）花费的3 000元费用应由甲公司承担。《合同法》第73条第2款规定："代位权的行使范围以债权人的债权为限。债权人行使代位权的必要费用，由债务人负担。"

（二）撤销权

1. 债权人撤销权的概念

债权人撤销权，是指债权人对于债务人危害其债权实现的不当行使，有请求法院予以撤销的权利。在合同履行过程中，当债权人发现债务人的行为将会危害自身的债权实现时，可以行使法定的撤销权，以保障合同中约定的合法权益。

2. 债权人行使撤销权的法律规定

《合同法》第74条规定："因债务人放弃其到期债权或者无偿转让财产，对债权人造成损害的，债权人可以请求法院撤销债务人的行为。债务人以明显不合理的低价转让财产，对债权人造成损害，并且受让人知道该情形的，债权人也可以请求法院撤销债务人的行为。撤销权的行使范围以债权人的债权为限。债权人行使撤销权的必要费用，由债务人负担。"

3. 债权人撤销权的行使

债权人撤销权的行使必须由享有撤销权的人以自己的名义，向法院提出诉讼，请求法院撤销债务人危害其债权的行为。因行使撤销权而取得的财产价值应与债权人的债权价值相当。

债权人行使撤销权发生的必要费用由债务人承担。

4. 债权人行使撤销权的期限

《合同法》第 75 条规定："撤销权自债权人知道或者应当知道撤销事由之日起 1 年内行使。自债务人的行为发生之日起 5 年内没有行使撤销权的，该撤销权消灭。"法律规定的债权人撤销权行使的期限，即为撤销权行使的除斥期间，也就是法律规定撤销权于存续期间届满当然消灭的期间。法律规定一方面赋予债权人一定的撤销权，以保护其债权不受侵害；另一方面又对其行使时间上的限制，即规定除斥期间，其目的是为了维护交易的稳定状态和平衡各方当事人的利益。

四、违约责任

（一）违约责任的构成要件

1. 违约责任的概念

违约责任，就是合同当事人违反合同的责任，是指合同当事人因违反合同约定所应承担的责任。也就是合同当事人对其违约行为所应承担的责任。违约行为，是指合同当事人不履行合同义务或者履行合同义务不符合约定条件的行为。

2. 违约责任的构成要件

违约责任的构成要件，是指合同当事人因违约必须承担法律责任的法定要素。一般来说，构成法律责任或违约责任的要件包括两个方面，即主观要件和客观要件。合同中的违约责任的构成要件，与侵权的民事责任以及刑事法律责任或行政法律责任的构成要件有所不同。依据《合同法》的规定，违约责任，除另有规定者外，总体上实行严格责任原则。依据该项原则，违约责任的构成要件包括主观要件和客观要件。

·主观要件，是指作为合同当事人，在履行合同中不论其主观上是否有过错，即主观上有无故意或过失，只要造成违约的事实，均应承担违约法律责任。《合同法》还规定，当事人一方因第三人的原因造成违约的，应向对方承担责任。当事人一方和第三人之间的纠纷，应当依照法律的规定或者按照约定解决。

依据《合同法》的规定违约责任采取严格责任原则，即无过错责任原则，只有不可抗力方可免责。至于缔约过失、无效合同或者可撤销合同，则采取过错责任原则。由有过错一方向受损害方承担赔偿损失责任。不论主观上是否有过错，即主观上的故意或过失，只要造成违约的事实均应承担违约的法律责任。

·客观要件，是指合同依法成立、生效后，合同当事人一方或者双方未按照法定或约定全面地履行应尽的义务，也即出现了客观的违约事实，即应承担违约的法律责任。此外，《合同法》还有关于先期违约责任制度的规定，当事人一方明确表示或者以自己的行为表明不履行合同义务的，对方可以在履行期限届满之前，请求其承担违约责任。

先期违约的构成要件是：第一，违约的时间必须在合同有效成立后至合同履行期限截止前；第二，违约必须是对根本性合同义务的违反，即导致合同目的落空。

《合同法》明确规定，违约责任采取的是严格责任原则，只有不可抗力可以免责。至于缔约过失、无效合同或者可撤销合同，采取过错责任原则。由过错方向受损害方赔偿损失。

（二）违约责任的形式

1. 当事人违约及违约责任的法律规定

《合同法》第107条规定："当事人一方不履行合同义务或者履行合同义务不符合约定的，应当承担继续履行、采取补救措施或者赔偿损失等违约责任。"依照《合同法》的上述规定，当事人不履行合同义务或履行合同义务不符合约定时，就要承担违约责任。此项规定确立了对违约责任实行"严格责任原则"，只有不可抗力的原因方可免责。至于缔约过失、无效合同或可撤销合同，则采取过错责任，《合同法》分则中特别规定了过错责任的，实行过错责任原则。

2. 当事人违约行为形态的表现形式

当事人违约行为形态，是指当事人不履行和不适当履行义务的违约形态。不履行合同义务，是指合同当事人不能履行或者拒绝履行合同义务。履行合同义务不符合约定，即不适当履行，是指包括不履行以外的一切违反合同义务的情形。

3. 当事人承担违约责任的形式

1）继续实际履行

继续实际履行，是指违约当事人不论是否已经承担赔偿损失或者违约金的责任，都必须根据对方的要求，并在自己能够履行的条件下，对原合同未履行部分继续按照要求履行。

·价款或者报酬的实际履行。《合同法》第109条规定："当事人一方未支付价款或者报酬的，对方可以要求其支付价款或者报酬。"

·非金钱债务的实际履行。（如继续把工程干完）

《合同法》第110条规定："当事人一方不履行非金钱债务或者履行非金钱债务不符合约定的，对方可以要求履行，但有下列情形之一的除外：① 法律上或者事实上不能履行的；② 债务的标的不适于强制履行或者履行费用过高的；③ 债权人在合理期限内未要求履行的。"根据此条的规定，对于非金钱债务的实际履行，法律规定了限制性条件，对于具有这些情形的当事人不得请求实际履行。

2）采取补救措施

采取补救措施，是指当事人违反合同的事实发生后，为防止损失发生或者扩大，而由违反合同行为人依法律规定或者约定采取的修理、更换、重新制作、退货、减少价款或者报酬、补充数量、特资处置等措施，以给权利人弥补或者挽回损失的责任形式。

3）赔偿损失

赔偿损失，是指当事人一方因违反合同造成对方损失时，应以其相应价值的财产予以偿的法律责任。

(三) 当事人违约承担责任的赔偿额

当事人一方不履行合同义务或者履行合同义务不符合约定，给对方造成损失的，损失赔偿额应当相当于因违约所造成的损失，包括合同履行后可以获得的利益，但不得超过违反合同一方订立合同时预见到或者应当预见到的因违反合同可能造成的损失。经营者对消费者提供商品或者服务有欺诈行为的，依照《中华人民共和国消费者权益保护法》的规定承担损害赔偿责任。

(四) 违约金及损失赔偿的法律规定

《合同法》第114条规定："当事人可以约定一方违约时应根据违约情况向对方支付一定数额的违约金，也可以约定因违约产生的损失赔偿额的计算方法。

约定的违约金低于造成的损失的，当事人可以请求法院或者仲裁机构予以增加，约定的违约金过分高于造成的损失的，当事人请求法院或者仲裁机构予以适当减少。

当事人就迟延履行约定的，违约方支付违约金后，还应当履行债务。"

·违约金，是指当事人在合同中或合同订立后约定因一方违约而应向另一方支付一定数额的金钱。违约金可分为约定违约金和法定违约金。违约金的根本属性是其制裁性，此外还具有补偿性。

·赔偿金，也即约定赔偿额，是指当事人在订立合同时，预先约定一方因违约给对方造成损失时，向对方支付一定数额的金钱或者约定损失赔偿的计算方法。

·继续履行，法律规定，违约人支付违约金后并不当然免除继续其履行的义务，权利人要求继续履行时，而违约人有继续履行能力的，必须继续履行其义务。

(五) 定金担保的法律规定

《合同法》第115条规定："当事人可以依照《中华人民共和国担保法》约定一方向对方给付定金作为债权的担保，债务人履行债务后，定金应当抵作价款或者收回。给付定金的一方不履行约定的债务的，无权要求返还定金；收受定金的一方不履行约定的债务的，应当双倍返还定金。"

定金，是合同当事人一方预先支付给对方的款项，其目的在于担保合同债权的实现。定金是债权担保的一种形式，定金之债是从债务，因此，合同当事人对定金的约定是一种从属于被担保债权所依附的合同的从合同。

·《合同法》第116条规定："当事人既约定违约金，又约定定金的，一方违约时，对方可以选择适用违约金或者定金条款。"

法律规定合同中违约金与定金条款的选用问题。如果合同中既有约定违约金，又有约定定金的情形下，当事人只能在违约金与定金条款中选择一种方式，保护其合法权益。

(六) 当事人因第三人原因而违约的责任承担

《合同法》第121条规定："当事人一方因第三人的原因造成违约的，应当向对方承担违约责任。当事人一方和第三人之间的纠纷，依照法律规定或者按照约定解决。"债务人与第三人之间的纠纷按照法律规定或者依据约定解决。债务人与第三人之间的关系属于另一独立的法律关系，应当依照有关法律规定另行解决。

（七）违约损害赔偿责任中受损害方的权益保护选择权

《合同法》第122条规定："因当事人一方的违约行为，侵害对方人身、财产权益的，受损害方有权选择依照本法要求其承担违约责任或者依照其他法律要求其承担侵权责任。"侵权责任与违约责任都是民事责任，但二者在许多方面都有不同，其中最大的区别在于违约责任是基于合同而产生的违反合同的责任；而侵权责任是基于行为人没有履行法律上的规定或者认可的应尽的注意义务而产生的责任。

（八）违约责任的免除

违约责任的免除，是指合同生效后，当事人之间因不可抗力事件的发生，造成合同不能履行时，依法可以免除责任。关于免责的规定，主要涉及：不可抗力，责任免除和发生不可抗力时，造成合同不能履行的一方当事人的义务。

《合同法》规定："因不可抗力不能履行合同的，根据不可抗力的影响，部分或者全部免除责任，但法律另有规定的除外。当事人迟延履行后发生不可抗力的，不能免除责任。"

1. 不可抗力及其构成

不可抗力，是指当事人在订立合同时不能预见、对其发生和后果不能避免并不能克服的客观情况。

不可抗力的构成要件包括以下4个方面：首先，不可抗力事件是发生在合同订立生效之后。其次，该事件是当事人双方订立合同时均不能预见的。而依据人们的常识或经验，在订立合同时应当预见到的事件，则不构成不可抗力事件。再次，不可抗力事件的发生是不可避免，不能克服的，如果当事人能够避免事件对合同履行的影响，则当事人就不能以此时减为由要求以不可抗力而免责。最后，不可抗力事件是非由任何一方的过失行为引起的客观事件。

不可抗力的事件范围一般包括以下两大类：一类是自然事件，如火灾、水灾、地震、瘟疫等；另一类是社会事件，如战争、动乱、暴乱、武装冲突、罢工等，以及政府法律、行政行为等。

2. 不可抗力与免责

对于因不可抗力导致的合同不能履行，应当根据不可抗力的影响程度，部分或全部免除责任。也就是说，要根据不可抗力对合同履行造成影响的程度确定免责的范围。对于造成部分义务不能履行的，免除部分责任。对于造成全部不能履行的，免除全部责任。

但是，对于不可抗力发生在延迟履行期间造成的合同不能履行，则不能免除责任。因为，当事人应当在合同约定的期限内履行完合同义务，如果不是延迟履行，就不会收到不可抗力的影响。

3. 因不可抗力不能履行合同一方当事人的义务

根据《合同法》规定，不可抗力发生后，当事人一方应当及时通知对方，以减轻可能给对方造成的损失,并且应当那个在合理的前线内提供证明,及时通知对方,这是当事人的首要义务,目的在于避免给对方造成更大的损失,如果由于当事人通知不及时,而给对方造成损失的扩大,则对扩大的损失不应当免除责任。

5.5 合同的担保

担保,是指合同的当事人双方为了使合同能够得到全面按约履行,根据法律、行政法规的规定,经双方协商一致而采取的一种具有法律效力的保护措施。我国《担保法》规定的担保形式有五种,即保证、抵押、质押、留置和定金。此部分内容参考第1板块内容。

案例分析:

A集团有限公司因企业经营需要融资,拟在2009年10月至2012年10月期间向XX银行借款人民币贰亿贰仟万元,并以其持有的上市公司B股份有限公司2500万股股份提供最高额质押担保。经出质人A集团有限公司和质权人XX银行协商一致,草拟了《最高额权利质押合同》,并向我处申请合同公证。我处受理后,重点审查了以下内容:①双方的主体资格,包括出质人和质权人的营业执照,质权人的金融许可证;②出质人(同时为借款人)公司章程对企业借款权限的规定;③股东会同意借款决议;④出质人持有上市公司B股份有限公司股份数量,其股权有无法律规定的质押限制;⑤质权人贷款的内部审批程序;⑥合同条款是否符合法律规定。双方当事人提供相关材料并经审查核实后,公证员来到A集团有限公司,确认双方当事人真实意思表示,并签署《最高额权利质押合同》。按照公证程序规定依法为其出具了公证书。合同公证后,当事人还需到证券结算机构办理质押登记,质权自办理质押登记时设立。

简要评析:

最高额权利质押是指出质人与质权人就主合同债务人(可以是出质人,也可以是第三人)在一定期间内连续发生的多笔债务确定一个最高额度,出质人以其享有的权利(本案为上市公司股份)在最高额度内对主合同债务人履行债务向乙方提供质押担保,在主合同债务人不履行到期债务或发生约定的实现质权的情形,质权人有权在最高额度内就该出质权利优先受偿。就本案而言,最高额度是指出质人在2009年10月至2012年10月期间的各项债务总余额。

从以上介绍可以看出,最高额质押是一次性办理质押手续,在规定的连续期间和额度内可以多次借款,不仅简化了手续,而且适应了企业在不同时期根据经营状况决定申请借款数量的需求,是企业融资的重要形式,对于支持企业发展具有重要意义。本案以上市公司股份质押也是一个特色,反映了企业融资途径和方式的多样化。

5.6 合同的变更、转让和终止

一、合同的变更

（一）合同变更的概念

合同变更，是指合同依法成立后，在尚未履行或尚未完全履行时，当事人依法经过协商，对合同的内容进行修订或调整所达成的协议。

（二）合同变更的法律规定

《合同法》第77条规定："当事人协商一致，可以变更合同。法律、行政法规规定变更合同应当办理批准、登记手续的，依照其规定。"法律还规定当事人因重大误解、显失公平、欺诈、胁迫或乘人之危而订立的合同，受损害一方有权请求法院或者仲裁机构变更或撤销。

（三）合同变更必须遵守法定的形式

《合同法》规定，法律、行政法规规定变更合同应当办理批准、登记等手续的，依照其规定。因此，当事人变更有关合同时，必须按照规定办理批准、登记手续，否则合同之变更不发生效力。

（四）合同变更内容约定不明确的法律规定

《合同法》第78条规定："当事人对合同变更的内容约定不明确的，推定为未变更。"此项规定，是指当事人对合同变更的内容约定含义不清，令人难以判断约定的新内容与原合同的内容的本质区别。有效的合同变更，必须有明确的合同内容的变更，合同的变更，是指合同内容局部的、非实质性的变更，也即合同内容的变更并不会导致原合同关系的消灭和新的合同关系的产生。合同内容的变更，是在保持原合同效力的基础上，所形成的新的合同关系。此种新的合同关系应当包括原合同的实质性条款的内容。

二、合同的转让

（一）合同转让的概念

合同转让，是指合同成立后，当事人依法可以将合同中的全部权利、部分权利或者合同中的全部义务、部分义务转让或转移给第三人的法律行为。合同转让分为权利转让和义务转移，《合同法》还规定了当事人将权利和义务一并转让时适用的法律条款。

> 原告：张某。
> 被告：熊某。
> 　　张某和熊某均是××市××区××单位的工作人员。2003年，二人均获得了所在单位委托开发商开发的××小区定向购买商品房的认购权。4月，二人达成协议，熊某将认购该小区××号房屋的指标转让给张某，转让价格为1万元。熊某收取张某1万元后，出具收条并在收条上签注："全部购房款由张某以熊某的名义直接交纳。"之后张某便以熊某的名义分别交纳了购房定金7万元。2005年1月，熊某和张某共同到场选定了以熊某名义定购的房屋。张某以熊某的名义与开发商签订《商品房买卖合同》、《补充协议》，合同原件由张某持有。此外，双方还达成了购房指标转让费增加1.5万元的协议，但未即时结清。
> 　　2006年下半年，根据当时的有关规定，允许购房户交纳一定费用后办理购房合同的更名手续。因熊某认为张某未支付剩余的1.5万元指标转让费，拒绝履行更名手续。此后双方的更名手续一直未办妥，××号房屋一直未交付给张某。
> 　　张某遂起诉熊某，请求确认其与熊某之间的购房指标转让合同有效，并判令熊某将××小区××号房屋交付给张某。

（二）债权人转让权利

1. 债权转让的概念

债权转让，是指合同债权人通过协议将其债权全部或者部分转让给第三人的行为。债权转让又称债权让与或合同权利的转让。

2. 债权转让的法律规定

《合同法》第79条规定："债权人可以将合同的权利全部或者部分转让给第三人，但是下列情形之一的除外：根据合同性质不得转让；按照当事人约定不得转让；依照法律规定不得转让。"

《合同法》第80条规定："债权人转让权利的，应当通知债务人。未经通知，该转让对债务人不发生效力。债权从转让权利的通知不得撤销，但经受让人同意的除外。"

《合同法》第81条规定："债权人转让权利的，受让人取得与债权有关的从权利，但该从权利专属于债权人自身的除外。"法律规定，受让人取得与债权有关的从权利，是指债权人转让债权时，从属于主债权的从权利也随主权利转让给受让人而发生转让。

《合同法》第82条规定："债务人接到债权转让通知后，债务人对让与人的抗辩，可以向受让人主张。"法律规定，债权人转让债权后，债务人对让与人的抗辩权仍然可以对抗受让人。依据上述规定，为了保护债务人不因合同权利转让而处于不利地位，债务人得以对抗原债权人的抗辩权，亦得以对抗新的债权人，即受让人。

《合同法》第83条规定："债务人接到债权转让通知时，债务人对让与人享有债权，并且债务人的债权先于转让的债权到期或者同时到期的，债务人可以向受让人主张抵消。"

法律规定，债务人对让与人的抵消权可以向受让人行使。依据规定，既然受让人接受了让与人的债权，那么，为了保护债务人的利益不受侵害，受让人对让与人基于同一债权而应该承担的义务也应承受，包括债务人的清偿抵消权。

(三)债务人转移义务

1. 债务转移的概念

债务转移,是指合同债务人与第三人之间达成协议,并经债权人同意,将其义务全部或部分转移给第三人的法律行为。债务转移又称债务承担或合同义务转让。

2. 债务转移的法律规定

《合同法》第84条规定:"债务人将合同的义务全部或者部分转移给第三人的,应当经债权人同意。"

《合同法》第85条规定:"债务人转移义务的,新债务人可以主张原债务人对债权人的抗辩。"

《合同法》第86条规定:"债务人转移义务的,新债务人应当承担与主债务有关的从债务,但该从债务属于原债务人自身的除外。"

3. 转让权利或转移义务的批准或登记

《合同法》第87条规定:"法律、行政法规规定转让权利或者转移义务应当办理批准、登记等手续的,依照其规定。"

法律、行政法规规定了特定的合同的成立、生效要经过批准、登记,否则不得成立或者不能生效。因此,此类合同的权利转让或者义务转移也须经过批准、登记。

4. 合同当事人对合同中权利和义务的概括转让

债权、债务概括转让的概念债权债务概括转让,是指合同当事人一方将其债权债务一并转移给第三人,由第三人概括地接受原当事人的债权和债务的法律行为。债权债务概括转让的法律规定《合同法》第88条规定:"当事人一方经对方同意,可以将自己在合同中的权利和义务一并转让给第三人。"

债权债务的概括转让有两种方式:一为合同转让,即依据当事人之间的约定而发生的债权债务的转移;二为因企业的合并而发生的债权债务的转移。《合同法》第88条所作的规定是指合同转让。合同转让,又称合同承担,是指当事人一方与他人订立合同之后,又与第三人约定并经当事人另一方的同意,由第三人取代自己在合同关系中的法律地位,享有合同中的权利和承担合同中的义务。

5. 合同当事人合并、分立后的债权债务关系

合同当事人合并分立后债权债务的法律规定《合同法》第90条规定:"当事人订立合同后合并的,由合并后的法人或者其他组织行使合同权利,履行合同义务。当事人订立合同后分立的,除债权人和债务人另有约定的以外,由分立的法人或者其他组织对合同的权利和义务享有连带债权,承担连带债务。"法人、其他组织合并引起的债权债务概括转让,是指两个以上的法人、其他组织合并以后,其债权债务也随之合并,即"当事人订立合同后合并的,由合并后的法人或其他组织行使合同权利、履行合同义务。"法人、其他组织分立引起的债权债务概括转让,是指一个法人、其他组织分立以后,其债权债务由分立以后的法人或其他组

织承担。合同当事人分立后的债权债务承担包括：约定承担和法定承担。法律规定，当事人订立合同后分立的、除债权人和债务人另有约定的以外，由分立的法人或者其他组织对合同的权利和义务享有连带债权，承担连带债务。

三、合同终止

（一）合同终止的概念

合同终止是指因某种原因而引起的合同权利义务客观上不复存在。

（二）合同终止的原因

《合同法》第91条规定，导致合同终止的原因主要有：
（1）债务已经按照约定履行。
（2）合同解除。
（3）债务相互抵销。
（4）债务人依法将标的物提存。
（5）债权人免除债务。
（6）债权债务同归于一人。
（7）法律规定或者当事人约定终止的其他情形。

（三）合同解除

1. 合同解除的概念

合同解除，是指合同当事人依法行使解除权或者双方协商决定，提前解除合同效力的行为，合同解除包括：约定解除、法定解除。

2. 合同解除的法律规定

约定解除合同《合同法》第93条规定："当事人协商一致，可以解除合同。当事人可以约定一方解除合同的条件。解除合同的条件成就时，解除权人可以解除合同。"

当事人协商一致，可以解除合同。是指合同当事人双方都同意解除合同，而不是单方行使解除权。约定一方解除合同条件的解除。是指当事人在合同中约定解除合同的条件，当合同成立之后，全部履行之前，由当事人一方在某种情形出现后享有解除权，从而终止合同关系。

法定解除合同《合同法》第94条规定："有下列情形之一的，当事人可以解除合同：① 因不可抗力致使不能实现合同目的；② 在履行期限届满之前，当事人一方明确表示或者以自己的行为表明不履行主要债务；③ 当事人一方迟延履行主要债务，经催告后在合理期限内仍未履行；④ 当事人一方迟延履行债务或者有其他违约行为致使不能实现合同目的；⑤ 法律规定的其他情形。"

解除权行使的期限和解除权行使的方式：① 解除权行使的期限。《合同法》第95条规定：

"法律规定或者当事人约定解除权行使期限，期限届满当事人不行使的，该权利消灭。法律没有规定或者当事人没有约定解除权行使期限，经对方催告后在合理期限内不行使的，该权利消灭。"解除权的行使期限一般只存在于约定解除期限的解除和法定解除中，而协商解除是当事人双方协商解除合同，一般不会发生解除期限问题。② 解除权行使的方式。《合同法》第 96 条规定："当事人一方依照《合同法》第 93 条第 2 款、第 94 条的规定主张解除合同的，应当通知对方。合同自通知到达对方时解除。对方有异议的，可以请求法院或者仲裁机构确认解除合同的效力。法律、行政法规规定解除合同应当办理批准、登记等手续的，依照其规定。"

依据上述法律规定，当事人未办理有关手续时，合同的解除则不一定发生解除效力。如果法律、行政法规规定以批准、登记等作为解除合同生效要件时，不经批准、登记的解除是不生效的，则当事人要承担不生效的民事责任；如果法律、行政法规规定登记只作为备案之用时，那么即使没有经批准或者登记，合同的解除仍然生效，但当事人可能要承担某些行政上的责任，如行政处罚。

合同解除的法律后果《合同法》第 97 条规定："合同解除后，尚未履行的，终止履行；已经履行的，根据履行情况和合同性质，当事人可以要求恢复原状、采取其他补救措施，并有权要求赔偿损失。"

合同终止后的结算和清理《合同法》第 98 条规定："合同的权利义务终止，不影响合同中结算和清理条款的效力。"依照法律规定，合同终止，是合同债权债务关系的消灭，此种债权债务关系的消灭不影响合同当事人关于经济往来的结算以及合同终止后如何处理合同中遗留问题的效力。

第 5 板块资源

下 篇

房地产中后期开发中的法律实务

第6板块
发包承包与招投标相关法律实务

导 读

经过房地产前期开发的流程,现在 AAA 房地产开发有限责任公司在重庆江北区的"AAA 城市花园"高档住宅小区项目已经进入房地产中期开发(施工)阶段。目前,小芳真是焦头烂额,特别是复杂的招投标程序与相关文件。作为业主方,小芳常跟着领导参加各种活动,体会着"江湖"的内涵。

眼下正是项目招投标的关键时期(前期勘察设计等也涉及招投标流程),小芳正在认真准备各项资料。今天上午,小芳舅舅打来电话,原来他是这个项目的施工方代表,是来找小芳"照顾"的。但小芳奇怪了,舅舅只是一个小型施工队,不符合投标的资质啊。原来,小芳舅舅是挂靠在某大型国有施工单位的。挂靠合法有效吗?为此,学习"发包承包与招投标相关法律实务"这一板块内容,是十分必要的。

在这一板块中,各位读者要特别注意:

(1)发包承包制度。

(2)招投标的实体与程序要求,特别是招投标文件的编制。

(3)现实中,"挂靠"的法律效力和法律风险。

实训任务

【1】 2011年11月22日某省A房地产公司就一住宅建设项目进行公开招标，B建筑公司与其他三家建筑公司参加了投标，B建筑公司中标。2011年12月14日，A房地产公司向B建筑公司发出了中标通知书，其中表内容：建筑面积74 781平方米，中标价格8 000万元人民币，要求12月25日前签订工程承包合同，12月28日开工。

中标通知书发出后，B建筑公司按A房地产公司的要求提出，为抓紧工期，应该先做好施工准备，后签工程合同。A房地产公司同意了这个意见。之后，B建筑公司进入了施工现场，平整了场地，将打桩桩架运入现场，并配合A房地产公司在12月28日打了两根桩，完成开工仪式。

工程开工后，双方还正式签订承包合同，就因为对合同内容发生了争议。A房地产公司要求B建筑公司将工程中的某个专项工程分包给C公司，而B建筑公司以招标文件没有要求必须分包而拒绝。2012年3月1日，A房地产公司明确函告B建筑公司："将另行落实施工队伍。"

于是，B建筑公司只得诉至工程所在地中级法院。在法庭上B建筑公司指出，A房地产公司既已发出中标通知书，就表明招投标过程中的要约已经承诺，按《招标投标法》规定，签订工程承包合同是A房地产公司的法定义务。因此，B建筑公司要求A房地产公司继续履行合同，并赔偿损失560万元。A房地产公司辩称：虽然已发了中标通知书，但这个文件并无合同效力，且双方尚未签订合同，不存在合同上的权利义务关系，A房地产公司有权另行确定合同相对人。

【问题】
（1）投标行为的法律性质是什么？为什么？
（2）发出中标通知书这一行为的法律性质是什么？为什么？
（3）由于没有订立合同，双方都有一定损失，双方的损失应当如何承担？为什么？

【2】 安排六名同学为一组，模拟施工招投标流程。

【3】 在招投标过程中，经常遇到红包现象。请查阅相关法律资料，分析行贿受贿与人情往来的区别。

6.1 工程发包制度

一、工程发包方式

工程主要有两种发包方式：招标发包和直接发包。《建筑法》第 19 条规定："建筑工程依法实行招标发包，对不适用于招标发包的可以直接发包。"

实行公开招标的建筑工程，发包单位应当依照法定程序和方式，在具备相应资质条件的投标者中，择优选定中标者。实行招标发包的建筑工程，发包单位应当将建筑工程发包给依法中标的承包单位。实行直接发包的建筑工程，发包单位应当将建筑工程发包给具有相应资质条件的承包单位。

《建筑法》第 24 条第 1 款规定，"提倡对建筑工程实行总承包"。《建筑法》第 24 条第 2 款规定，"建筑工程的发包单位可以将建筑工程的勘察、设计、施工、设备采购一并发包给一个工程总承包单位，也可以将建筑工程勘察、设计、施工、设备采购的一项或者多项发包给一个工程总承包单位"。但是，不得将应当由一个承包单位完成的建筑工程肢解成若干部分发包给几个承包单位。

二、禁止将建设工程肢解发包和违法采购

（一）禁止发包单位将建设工程肢解发包

肢解发包指的是建设单位将应当由一个承包单位完成的建设工程分解成若干部分发包给不同的承包单位的行为。

肢解发包的弊端在于：

1. 肢解发包可能导致发包人变相规避招标

发包人可能会将大的工程项目肢解成若干小的工程项目，使得每一个小的工程项目都不满足关于招标规模和标准的规定，从而达到了变相规避招标的效果。

2. 肢解发包会不利于投资和进度目标的控制

肢解发包意味着本来应该由一家承包商完成的项目，现在由两家或者两家以上的承包商完成了。这就会使得一些岗位出现重复设置的人员，也不利于各工序的协调，难以形成流水作业，不利于投资和进度目标的控制。

3. 肢解发包也会增加发包的成本

肢解发包必然会使得发包的次数增加，这就必然会导致发包的费用增加。

4. 肢解发包增加了发包人管理的成本

肢解发包会导致合同数增加，这就必然导致发包人在管理上会增加难度，进一步导致发包人在合同管理上会增加成本。

由于肢解发包存在上面这些弊端，所以，《建筑法》第24条规定，"禁止将建筑工程肢解发包"，"不得将应当由一个承包单位完成的建筑工程肢解成若干部分发包给几个承包单位"。

（二）禁止违法采购

1. 小规模材料设备的采购

工程建设项目不符合《工程建设项目招标范围和规模标准规定》（原国家计委令第3号）规定的范围和标准的小规模的建筑材料、建筑构配件和设备的采购主要有3种形式：

（1）由建设单位负责采购。

（2）由承包商负责采购。

（3）由双方约定的供应商供应。

按照合同约定，建筑材料、建筑构配件和设备由工程承包单位采购的，发包单位不得指定承包单位购入用于工程的建筑材料、建筑构配件和设备或者指定生产厂、供应商。

2. 大规模材料设备的采购

工程建设项目符合《工程建设项目招标范围和规模标准规定》（原国家计委令第3号）规定的范围和标准的，必须通过招标选择货物供应单位。

《工程建设项目货物招标投标办法》第5条规定："工程建设项目货物招标投标活动，依法由招标人负责。

工程建设项目招标人对项目实行总承包招标时，未包括在总承包范围内的货物达到国家规定规模标准的，应当由工程建设项目招标人依法组织招标。

工程建设项目招标人对项目实行总承包招标时，以暂估价形式包括在总承包范围内的货物达到国家规定规模标准的，应当由总承包中标人和工程建设项目招标人共同依法组织招标。双方当事人的风险和责任承担由合同约定。"

6.2 工程承包制度

一、资质管理

（一）关于资质管理的规定

承包建筑工程的单位应当持有依法取得的资质证书，并在其资质等级许可的业务范围内承揽工程。禁止建筑施工企业超越本企业资质等级许可的业务范围或者以任何形式用其他建筑施工企业的名义承揽工程。禁止建筑施工企业以任何形式允许其他单位或者个人使用本企业的资质证书、营业执照，以本企业的名义承揽工程。

（二）关于资质管理纠纷的处理

2005年1月1日开始实行的《最高法院关于审理建设工程施工合同纠纷案件适用法律问题的解释》第1条规定："建设工程施工合同具有下列情形之一的，应当根据合同法第52条第（5）项的规定，认定无效：

（1）承包人未取得建筑施工企业资质或者超越资质等级的。
（2）没有资质的实际施工人借用有资质的建筑施工企业名义的。
（3）建设工程必须进行招标而未招标或者中标无效的。"

上面的三种情形违反了《建筑法》关于发承包的规定，依据《合同法》第52条（可参见2Z202032）属于无效的合同。对该合同按照以下办法处理：

（1）建设工程施工合同无效，但建设工程经竣工验收合格，承包人请求参照合同约定支付工程价款的，应予支持。

（2）建设工程施工合同无效，且建设工程经竣工验收不合格的，按照以下情形分别处理：
① 修复后的建设工程经竣工验收合格，发包人请求承包人承担修复费用的，应予支持。
② 修复后的建设工程经竣工验收不合格，承包人请求支付工程价款的，不予支持。

因建设工程不合格造成的损失，发包人有过错的，也应承担相应的民事责任。

（3）承包人超越资质等级许可的业务范围签订建设工程施工合同，在建设工程竣工前取得相应资质等级，当事人请求按照无效合同处理的，不予支持。

二、联合承包

《建筑法》第27条规定："大型建筑工程或者结构复杂的建筑工程，可以由两个以上的承包单位联合共同承包。"

(一)联合体中各成员单位的责任承担

1. 内部责任

组成联合体的成员单位投标之前必须要签订共同投标协议,明确约定各方拟承担的工作和责任,并将共同投标协议连同投标文件一并提交招标人。依据《工程建设项目施工招标投标办法》,联合体投标未附联合体各方共同投标协议的,由评标委员会初审后按废标处理。

2. 外部责任

《建筑法》第27条同时规定:"共同承包的各方对承包合同的履行承担连带责任。"

依据《民法通则》第87条的规定,负有连带义务的每个债务人,都负有清偿全部债务的义务,履行了义务的人,有权要求其他负有连带义务的人偿付他应当承担的份额。

以下是一典型案例分析:

> 建筑公司甲与建筑公司乙组成了一个联合体去投标,他们在共同投标协议中约定如果在施工的过程中出现质量问题而遭遇建设单位的索赔,各自承担索赔额的50%。后来在施工的过程中果然由于建筑公司甲的施工技术问题出现了质量问题并因此遭到了建设单位的索赔,索赔额是10万元。但是,建设单位却仅仅要求建筑公司乙赔付这笔索赔款。建筑公司乙拒绝了建设单位的请求,其理由有两点:
> (1)质量事故的出现是建筑公司甲的技术原因,应该由建筑公司甲承担责任。
> (2)共同投标协议中约定了各自承担50%的责任,即使不由建筑公司甲独自承担,起码建筑公司甲也应该承担50%的比例,不应该由自己拿出这笔钱。
> 你认为建筑公司乙的理由成立吗?
> 【分析】
> 理由不成立。
> 依据《建筑法》,联合体中共同承包的各方对承包合同的履行承担连带责任。也就是说,建设单位可以要求建筑公司甲承担赔偿责任,也可以要求建筑公司乙承担赔偿责任。已经承担责任的一方,可以就超出自己应该承担的部分向对方追偿,但是却不可以拒绝先行赔付。

(二)联合体资质的认定

联合体作为投标人也要符合资质管理的规定,因此,也必须要对联合体确定资质等级。《建筑法》第27条对如何认定联合体资质作出了原则性规定:两个以上不同资质等级的单位实行联合共同承包的,应当按照资质等级较低的单位的业务许可范围承揽工程。

《招标投标法》及其相关规定对"联合体投标"问题作出了更具体的规定。

三、转 包

转包指的是承包单位承包建设工程后,不履行合同约定的责任和义务,将其承包的全部建设工程转给他人或者将其承包的全部建设工程肢解以后以分包的名义分别转给其他单位承包的行为。

禁止承包单位将其承包的全部建筑工程转包给他人，禁止承包单位将其承包的全部建筑工程肢解以后以分包的名义分别转包给他人。

《最高法院关于审理建设工程施工合同纠纷案件适用法律问题的解释》第 4 条规定："承包人非法转包、违法分包建设工程或者没有资质的实际施工人借用有资质的建筑施工企业名义与他人签订建设工程施工合同的行为无效。法院可以根据民法通则的规定，收缴当事人已经取得的非法所得。"

这里的违法所得，依照相关司法解释，应理解为"扣除成本后的获利部分"。

四、法律责任

1. 超越资质承揽工程的法律责任

发包单位将工程发包给不具有相应资质条件的承包单位的，或者违反本法规定将建筑工程肢解发包的，责令改正，处以罚款。

超越本单位资质等级承揽工程的，责令停止违法行为，处以罚款，可以责令停业整顿，降低资质等级；情节严重的，吊销资质证书；有违法所得的，予以没收。

未取得资质证书承揽工程的，予以取缔，并处罚款；有违法所得的，予以没收。

以欺骗手段取得资质证书的，吊销资质证书，处以罚款；构成犯罪的，依法追究刑事责任。

2. 转让、出借资质证书的法律责任

建筑施工企业转让、出借资质证书或者以其他方式允许他人以本企业的名义承揽工程的，责令改正，没收违法所得，并处罚款，可以责令停业整顿，降低资质等级；情节严重的，吊销资质证书。对因该项承揽工程不符合规定的质量标准造成的损失，建筑施工企业与使用本企业名义的单位或者个人承担连带赔偿责任。

3. 发承包中行贿、受贿的法律责任

在工程发包与承包中索贿、受贿、行贿，构成犯罪的，依法追究刑事责任；不构成犯罪的，分别处以罚款，没收贿赂的财物，对直接负责的主管人员和其他直接责任人员给予处分。

对在工程承包中行贿的承包单位，除依照前款规定处罚外，可以责令停业整顿，降低资质等级或者吊销资质证书。

6.3 工程分包制度

一、分包的含义

《建筑法》第 29 条规定："建筑工程总承包单位可以将承包工程中的部分工程发包给具有相应资质条件的分包单位。"分包，是指总承包单位将其所承包的工程中的专业工程或者劳务作业发包给其他承包单位完成的活动。

分包分为专业工程分包和劳务作业分包。专业工程分包，是指总承包单位将其所承包工程中的专业工程发包给具有相应资质的其他承包单位完成的活动。劳务作业分包，是指施工总承包企业或者专业承包企业将其承包工程中的劳务作业发包给劳务分包企业完成的活动。

二、对分包单位的认可

《建筑法》第 29 条进一步规定："除总承包合同中约定的分包外，必须经建设单位认可。"

这条规定实际上赋予了建设单位对分包商的否决权。即没有经过建设单位认可的分包商是违法的分包商。尽管《建筑法》将认可的范围局限于"总承包合同中约定的分包单位"以外的分包商，但是，由于总承包合同中的分包单位已经在合同中得到了建设单位的认可，所以，实质上需要建设单位认可的分包单位的范围包含了所有的分包单位。然而，认可分包单位与指定分包单位是不同的。认可是在总承包单位已经作出选择的基础上进行确认，而指定则是首先由建设单位作出选择。在国外，可以存在指定分包商，例如《FIDIC 施工合同条件》中就有指定分包商。但是，指定分包商在国内是违法的。《房屋建筑和市政基础设施工程施工分包管理办法》第 7 条明确规定："建设单位不得直接指定分包工程承包人。"《工程建设项目施工招标投标办法》第 66 条也规定："招标人不得直接指定分包人。"

三、违法分包

《建筑法》明确规定：禁止总承包单位将工程分包给不具备相应资质条件的单位。也禁止分包单位将其承包的工程再分包。

依据《建筑法》、《建设工程质量管理条例》更进一步将违法分包的情形界定为：

（1）总承包单位将建设工程分包给不具备相应资质条件的单位的。

（2）建设工程总承包合同中未有约定，又未经建设单位认可，承包单位将其承包的部分建设工程交由其他单位完成的。

（3）施工总承包单位将建设工程主体结构的施工分包给其他单位的。

（4）分包单位将其承包的建设工程再分包的。

四、总承包单位与分包单位的连带责任

《建筑法》第 29 条第 2 款规定:"建筑工程总承包单位按照总承包合同的约定对建设单位负责;分包单位按照分包合同的约定对总承包单位负责。总承包单位和分包单位就分包工程对建设单位承担连带责任。"

连带责任既可以依合同约定产生,也可以依法律规定产生。建设单位虽然和分包单位之间没有合同关系,但是当分包工程发生质量、安全、进度等方面问题给建设单位造成损失时,建设单位既可以根据总承包合同向总承包单位追究违约责任,也可以根据法律规定直接要求分包单位承担损害赔偿责任,分包单位不得拒绝。总承包单位和分包单位之间的责任划分,应当根据双方的合同约定或者各自过错大小确定;一方向建设单位承担的责任超过其应承担份额的,有权向另一方追偿。

五、相关法律责任

1. 转包或者违法分包的法律责任

承包单位将承包的工程转包的,或者违反法律规定进行分包的,责令改正,没收违法所得,并处罚款,可以责令停业整顿,降低资质等级;情节严重的,吊销资质证书。

2. 因转包或者违法分包影响工程质量的法律责任

承包单位有前款规定的违法行为的,对因转包工程或者违法分包的工程不符合规定的质量标准造成的损失,与接受转包或者分包的单位承担连带赔偿责任。

案例分析讨论:中×建筑公司案

> 案情简介:
> 原告湖南省中×建筑工程有限公司(以下简称中×建筑公司)。
> 法定代表人康某。
> 委托代理人蔡某。
> 委托代理人李某,湖南某律师事务所律师。
> 被告冷××市住房和城乡建设局(以下简称为冷××市建设局)。
> 法定代表人肖某,该局局长。
> 委托代理人李乡某,该局法制股股长。
> 委托代理人廖某,该局法制股工作人员。
> 2016 年 6 月 20 日,原告中×建筑公司就不服被告冷××市建设局行政处罚及行政赔偿一案向本院提起行政诉讼。本院当日受理后,于 2016 年 6 月 28 日向被告送达起诉状副本、应诉通知书。本院依法组成合议庭,于 2016 年 7 月 21 日公开开庭进行了审理。原告的委托代理人、被告的委托代理人均到庭参加诉讼,本案现已审理完毕。

2015年12月21日，冷××市建设局作出冷建行罚决字（2015）第2号《行政处罚决定书》，内容为：中×建设公司将冷××市2011年度保障性安居工程三标段5、7、9某楼主体工程、水电安装、内外墙装饰整体分包给无相应资质的曾某、邹某二人。其间，中×建筑公司虽下文制止项目部的分包行为，但力度不够，且因中×建筑公司在规定期限内未就已得利润的计算提交结算审计，依据《中华人民共和国建筑法》第六十七条、《建设工程质量管理条例》第六十二条、住建部《房屋建筑和市政工程基础设施工程施工分包管理办法》第十八条之规定，决定如下：一、没收中×建筑公司违法所得人民币20.9万元；二、处罚中×建筑公司人民币9.06万元。

原告意见：

原告中×建筑公司诉称：原告在冷××市2011年度保障性安居工程三标段项目（又称"民心家园"廉租房工程）中不存在违法分包，被告作出的冷建行罚决字（2015）第2号《行政处罚决定书》认定的违法分包行为系原告公司外部人员所致，且原告公司发现存在外部人员违法分包行为后，及时发文进行制止，故分包人曾某、邹某承建的5某、7某、9某房屋只建到六层。被告将外部人员存在的违规分包行为视为原告的违法行为，属明显的事实不清；5某、7某、9某房屋中主体工程最晚验收时间为2013年1月22日，原告所承揽的冷××市2011年度保障性安居工程三标段的主体、装饰工程也于2013年8月26日全部完工，只是因为业主单位自行负责的道路、进电、进水等附属工程没有完工，导致项目无法竣工验收。且该项目所有人员的证件也经被告同意于2013年8月26日全部解押，2013年8月26日应视为违法分包行为终了之日，被告于2015年9月10日立案查处，超出了《中华人民共和国行政处罚法》规定的二年处罚时效；被告向业主单位发出的协查通知，冻结了业主单位应付给原告的工程款1000余万元，造成原告的经济损失。综上，请求判令：1.撤销被告作出的冷建行罚决字（2015）第2号《行政处罚决定书》；2.由被告赔偿原告的经济损失15万元（协查冻结工程款导致的利息损失）；3.由被告承担本案诉讼费用。

被告意见：

被告冷××市建设局辩称：潘某与邹某、曾某签订的《冷××市"民心家园"廉租房工程承包合同》等证据证实原告将冷××市2011年度保障性安居工程5某、7某、9某楼主体及装饰工程以包工包料的形式分包给邹某、曾某，原告的违法分包事实清楚、证据确凿；上述三栋楼的竣工验收时间为2014年9月12日，该竣工验收时间应视为原告违法分包的行为终了之日，故被告于2015年9月12日对原告的违法分包行为立案查处，并未超出法律规定的二年处罚时效的规定；被告向业主单位送达行政处罚协助执行函，要求业主单位暂缓支付工程款40万元，被告的该行为不属于财产冻结范畴，而是属工作联系之列，对原告的工程款结算不构成任何影响。原告所称的因被告发出协查通知导致原告的工程款尾款1000余万元无法结算支付，产生原告的利息损失，要求被告行政赔偿的请求，无事实依据和法律依据。综上，请求法院驳回原告的诉讼请求。

> **争执焦点：**
> 原告中×建筑公司的违法分包行为是否存在？
>
> **法律分析：**
> 住建部《房屋建筑和市政基础设施工程施工分包管理办法》第十四条规定，禁止将承包的工程进行违法分包。下列行为，属于违法分包：（一）分包工程发包人将专业工程或者劳务作业分包给不具备相应资质条件的分包工程承包人的。本案中蔡某是冷××市2011年度保障性安居工程三标段工程项目部的合伙事务执行人，潘某作为蔡某的受托人，将该施工工程中的5某、7某、9某楼违法分包给不具相应资质的邹某承建，该违法分包的法律后果理应由作为中标合同承包方的中×建筑公司承受。故法院认为中×公司的违法分包行为成立。

6.4 招标投标法概述

《招标投标法》共包括68条，分别从招标、投标、开标、评标和中标等各主要阶段对招标投标活动作出了规定。依据《招标投标法》，我国陆续发布了一系列规范招标投标活动的行政法规和部门规章。

一、招标投标活动所应遵循的基本原则

《招标投标法》第5条规定："招标投标活动应当遵循公开、公平、公正和诚实信用的原则。"

（一）公开原则

招标投标活动应当遵循公开原则，这是为了保证招标活动的广泛性、竞争性和透明性。公开原则，首先要求招标信息公开。其次，公开原则还要求招标投标过程公开。

（二）公平原则

公平原则，要求招标人严格按照规定的条件和程序办事，给予所有投标人平等的机会，使其享有同等的权利，履行同等的义务，招标人不得以任何方式限制或者排斥本地区、本系统以外的法人或者其他组织参加投标。

（三）公正原则

公正原则，要求招标人在招标投标活动中行为应当公正，对所有的投标竞争者都应平等

对待，不能有特殊。特别是在评标时，评标标准应当明确、严格，对所有在投标截止日期以后送到的投标书都应拒收，与投标人有利害关系的人员都不得作为评标委员会的成员。招标人和投标人双方在招标投标活动中的地位平等，任何一方不得向另一方提出不合理的要求，不得将自己的意志强加给对方。

（四）诚实信用原则

诚实信用原则，是我国民事活动所应当遵循的一项重要基本原则。招标投标活动作为订立合同的一种特殊方式，同样应当遵循诚实信用原则，不得有欺骗、背信的行为。

二、必须招标的项目范围和规模标准

（一）必须招标的工程建设项目范围

根据《招标投标法》第 3 条规定，在中华人民共和国境内进行下列工程建设项目包括项目的勘察、设计、施工、监理以及与工程建设有关的重要设备、材料等的采购，必须进行招标。
（1）大型基础设施、公用事业等关系社会公共利益、公众安全的项目。
（2）全部或者部分使用国有资金投资或者国家融资的项目。
（3）使用国际组织或者外国政府贷款、援助资金的项目。

（二）必须招标项目的规模标准

《工程建设项目招标范围和规模标准规定》规定的上述各类工程建设项目，包括项目的勘察、设计、施工、监理以及与工程建设有关的重要设备、材料等的采购，达到下列标准之一的，必须进行招标：
（1）施工单项合同估算价在 200 万元人民币以上的。
（2）重要设备、材料等货物的采购，单项合同估算价在 100 万元人民币以上的。
（3）勘察、设计、监理等服务的采购，单项合同估算价在 50 万元人民币以上的。
（4）单项合同估算价低于第（1）、（2）、（3）项规定的标准。但项目总投资额在 3 000 万元人民币以上的。

三、可以不进行招标的工程建设项目

如果建设项目不属于必须招标的项目则可以招标也可以不招标。但是，即使符合必须招标项目的条件但是属于某些特殊情形的，也是可以不招标的。

（一）可以不进行招标的施工项目

依据《招标投标法》第 66 条和 2003 年 3 月 8 日国家发改委、建设部等 7 部委令第 30 号发布的《工程建设项目施工招标投标办法》第 12 条的规定，需要审批的工程建设项目，有下列情形之一的，由审批部门批准，可以不进行施工招标：

（1）涉及国家安全、国家秘密或者抢险救灾而不适宜招标的。
（2）属于利用扶贫资金实行以工代赈需要使用农民工的。
（3）施工主要技术采用特定的专利或者专有技术的。
（4）施工企业自建自用的工程，且该施工企业资质等级符合工程要求的。
（5）在建工程追加的附属小型工程或者主体加层工程，原中标人仍具备承包能力的。
（6）法律、行政法规规定的其他情形。

不需要审批但依法必须招标的工程建设项目，有前款规定情形之一的，可以不进行施工招标。

（二）可以不进行招标的勘察、设计项目

《建设工程勘察设计管理条例》第 16 条规定，下列建设工程的勘察、设计，经有关主管部门批准，可以直接发包：

（1）采用特定的专利或者专有技术的。
（2）建筑艺术造型有特殊要求的。
（3）国务院规定的其他建设工程的勘察、设计。

四、相关法律责任

1. 规避招标的法律责任

依法必须进行招标的项目而不招标的，将必须进行招标的项目化整为零或者以其他任何方式规避招标的，有关行政监督部门责令限期改正，可以处项目合同金额千分之五以上千分之十以下的罚款；对全部或者部分使用国有资金的项目，项目审批部门可以暂停项目执行或者暂停资金拨付；对单位直接负责的主管人员和其他直接责任人员依法给予处分。

2. 影响公平竞争的法律责任

（1）招标人以不合理的条件限制或者排斥潜在投标人的，对潜在投标人实行歧视待遇的，强制要求投标人组成联合体共同投标的，或者限制投标人之间竞争的，责令改正，可以处 1 万元以上 5 万元以下的罚款。

（2）依法必须进行招标的项目的招标人向他人透露已获取招标文件的潜在投标人的名称、数量或者可能影响公平竞争的有关招标投标的其他情况的，或者泄露标底的，给予警告，可以并处 1 万元以上 10 万元以下的罚款；对单位直接负责的主管人员和其他直接责任人员依法给予处分；构成犯罪的，依法追究刑事责任。

6.5 投标人实施的不正当竞争行为

一、禁止投标人实施的不正当行为的种类

根据《招标投标法》第32条、第33条的规定,投标人不得实施以下不正当竞争行为。

(一)投标人相互串通投标报价

《工程建设项目施工招标投标办法》第46条规定,下列行为均属于投标人串通投标报价:
(1)投标人之间相互约定抬高或降低投标报价。
(2)投标人之间相互约定,在招标项目中分别以高、中、低价位报价。
(3)投标人之间先进行内部竞价,内定中标人,然后再参加投标。
(4)投标人之间其他串通投标报价行为。

(二)投标人与招标人串通投标

《工程建设项目施工招标投标办法》第47条规定,下列行为均属于招标人与投标人串通投标:
(1)招标人在开标前开启投标文件,并将投标情况告知其他投标人,或者协助投标人撤换投标文件,更改报价。
(2)招标人向投标人泄露标底。
(3)招标人与投标人商定,投标时压低或抬高标价,中标后再给投标人或招标人额外补偿。
(4)招标人预先内定中标人。
(5)招标者和投标者之间其他串通招标投标行为(如:通过贿赂等不正当手段,使招标人在审查、评选投标文件时,对投标文件实行歧视待遇;招标人在要求投标人就其投标文件澄清时,故意作引导性提问,以使其中标等)。
(6)其他串通投标行为。

(三)以行贿的手段谋取中标

《招标投标法》第32条第3款规定:"禁止投标人以向招标人或者评标委员会成员行贿的手段谋取中标。"

投标人以行贿的手段谋取中标是严重违背《招标投标法》基本原则的违法行为,对其他投标人是不公平的。投标人以行贿手段谋取中标的法律后果是中标无效,有关责任人和单位应当承担相应的行政责任或刑事责任,给他人造成损失的,还应当承担民事赔偿责任。

（四）以低于成本的报价竞标

《招标投标法》第33条规定，"投标人不得以低于成本的报价竞标"。在这里，所谓"成本"，应指投标人的个别成本，该成本是根据投标人的企业定额测定的成本，是相对于社会平均成本和市场平均成本而言。如果投标人低于成本的报价竞标时，将很难保证建设工程的安全和质量。

《反不正当竞争法》第11条规定："经营者不得以排挤竞争对手为目的，以低于成本的价格销售商品。"认为低于成本销售商品属于不正当竞争行为，这个思想与《招标投标法》的思想是一致的。

《工程建设项目货物招标投标办法》第44条规定："最低投标价不得低于成本。"这在《招标投标法》与《反不正当竞争法》中建立起了一个桥梁，进一步确认了低于成本竞标的违法性。

（五）以他人名义投标或以其他方式弄虚作假，骗取中标

《招标投标法》第33条规定："投标人不得以他人名义投标或者以其他方式弄虚作假，骗取中标。"根据《工程建设项目施工招标投标办法》第48条规定，主要表现在如下几方面：
（1）非法挂靠或借用其他企业的资质证书参加投标。
（2）投标文件中故意在商务上和技术上采用模糊的语言骗取中标，中标后提供低档劣质货物、工程或服务。
（3）投标时递交虚假业绩证明、资格文件。
（4）假冒法定代表人签名，私刻公章，递交假的委托书等。

二、相关法律责任

1. 串通投标的法律责任

投标人相互串通投标或者与招标人串通投标的，投标人以向招标人或者评标委员会成员行贿的手段谋取中标的，中标无效，处中标项目金额千分之五以上千分之十以下的罚款，对单位直接负责的主管人员以及其他直接责任人员处单位罚款数额百分之五以上百分之十以下的罚款；有违法所得的，并处没收违法所得；情节严重的，取消其1年至2年内参加依法必须进行招标的项目的投标资格并予以公告，直至由工商行政管理机关吊销营业执照；构成犯罪的，应依法追究刑事责任。给他人造成损失的，依法承担赔偿责任。

前款所列行为影响中标结果的，中标无效。

2. 骗取中标的法律责任

投标人以他人名义投标或者以其他方式弄虚作假，骗取中标的，中标无效。给招标人造成损失的，依法承担赔偿责任；构成犯罪的，依法追究刑事责任。

依法必须进行招标的项目的投标人有前款所列行为尚未构成犯罪的，处中标项目金额千分之五以上千分之十以下的罚款，对单位直接负责的主管人员和其他直接责任人员处单位罚

款数额百分之五以上百分之十以下的罚款；有违法所得的，并处没收违法所得；情节严重的，取消其1年至3年内参加依法必须进行招标的项目的投标资格并予以公告，直至由工商行政管理机关吊销营业执照。

接下来，补充不正当竞争行为相关的法律知识：

---

1. 不正当竞争行为的种类

（1）假冒他人的注册商标。

（2）擅自使用知名商品特有的名称、包装、装潢，或者使用与知名商品近似的名称、包装、装潢，造成和他人的知名商品相混淆，使购买者误认为是该知名商品。

（3）擅自使用他人的企业名称或者姓名，引人误认为是他人的商品。

（4）在商品上伪造或者冒用认证标志、名优标志等质量标志，伪造产地，对商品质量作引人误解的虚假表示。

（5）公用企业或者其他依法具有独占地位的经营者，不得限定他人购买其指定的经营者的商品，以排挤其他经营者的公平竞争。

（6）政府及其所属部门不得滥用行政权力，限定他人购买其指定的经营者的商品，限制其他经营者正当的经营活动。政府及其所属部门不得滥用行政权力，限制外地商品进入本地市场，或者本地商品流向外地市场。

（7）经营者不得采用财物或者其他手段进行贿赂以销售或者购买商品。在账外暗中给予对方单位或者个人回扣的，以行贿论处；对方单位或者个人在账外暗中收受回扣的，以受贿论处。经营者销售或者购买商品，可以以明示方式给对方折扣，可以给中间人佣金。经营者给对方折扣、给中间人佣金的，必须如实入账。接受折扣、佣金的经营者必须如实入账。

（8）经营者不得利用广告或者其他方法，对商品的质量、制作成分、性能、用途、生产者、有效期限、产地等作引人误解的虚假宣传。广告的经营者不得在明知或者应知的情况下，代理、设计、制作、发布虚假广告。

（9）经营者不得采用下列手段侵犯商业秘密：

① 偷窃、利诱、胁迫或者其他不正当手段获取权利人的商业秘密。

② 披露、使用或者允许他人使用以前项手段获取权利人的商业秘密。

③ 违反约定或者违反权利人有关保守商业秘密的要求，披露、使用或者允许他人使用其所掌握的商业秘密。

（10）经营者不得以排挤对手为目的，以低于成本的价格销售商品。

（11）经营者销售商品，不得违背购买者的意愿搭售商品或者附加其他不合理的条件。

（12）经营者不得捏造、散布虚伪事实，损害竞争对手的商业信誉、商品声誉。

（13）投标者不得串通投标，抬高标价或者压低标价。投标者和招标者不得相互勾结，以排挤竞争对手的公平竞争。

2. 不正当竞争的法律责任

经营者的法律责任：

（1）经营者给被侵害的经营者造成损害的，应当承担损害赔偿责任，被侵害的经营者的损失难以计算的，赔偿额为侵权期间因侵权所获得的利润；并应当承担被侵害的经营者因调查该经营者侵害其合法权益的不正当竞争行为所支付的合理费用。被侵害的经营者的合法权益受到正当竞争行为损害的，可以向法院提起诉讼。

（2）经营者假冒他人的注册商标，擅自使用他人的企业名称或者姓名，伪造或者冒用认证标志、名优标志等质量标志，伪造产地，对商品质量作引人误解的虚假表示的，依照《中华人民共和国商标法》《中华人民共和国产品质量法》的规定处罚。经营者擅自使用知名商品特有的名称、包装、装潢，或者使用与知名商品近似的名称、包装、装潢，造成和他人的知名商品相混淆，使购买者误认为是该知名商品的，监督检查部门应当责令停止违法行为，没收违法所得，可以根据情节处以违法所得1倍以上3倍以下罚款；情节严重的，可以吊销营业执照；销售伪劣商品，构成犯罪的，依法追究刑事责任。

（3）经营者采用财物或者其他手段进行贿赂以销售或者购买商品，构成犯罪的，依法追究刑事责任；不构成犯罪的，监督检查部门可以根据情节处以1万元以上20万元以下的罚款，有违法所得的，予以没收。

（4）公用企业或者其他具有独占地位的经营者，限定他人购买其指定的经营者的商品，以排挤其他经营者的公平竞争的，省级或者设区的市的监督检查部门应当责令其停止违法行为，可以根据情节处以5万元以上20万元以下的罚款。被指定的经营者借此销售质次价高商品或者滥收费用的，监督检查部门应当没收违法所得，可以根据情节处以违法所得1倍以上3倍以下的罚款。

（5）经营者利用广告或者其他方法，对商品作引人误解的虚假宣传的，监督检查部门应当责令停止违法行为，消除影响，可以根据情节处以1万元以上20万元以下的罚款。广告的经营者，在明知或者应知的情况下，代理、设计、制作、发布虚假广告的，监督检查部门应当责令停止违法行为，没收违法所得，并依法处以罚款。

（6）侵犯商业秘密的，监督检查部门应当责令停止违法行为，可以根据情节处以1万元以上20万元以下的罚款。

（7）投标者串通投标，抬高标价或者压低标价，投标者和招标者相互勾结，以排挤竞争对手的公平竞争的，其中标无效。监督检查部门可以根据情节处以1万元以上20万元以下的罚款。

（8）经营者有违反被责令暂停销售，不得转移、隐匿、销毁与不正当竞争行为有关的财物的行为的，监督检查部门可以根据情节处以被销售、转移、隐匿、销毁财物的价款的1倍以上3倍以下的罚款。当事人对监督检查部门作出的处罚决定不服的，可以自收到处罚决定之日起15日内向上一级主管机关申请复议；对复议决定不服的，可以自收到复议决定书之日起15日内向法院提起诉讼；也可以直接向法院提起诉讼。

（9）政府及其所属部门限定他人购买其指定的经营者的商品、限制其他经营者正当的经营活动，或者限制商品在地区之间正常流通的，由上级机关责令其改正；情节严重的，由同级或者上级机关对直接责任人员给予行政处分。被指定的经营者借此销售质次价高商品或者滥收费用的，监督检查部门应当没收违法所得，可以根据情节处以违法所得1倍以上3倍以下的罚款。

（10）监督检查不正当竞争行为的国家机关工作人员滥用职权、玩忽职守，构成犯罪的，依法追究刑事责任；不构成犯罪的，给予行政处分。

（11）监督检查不正当竞争行为的国家机关工作人员徇私舞弊，对明知有违反法律规定构成犯罪的经营者故意包庇不使他受追诉的，依法追究刑事责任。

6.6 开标与评标

一、开 标

根据《招标投标法》及相关规定,开标应当遵守如下程序:

开标应当在招标文件确定的提交投标文件截止时间的同一时间公开进行;开标地点应当为招标文件中预先确定的地点。开标由招标人主持,邀请所有投标人参加。开标时,由投标人或者其推选的代表检查投标文件的密封情况,也可以由招标人委托的公证机构检查并公证;经确认无误后,由工作人员当众拆封,宣读投标人名称、投标价格和投标的其他主要内容。开标过程应当记录,并存档备查。

投标文件有下列情形之一的,招标人不予受理:
(1)逾期送达的或者未送达指定地点的。
(2)未按招标文件要求密封的。

二、评标委员会

(一)评标委员会的组成

根据《招标投标法》第37条的规定,评标由招标人依法组建的评标委员会负责。依法必须进行招标的项目,其评标委员会由招标人的代表和有关技术、经济等方面的专家组成,成员为五人以上单数,其中技术、经济等方面的专家不得少于成员总数的三分之二。评标委员会成员的名单在中标结果确定前应当保密。

(二)评标专家的选取

根据《招标投标法》和《评标委员会和评标方法暂行规定》的有关规定,评标委员会专家应当从事相关领域工作满8年并具有高级职称或者具有同等专业水平,由招标人从国务院有关部门或者省、自治区、直辖市人民政府有关部门提供的专家名册或者招标代理机构的专家库内的相关专业的专家名单中确定;一般招标项目可以采取随机抽取方式,特殊招标项目可以由招标人直接确定。与投标人有利害关系的人不得进入相关项目的评标委员会;已经进入的应当更换。

(三)对评标委员会成员的职业道德要求和保密义务

根据《招标投标法》和《评标委员会和评标方法暂行规定》的有关规定,评标委员会成员应当客观、公正地履行职责,遵守职业道德,对所提出的评审意见承担个人责任。评标委员会成员不得与任何投标人或者与招标结果有利害关系的人进行私下接触,不得收受投标人、中介人、其他利害关系人的财物或者其他好处。评标委员会成员和与评标活动有关的工作人员不得透露对投标文件的评审和比较、中标候选人的推荐情况以及与评标有关的其他情况。在这里,"与评标活动有关的工作人员",是指评标委员会成员以外的因参与评标监督工作或者事务性工作而知悉有关评标情况的所有人员。

三、评　标

(一) 评标的标准和方法

招标人应当采取必要的措施,保证评标在严格保密的情况下进行。任何单位和个人不得非法干预、影响评标的过程和结果。

评标委员会应当按照招标文件确定的评标标准和方法,对投标文件进行评审和比较;设有标底的,应当参考标底。

(二) 按废标处理的情形

《工程建设项目施工招标投标办法》第50条规定,以下的情形将被作为废标处理:

(1) 无单位盖章并无法定代表人或法定代表人授权的代理人签字或盖章的。

(2) 未按规定的格式填写,内容不全或关键字迹模糊、无法辨认的。

(3) 投标人递交两份或多份内容不同的投标文件,或在一份投标文件中对同一招标项目报有两个或多个报价,且未声明哪一个有效,按招标文件规定提交备选投标方案的除外。

(4) 投标人名称或组织结构与资格预审时不一致的。

(5) 未按招标文件要求提交投标保证金的。

(6) 联合体投标未附联合体各方共同投标协议的。

2005年3月1日起施行的《工程建设项目货物招标投标办法》在《工程建设项目施工招标投标办法》的基础上进一步补充了应当作为废标的情形:

(1) 无法定代表人出具的授权委托书的。

(2) 投标人名称或组织结构与资格预审时不一致且未提供有效证明的。

(3) 投标有效期不满足招标文件要求的。

《招标投标法》第42条规定:"评标委员会可以否决全部投标。依法必须进行招标的项目的所有投标被否决的,招标人应当依法重新招标。"

以下是一典型案例分析:

> 某建筑公司所投的投标文件只有单位的盖章而没有法人代表的签字,被评标委员会确定为废标。
>
> 评标委员会的理由是:招标文件上明确规定必须要既有单位的盖章也要有法人代表的签字,否则就是废标。
>
> 该建筑公司认为评标委员会的处理是不当的,与《工程建设项目施工招标投标办法》关于废标的规定不符。根据《工程建设项目施工招标投标办法》,只要有单位的盖章就不是

废标。你认为评标委员会这样处理是否正确？

【分析】

评标委员会的处理是正确的。

《工程建设项目施工招标投标办法》第50条规定："投标文件有下列情形之一的，由评标委员会初审后按废标处理：

（1）无单位盖章并无法定代表人或法定代表人授权的代理人签字或盖章的。

通过分析上面这个条款可以得出将被作为废标的条件是：投标文件上既没有单位的盖章，也没有法定代表人或法定代表人授权的代理人签字或盖章。也就是说，签字或盖章的栏目是空白的。由此，也可以从反面得出结论，以下的情形不能被认定为废标：

① 只有单位的盖章而没有法人代表或法人代表授权的代理人的盖章。
② 只有单位盖章而没有法人代表或法人代表授权的代理人的签字。
③ 只有法人代表或法人代表授权的代理人的盖章，而没有单位盖章。
④ 只有法人代表或法人代表授权的代理人的签字，而没有单位盖章。

但是，《工程建设项目施工招标投标办法》第50条同时也规定：投标文件有下列情形之一的，由评标委员会初审后按废标处理：

（2）未按规定的格式填写，内容不全或关键字迹模糊、无法辨认的。

本案例中的招标文件中如果规定了必须要既有单位的盖章也要有法定代表人的签字或盖章，就属于对投标文件格式的要求，如果投标文件仅有单位的盖章而没有法定代表人的签字或盖章，就是"未按规定的格式填写"，将被作为废标。而如果招标文件中没有这个规定，就不以缺少单位盖章或者法定代表人签字或者盖章将投标文件认定为废标。

（三）投标文件的澄清、说明和修正

评标委员会可以要求投标人对投标文件中含义不明确的内容作必要的澄清或者说明，但是澄清或者说明不得超出投标文件的范围或者改变投标文件的实质性内容。

评标委员会在对实质上响应招标文件要求的投标进行报价评估时，除招标文件另有约定外，应当按下述原则进行修正：

（1）用数字表示的数额与用文字表示的数额不一致时，以文字数额为准。

（2）单价与工程量的乘积与总价之间不一致时，以单价为准。若单价有明显的小数点错位，应以总价为准，并修改单价。

调整后的报价经投标人确认后产生约束力。

（四）评标报告和中标候选人

1. 评标报告

评标委员会完成评标工作后，应当向招标人提出书面评标报告，并抄送有关行政监督部门。

评标报告由评标委员会全体成员签字。对评标结论持有异议的评标委员会成员可以书面方式阐述其不同意见和理由。评标委员会成员拒绝在评标报告上签字且不陈述其不同意见和

理由的，视为同意评标结论。评标委员会应当对此作出书面说明并记录在案。

2. 中标候选人

评标委员会推荐的中标候选人应当限定在 1 至 3 人，并表明排列顺序。中标人的投标，应当符合下列条件之一：

（1）能够最大限度地满足招标文件中规定的各项综合评价标准。

（2）能够满足招标文件的实质性要求，并且经评审的投标价格最低；但是投标价格低于成本的除外。

评标委员会经评审，认为所有投标都不符合招标文件要求的，可以否决所有投标。依法必须进行招标的项目的所有投标被否决的，招标人应当依照法律重新招标。

在确定中标人前，招标人不得与投标人就投标价格、投标方案等实质性内容进行谈判。

四、相关法律责任

1. 影响公平竞争的法律责任

评标委员会成员收受投标人的财物或者其他好处的，评标委员会成员或者参加评标的有关工作人员向他人透露对投标文件的评审和比较、中标候选人的推荐以及与评标有关的其他情况的，给予警告，没收收受的财物，可以并处 3 000 元以上 5 万元以下的罚款，对有所列违法行为的评标委员会成员取消担任评标委员会成员的资格，不得再参加任何依法必须进行招标的项目的评标；构成犯罪的，依法追究刑事责任。

2. 与投标人先行谈判的法律责任

依法必须进行招标的项目，招标人违反法律规定，与投标人就投标价格、投标方案等实质性内容进行谈判的，给予警告，对单位直接负责的主管人员和其他直接责任人员依法给予处分。

6.7 中 标

第 6 板块资源

一、确定中标人

根据《招标投标法》和《工程建设项目施工招标投标办法》的有关规定，确定中标人应当遵守如下程序：

（1）评标委员会提出书面评标报告后，招标人一般应当在 15 日内确定中标人，但最迟应当在投标有效期结束日 30 个工作日前确定。

（2）招标人应当接受评标委员会推荐的中标候选人，不得在评标委员会推荐的中标候选人之外确定中标人。

（3）依法必须招标的项目，招标人应当确定排名第一的中标候选人为中标人。排名第一的中标候选人放弃中标、因不可抗力提出不能履行合同，或者招标文件规定应当提交履约保证金而在规定的期限内未能提交的，招标人可以确定排名第二的中标候选人为中标人，依此类推。

（4）招标人可以授权评标委员会直接确定中标人。

二、中标通知书

根据《招标投标法》及《工程建设项目施工招标投标办法》的有关规定，招标人发出中标通知书应当遵守如下规定：

（1）中标人确定后，招标人应当向中标人发出中标通知书，并同时将中标结果通知所有未中标的投标人。

（2）招标人不得以向中标人提出压低报价、增加工作量、缩短工期或其他违背中标人意愿的要求，依此作为发出中标通知书和签订合同的条件。

（3）中标通知书对招标人和投标人具有法律效力。中标通知书发出后，招标人改变中标结果的，或者中标人放弃中标项目的，应当依法承担法律责任。

三、签订合同

（一）签订合同的要求

《招标投标法》第46条规定："招标人和中标人应当自中标通知书发出之日起三十日内，按照招标文件和中标人的投标文件订立书面合同。招标人和中标人不得再行订立背离合同实质性内容的其他协议。"

如果出现了两个或者两个以上内容有矛盾的合同，将来就会出现履行合同时适用哪一个合同的争议。但是，有的时候，招标人为了能够获得更大的利益，会要求中标人另行签订一个背离原合同实质性内容的合同。针对这种情况可能产生的纠纷，《最高法院关于审理建设工程施工合同纠纷案件适用法律问题的解释》第21条规定："当事人就同一建设工程另行订立的建设工程施工合同与经过备案的中标合同实质性内容不一致的，应当以备案的中标合同作为结算工程价款的根据。"

"备案的中标合同"就是依据《招标投标法》第46条签订的书面合同。

（二）担保与垫资

1. 担　保

招标人为了降低自己的风险，经常会要求投标人提交履约保证金，招标文件要求中标人提交履约保证金的，中标人应当提交。拒绝提交的，视为放弃中标项目。招标人要求中标人提供履约保证金或其他形式履约担保的，招标人应当同时向中标人提供工程款支付担保。招标人不得擅自提高履约保证金。

招标人与中标人签订合同后 5 个工作日内，应当向未中标的投标人退还投标保证金。

2. 垫　　资

《工程建设项目施工招标投标办法》第 62 条同时规定："招标人不得强制要求中标人垫付中标项目建设资金。"

尽管法律已经明确规定招标人不得强制要求中标人垫付中标项目资金，但在实践中，中标人垫付中标项目建设资金的情形还是存在的。这种垫资行为经常引发关于利息的纠纷，对此，《最高法院关于审理建设工程施工合同纠纷案件适用法律问题的解释》第 6 条给出了处理意见：

当事人对垫资和垫资利息有约定，承包人请求按照约定返还垫资及其利息的，应予支持，但是约定的利息计算标准高于中国人民银行发布的同期同类贷款利率的部分除外。

当事人对垫资没有约定的，按照工程欠款处理。

当事人对垫资利息没有约定，承包人请求支付利息的，不予支持。

四、招标投标情况书面报告

根据《招标投标法》的有关规定，依法必须进行招标的项目，招标人应当自确定中标人之日起 15 日内，向有关行政监督部门提交招标投标情况书面报告。

五、相关法律责任

1. 非法确定中标人的法律责任

招标人在评标委员会依法推荐的中标候选人以外确定中标人的，依法必须进行招标的项目在所有投标被评标委员会否决后自行确定中标人的，中标无效。责令改正，可以处中标项目金额千分之五以上千分之十以下的罚款；对单位直接负责的主管人员和其他直接责任人员依法给予处分。

2. 非法订立合同的法律责任

招标人与中标人不按照招标文件和中标人的投标文件订立合同的，或者招标人、中标人订立背离合同实质性内容的协议的，责令改正；可以处中标项目金额千分之五以上千分之十以下的罚款。

第7板块
工程质量安全相关法律实务

导 读

小芳上班到现在已经快一年了，经过了辛苦的招投标，AAA房地产开发有限责任公司在重庆江北区的"AAA城市花园"高档住宅小区项目已经进入了施工阶段。眼下，质量和安全是最重要的关键词。小芳原以为工程由施工方负责，自己就可以高枕无忧了，可是她错了。"楼倒倒、楼脆脆"等一系列案件，让开发商对工程质量安全不敢怠慢。因此，小芳依然有很多事情要处理。一个字，还是"忙"！

在这一板块中，各位读者要特别注意：

（1）工程质量安全的法律强制规定。

（2）与工程质量安全相关的法律责任。

（3）一旦发生纠纷，各方当事人私了协议的法律效力。

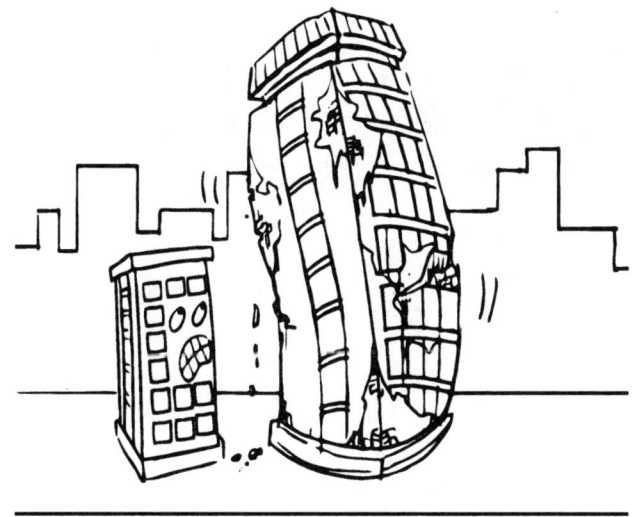

实训任务

【1】 2006年8月,梅都公司委托众欣公司承建上海"××河畔景苑"项目,光启公司是工程监理单位。施工期间,梅都公司法定代表人张××(另案处理)指派秦××任"××河畔景苑"项目负责人;张××指派夏××任施工现场安全、防火工作负责人,指派陆××任二标段项目经理;光启公司指派乔××任××河畔景苑的工程总监理。

2008年11月,秦××接受张××指令,将该项目的地下车库分包给不具备开挖土方资质的张耀×进行开挖。为便于土方回填及绿化用土,秦××及张××指使张耀×将其中的12号地下车库开挖出的土方堆放在7号楼北侧等处。去年6月,秦××及张××为赶工程进度,在未进行天然地基承载力计算的情况下,仍指使张耀×开挖该项目0号地下车库的土方,并将土方继续堆放在7号楼北侧等处,堆高最高达10米。

2009年6月27日5时许,"××河畔景苑"7号楼整体倒塌,造成1名作业人员逃生不及,被压窒息死亡。经专家组认定,7号楼倾倒的主要原因是紧贴7号楼北侧在短期内堆土过高,最高处达10米左右,与此同时紧邻大楼南侧的地下车库基坑正在开挖,开挖深度4.6米,大楼两侧压力差使土体发生水平位移,过大的水平力超过桩基的抗侧能力,导致房屋倾倒。

通过上述资料,① 请用方框图表示此工程项目参与各方的法律关系;② 分析此事故由哪些单位与个人承担什么法律责任(并模拟向领导汇报)。

【2】 施工过程中,噪声、尘土影响了我(住在工地附近的小区)的休息,我如何维护自己的合法权益?

【3】 施工现场没有放置安全警示牌,小张不慎因此摔伤,小张该告谁?

【4】 某工地发生安全事故,导致工人小王受重伤。施工单位以"20万"与小王达成私了协议。现在小王还需要大量后续医疗费,问小王是否可以主张私了协议无效?

7.1 工程质量相关法律实务

一、建设工程质量管理

(一)建设工程质量管理概述

1. 工程质量监督管理制度

建设工程质量必须实行政府监督管理。政府对工程质量的监督管理主要以保证工程使用安全和环境质量为主要目的,以法律、法规和强制性标准为依据,以地基基础、主体结构、环境质量和与此有关的工程建设各方主体的质量行为为主要内容,以施工许可制度和竣工验收备案制度为主要手段。

2. 工程竣工验收备案制度

《建设工程质量管理条例》确立了建设工程竣工验收备案制度。该项制度是加强政府监督管理,防止不合格工程流向社会的一个重要手段。结合《建设工程质量管理条例》和《房屋建筑工程和市政基础设施工程竣工验收备案管理暂行办法》(2000年4月4日建设部令第78号发布)的有关规定,建设单位应当在工程竣工验收合格后的15天内到县级以上人民政府建设行政主管部门或其他有关部门备案。建设单位办理工程竣工验收备案应提交以下材料:

(1)工程竣工验收备案表。

(2)工程竣工验收报告:竣工验收报告应当包括工程报建日期,施工许可证号,施工图设计文件审查意见,勘察、设计、施工、工程监理等单位分别签署的质量合格文件及验收人员签署的竣工验收原始文件,市政基础设施的有关质量检测和功能性试验资料以及备案机关认为需要提供的有关资料。

(3)法律、行政法规规定应当由规划、公安消防、环保等部门出具的认可文件或者准许使用文件。

(4)施工单位签署的工程质量保修书。

(5)法规、规章规定必须提供的其他文件。

(6)商品住宅还应当提交《住宅质量保证书》和《住宅使用说明书》。

建设行政主管部门或其他有关部门收到建设单位的竣工验收备案文件后,依据质量监督机构的监督报告,发现建设单位在竣工验收过程中有违反国家有关建设工程质量管理规定行为的,责令停止使用,重新组织竣工验收后,再办理竣工验收备案。建设单位有下列违法行为的,要按照有关规定予以行政处罚:

① 在工程竣工验收合格之日起 15 天内未办理工程竣工验收备案。
② 在重新组织竣工验收前擅自使用工程。
③ 采用虚假证明文件办理竣工验收备案。

3. 工程质量事故报告制度

建设工程发生质量事故后，有关单位应当在 24 小时内向当地建设行政主管部门和其他有关部门报告。对重大质量事故，事故发生地的建设行政主管部门和其他有关部门应当按照事故类别和等级向当地人民政府和上级建设行政主管部门及其他有关部门报告。

4. 工程质量检举、控告、投诉制度

《建筑法》与《建设工程质量管理条例》均明确规定，任何单位和个人对建设工程的质量事故、质量缺陷都有权检举、控告、投诉。工程质量检举、控告、投诉制度是为了更好地发挥群众监督和社会舆论监督的作用，是保证建设工程质量的一项有效措施。

（二）建设单位的质量责任和义务

《建设工程质量管理条例》第二章明确了建设单位的质量责任和义务。
（1）建设单位应当将工程发包给具有相应资质等级的单位，不得将工程肢解发包。
（2）建设单位应当依法对工程建设项目的勘察、设计、施工、监理以及与工程建设有关的重要设备、材料等的采购进行招标。
（3）建设单位不得对承包单位的建设活动进行不合理干预。
（4）施工图设计文件未经审查批准的，建设单位不得使用。
（5）对必须实行监理的工程，建设单位应当委托具有相应资质等级的工程监理单位进行监理。
（6）建设单位在领取施工许可证或者开工报告之前，应当按照国家有关规定办理工程质量监督手续。
（7）涉及建筑主体和承重结构变动的装修工程，建设单位要有设计方案。
（8）建设单位应按照国家有关规定组织竣工验收，建设工程验收合格的，方可交付使用。

（三）勘察、设计单位的质量责任和义务

《建设工程质量管理条例》第三章明确了勘察、设计单位的质量责任和义务。
（1）勘察、设计单位应当依法取得相应资质等级的证书，并在其资质等级许可的范围内承揽工程，不得转包或违法分包所承揽的工程。
（2）勘察、设计单位必须按照工程建设强制性标准进行勘察、设计，注册执业人员应当在设计文件上签字，对设计文件负责。
（3）设计单位应当根据勘察成果文件进行建设工程设计。
（4）除有特殊要求的建筑材料、专用设备、工艺生产线等外，设计单位不得指定生产厂、供应商。

（四）施工单位的质量责任和义务

《建设工程质量管理条例》第四章明确了施工单位的质量责任和义务。

（1）施工单位应当依法取得相应资质等级的证书，并在其资质等级许可的范围内承揽工程。

（2）施工单位不得转包或违法分包工程。

（3）总承包单位与分包单位对分包工程的质量承担连带责任。

（4）施工单位必须按照工程设计图纸和施工技术标准施工，不得擅自修改工程设计，不得偷工减料。

（5）施工单位必须按照工程设计要求、施工技术标准和合同约定，对建筑材料、建筑构配件、设备和商品混凝土进行检验，未经检验或检验不合格的，不得使用。

（6）施工人员对涉及结构安全的试块、试件以及有关材料，应在建设单位或工程监理单位监督下现场取样，并送具有相应资质等级的质量检测单位进行检测。

（7）建设工程实行质量保修制度，承包单位应履行保修义务。

（五）工程监理企业的质量责任和义务

《建设工程质量管理条例》第五章明确了工程监理单位的质量责任和义务。

（1）工程监理企业应当依法取得相应资质等级的证书，并在其资质等级许可的范围内承担工程监理业务，不得转让工程监理业务。

（2）工程监理企业不得与被监理工程的施工承包单位以及建筑材料、建筑构配件和设备供应单位有隶属关系或者其他利害关系。

（3）工程监理企业应当依照法律、法规以及有关技术标准、设计文件和建设工程承包合同，代表建设单位对施工质量实施监理，并对施工质量承担监理责任。

（六）工程质量保修

建设工程质量保修制度是指建设工程在办理竣工验收手续后，在规定的保修期限内，因勘察、设计、施工、材料等原因造成的质量缺陷，应当由施工承包单位负责维修、返工或更换，由责任单位负责赔偿损失，建设工程实行质量保修制度是落实建设工程质量责任的重要措施。《建筑法》、《建设工程质量管理条例》、《房屋建筑工程质量保修办法》（自2000年6月30日建设部令第80号发布）对该项制度的规定主要有以下几方面内容。

（1）建设工程承包单位在向建设单位提交竣工验收报告时，应当向建设单位出具质量保修书。质量保修书中应当明确建设工程的保修范围、保修期限和保修责任等。保修范围和正常使用条件下的最低保修期限为：

① 基础设施工程、房屋建筑的地基基础工程和主体结构工程，为设计文件规定的该工程的合理使用年限。

② 屋面防水工程、有防水要求的卫生间、房间和外墙面的防渗漏，为5年。

③ 供热与供冷系统，为2个采暖期、供冷期。

④ 电气管线、给排水管道、设备安装和装修工程，为2年。

其他项目的保修期限由发包方与承包方约定。建设工程的保修期，自竣工验收合格之日起计算。因使用不当或者第三方造成的质量缺陷,以及不可抗力造成的质量缺陷,不属于法律规定的保修范围。

(2)建设工程在保修范围和保修期限内发生质量问题的,施工单位应当履行保修义务,并对造成的损失承担赔偿责任。

对在保修期限内和保修范围内发生的质量问题,一般应先由建设单位组织勘察、设计、施工等单位分析质量问题的原因,确定维修方案,由施工单位负责维修,但当问题较严重复杂时,不管是什么原因造成的,只要是在保修范围内,均先由施工单位履行保修义务,不得推诿扯皮。对于保修费用,则由质量缺陷的责任方承担。

案例分析

> 案情简介:2004年,中建系统某公司与上海某公司就某商业大厦的建设签订总承包合同,并由某境外建筑设计公司担任建筑设计和施工管理工作。2005年11月,在该商业大厦工程完工后验收时,虽然该工程通过了当地质量监督部门的验收,但发包人发现多项缺陷部位和需整改项目,因此没有直接核发竣工证明,而是要求承包商予以修缮和尽快完工。此后,2006年3月12日,建筑设计公司才向承包商发出"实际竣工证明书",确认实际竣工期是2005年11月16日,保修期为1年,至2006年11月15日止。同时指出,未完善的项目应按期进行修缮,未调试的系统自系统测试通过之日起计算保修期。
>
> 2006年5月,发包人与承包人达成最终结算书,确认工程总价款,发包人未按期履约。2006年12月20日,承包人以欠付工程款为由向法院起诉,发包人则以承包人质量缺陷造成的违约损失、租金损失、修复工作的费用以及其他费用提出反诉。本案起诉中的工程欠款,在司法鉴定后双方质证没有什么分歧,但是对本案的反诉则存在较大的争议。
>
> 争议焦点
>
> 1. 本案工程约定的保修期是否有效?
> 2. 保修期内所发生的质量缺陷的责任承担?
> 3. 保修期届满后对于质量缺陷责任如何承担?
>
> 简要评析
>
> 1. 本案工程质量保修期的约定是部分有效
>
> 争议双方约定建设工程保修期时,只能高于法律规定的标准,不能低于法律规定的标准。对此,本案双方的协议没有全部遵守法律的规定,对法律有明确规定的保修期限的部位,按法律规定的保修期,对法律没有明确规定保修期的部位,则按双方约定的保修期。设计文件所规定的该工程的合理使用年限一般是指建筑物的设计单位按设计的建筑物的地基基础和主体结构形式、施工方式和工艺等技术条件所确定的保证该建筑物正常使用的最低年限。
>
> 法律规定,无论是法定的保修期,还是约定的保修期,保修期起算时间均自建设工程竣工验收合格之日起计算。
>
> 2. 保修期内的质量缺陷的责任遵循"各负其责"的原则
>
> 由此可见,对于在保修期内发现的质量缺陷,施工单位首先有责任进行维修,而后确认缺陷的责任方并追究其责任。
>
> 3. 保修期届满后因工程质量造成损害可提出侵权赔偿的要求

> 《建设工程质量管理条例》没有对保修期届满后质量缺陷的赔偿责任应如何承担作出相应的规定，但是，《建筑法》第八十条规定："在建筑物的合理使用寿命内，因建筑工程质量不合格受到损害的，有权向责任者要求赔偿。"根据该条款的规定，不是所有的在保修期后出现的质量缺陷都可以要求赔偿，只有存在"损害"的质量缺陷才可能要求赔偿。即是基于侵权责任要求责任人承担赔偿义务。
>
> 而侵权责任必须具备四个必要条件：损害事实的客观存在；行为的违法性，即违反了强制性的法律规定；违法行为和损害事实之间的因果必然关系；行为人的过错。
>
> 因此保修期届满后对于质量缺陷责任的承担，必须证明这四个要件全部存在。若不能证明存在侵权行为，则不能就保修期届满后出现的质量缺陷要求责任方承担赔偿责任。

二、建设工程质量的监督管理

（一）工程质量监督管理部门

1. 建设行政主管部门及有关专业部门

我国实行国务院建设行政主管部门统一监督管理。各专业部门按照国务院确定的职责分别对其管理范围内的专业工程进行监督管理。

县级以上人民政府建设行政主管部门在本行政区域内实行建设工程质量监督管理，专业部门按其职责对本专业建设工程质量实行监督管理。

2. 国家发展与改革委员会

国务院发展计划部门按照国务院规定的职责，组织稽察特派员，对国家出资的重大建设项目实施监督检查。

国务院经济贸易主管部门按照国务院规定的职责，对国家重大技术改造项目实施监督检查。

3. 工程质量监督机构

根据《建设工程质量管理条例》第46条规定："建设工程质量监督管理，可以由建设行政主管部门或者其他有关部门委托的建设工程质量监督机构具体实施。"

从事房屋建筑工程和市政基础设施工程质量监督的机构，必须按照国家有关规定经国务院建设行政主管部门或者省、自治区、直辖市人民政府建设行政主管部门考核；从事专业建设工程质量监督的机构，必须按照国家有关规定经国务院有关部门或者省、自治区、直辖市人民政府有关部门考核。经考核合格后，方可实施质量监督。

（二）工程质量监督管理职责

1. 国务院建设行政主管部门的基本职责

国务院建设行政主管部门和国务院铁路、交通、水利等有关部门应当加强对有关建设工程质量的法律、法规和强制性标准执行情况的监督检查。

2. 县级以上地方人民政府建设行政主管部门的基本职责

县级以上地方人民政府建设行政主管部门和其他有关部门应当加强对有关建设工程质量的法律、法规和强制性标准执行情况的监督检查。

3. 工程质量监督机构的基本职责

（1）办理建设单位工程建设项目报监手续，收取监督费。

（2）依照国家有关法律、法规和工程建设强制性标准，对建设工程的地基基础、主体结构及相关的建筑材料、构配件、商品混凝土的质量进行检查。

（3）对于被检查实体质量有关的工程建设参与各方主体的质量行为及工程质量文件进行检查，发现工程质量问题时，有权采取局部暂停施工等强制性措施，直到问题得到改正。

（4）对建设单位组织的竣工验收程序实施监督，察看其验收程序是否合法，资料是否齐全，实体质量是否存有严重缺陷。

（5）工程竣工后，应向委托的政府有关部门报送工程质量监督报告。

（6）对需要实施行政处罚的，报告委托的政府部门进行行政处罚。

三、工程建设标准

（一）工程建设标准的概念

工程建设标准是指建设工程设计、施工方法和安全保护的统一的技术要求及有关工程建设的技术术语、符号、代号、制图方法的一般原则。

（二）工程建设标准的划分

1. 根据标准的约束性划分

1）强制性标准

保障人体健康、人身财产安全的标准和法律、行政性法规规定强制性执行的国家和行业标准是强制性标准；省、自治区、直辖市标准化行政主管部门制定的工业产品的安全、卫生要求的地方标准在本行政区域内是强制性标准。

对工程建设业来说，下列标准属于强制性标准：① 工程建设勘察、规划、设计、施工（包括安装）及验收等通用的综合标准和重要的通用的质量标准；② 工程建设通用的有关安全、卫生和环境保护的标准；③ 工程建设重要的术语、符号、代号、计量与单位、建筑模数和制图方法标准；④ 工程建设重要的通用的试验、检验和评定等标准；⑤ 工程建设重要的通用的信息技术标准；⑥ 国家需要控制的其他工程建设通用的标准。

2）推荐性标准

其他非强制性的国家和行业标准是推荐性标准。推荐性标准国家鼓励企业自愿采用。

2. 根据内容划分

1）设计标准

设计标准是指从事工程设计所依据的技术文件。

2）施工及验收标准

施工标准是指施工操作程序及其技术要求的标准。验收标准是指检验、接收竣工工程项目的规程、办法与标准。

3）建设定额

建设定额是指国家规定的消耗在单位建筑产品上活劳动和物化劳动的数量标准，以及用货币表现的某些必要费用的额度。

3. 按属性分类

1）技术标准

技术标准是指对标准化领域中需要协调统一的技术事项所制定的标准。

2）管理标准

管理标准是指对标准化领域中需要协调统一的管理事项所制定的标准。

3）工作标准

工作标准是指对标准化领域中需要协调统一的工作事项所制定的标准。

4. 我国标准的分级

1）国家标准

国家标准是对需要在全国范围内统一的技术要求制定的标准。

2）行业标准

行业标准是对没有国家标准而又需要在全国某个行业范围内统一的技术要求所制定的标准。

3）地方标准

地方标准是对没有国家标准和行业标准而又需要在该地区范围内统一的技术要求所制定的标准。

4）企业标准

企业标准是对企业范围内需要协调、统一的技术要求、管理事项和工作事项所制定的标准。

7.2 工程安全相关法律实务

一、工程安全基本制度

（一）生产经营单位保障安全生产的必备条件

生产经营单位应当具备《安全生产法》和有关法律、行政法规和国家标准或者行业标准规定的安全生产条件才能从事生产经营活动。

（二）生产经营单位主要负责人的安全生产职责

（1）建立、健全本单位安全生产责任制。
（2）组织制定本单位安全生产规章制度和操作规程。
（3）保证本单位安全生产投入的有效实施。
（4）督促、检查本单位的安全生产工作，及时消除生产安全事故隐患。
（5）组织制定并实施本单位的生产安全事故应急救援预案。
（6）及时、如实报告生产安全事故。

（三）生产经营单位安全生产的基本要求

1. 生产经营单位安全生产投入

（1）生产经营单位应当具备安全生产条件所必需的资金投入。
（2）矿山、建筑施工单位和危险物品的生产、经营、储存单位，应当设置安全生产管理机构或者配备专职安全生产管理人员。
（3）生产经营单位应当安排用于配备劳动防护用品、进行安全生产培训的经费。
（4）生产经营单位必须依法参加工伤社会保险，为从业人员缴纳保险费。

2. 生产经营单位安全培训

（1）危险物品的生产、经营、储存单位以及矿山、建筑施工单位的主要负责人和安全生产管理人员，应当由有关主管部门对其安全生产知识和管理能力考核合格后方可任职。
（2）生产经营单位的主要负责人和安全生产管理人员必须具备与本单位所从事的生产经营活动相应的安全生产知识和管理能力。
（3）生产经营单位应当对从业人员进行安全生产教育和培训，保证从业人员具备必要的安全生产知识，熟悉有关的安全生产规章制度和安全操作规程，掌握本岗位的安全操作技能。未经安全生产教育和培训合格的从业人员，不得上岗作业。
（4）生产经营单位采用新工艺、新技术、新材料或者使用新设备，必须了解、掌握其安全技术特性，采取有效的安全防护措施，并对从业人员进行专门的安全生产教育和培训。

（5）生产经营单位的特种作业人员必须按照国家有关规定经专门的安全作业培训，取得特种作业操作资格证书，方可上岗作业。

（6）特种作业人员的范围由国务院负责安全生产监督管理的部门会同国务院有关部门确定。

（7）生产经营单位应当教育和督促从业人员严格执行本单位的安全生产规章制度和安全操作规程；并向从业人员如实告知作业场所和工作岗位存在的危险因素、防范措施以及事故应急措施。

（8）生产经营单位必须为从业人员提供符合国家标准或者行业标准的劳动防护用品，并监督、教育从业人员按照使用规则佩戴、使用。

3. 安全生产"三同时"制度

（1）生产经营单位新建、改建、扩建工程项目（以下统称建设项目）的安全设施，必须与主体工程同时设计、同时施工、同时投入生产和使用。安全设施投资应当纳入建设项目概算。

（2）矿山建设项目和用于生产、储存危险物品的建设项目，应当分别按照国家有关规定进行安全条件论证和安全评价。

（3）建设项目安全设施的设计人、设计单位应当对安全设施设计负责。

（4）矿山建设项目和用于生产、储存危险物品的建设项目的安全设施设计应当按照国家有关规定报经有关部门审查，审查部门及其负责审查的人员对审查结果负责。

（5）矿山建设项目和用于生产、储存危险物品的建设项目的施工单位必须按照批准的安全设施设计施工，并对安全设施的工程质量负责。

（6）矿山建设项目和用于生产、储存危险物品的建设项目竣工投入生产或者使用前，必须依照有关法律、行政法规的规定对安全设施进行验收；验收合格后，方可投入生产和使用。验收部门及其验收人员对验收结果负责。

4. 安全生产规程

（1）生产经营单位应当在有较大危险因素的生产经营场所和有关设施、设备上，设置明显的安全警示标志。

（2）安全设备的设计、制造、安装、使用、检测、维修、改造和报废，应当符合国家标准或者行业标准。

（3）生产经营单位必须对安全设备进行经常性维护、保养，并定期检测，保证正常运转。维护、保养、检测应当做好记录，并由有关人员签字。

（4）生产经营单位使用的涉及生命安全、危险性较大的特种设备，以及危险物品的容器、运输工具，必须按照国家有关规定，由专业生产单位生产，并经取得专业资质的检测、检验机构检测、检验合格，取得安全使用证或者安全标志，方可投入使用。检测、检验机构对检测、检验结果负责。

（5）涉及生命安全、危险性较大的特种设备的目录由国务院负责特种设备安全监督管理的部门制定，报国务院批准后执行。

（6）生产经营单位不得使用国家明令淘汰、禁止使用的危及生产安全的工艺、设备。

（7）生产、经营、运输、储存、使用危险物品或者处置废弃危险物品的，由有关主管部门依照有关法律、法规的规定和国家标准或者行业标准审批并实施监督管理。

（8）生产经营单位生产、经营、运输、储存、使用危险物品或者处置废弃危险物品，必须执行有关法律、法规和国家标准或者行业标准，建立专门的安全管理制度，采取可靠的安全措施，接受有关主管部门依法实施的监督管理。

（9）生产经营单位对重大危险源应当登记建档，进行定期检测、评估、监控，并制订应急预案，告知从业人员和相关人员在紧急情况下应当采取的应急措施。

（10）生产经营单位应当按照国家有关规定将本单位重大危险源及有关安全措施、应急措施报有关地方人民政府负责安全生产监督管理的部门和有关部门备案。

① 生产、经营、储存、使用危险物品的车间、商店、仓库不得与员工宿舍在同一座建筑物内，并应当与员工宿舍保持安全距离。

② 生产经营场所和员工宿舍应当设有符合紧急疏散要求、标志明显、保持畅通的出口。禁止封闭、堵塞生产经营场所或者员工宿舍的出口。

③ 生产经营单位进行爆破、吊装等危险作业，应当安排专门人员进行现场安全管理，确保操作规程的遵守和安全措施的落实。

二、建设单位安全生产的责任和义务

（一）应当向施工单位提供有关资料

《建设工程安全生产管理条例》第6条规定，建设单位应当向施工单位提供施工现场及毗邻区域内供水、排水、供电、供气、供热、通信、广播电视等地下管线资料，气象和水文观测资料，相邻建筑物和构筑物、地下工程的有关资料，并保证资料的真实、准确、完整。

建设单位因建设工程需要，向有关部门或者单位查询前款规定的资料时，有关部门或者单位应当及时提供。

（二）不得向有关单位提出影响安全生产的违法要求

《建设工程安全生产管理条例》第7条规定，建设单位不得对勘察、设计、施工、工程监理等单位提出不符合建设工程安全生产法律、法规和强制性标准规定的要求，不得压缩合同约定的工期。

（三）应当保证安全生产投入

《建设工程安全生产管理条例》第8条规定，建设单位在编制工程概算时，应当确定建设工程安全作业环境及安全施工措施所需费用。

（四）不得明示或暗示施工单位使用不符合安全施工要求的物资

《建设工程安全生产管理条例》第9条规定，建设单位不得明示或者暗示施工单位购买、租赁、使用不符合安全施工要求的安全防护用具、机械设备、施工机具及配件、消防设施和器材。

（五）办理施工许可证或开工报告时应当报送安全施工措施

《建设工程安全生产管理条例》第10条规定，建设单位在申请领取施工许可证时，应当提供建设工程有关安全施工措施的资料。

依法批准开工报告的建设工程，建设单位应当自开工报告批准之日起15日内，将保证安全施工的措施报送建设工程所在地的县级以上人民政府建设行政主管部门或者其他有关部门备案。

（六）应当将拆除工程发包给具有相应资质的施工单位

《建设工程安全生产管理条例》第11条规定，建设单位应当将拆除工程发包给具有相应资质等级的施工单位。

建设单位应当在拆除工程施工15日前，将下列资料报送建设工程所在地的县级以上地方人民政府主管部门或者其他有关部门备案。

（1）施工单位资质等级证明。
（2）拆除建筑物、构筑物及可能危及毗邻建筑的说明。
（3）拆除施工组织方案。
（4）放、清除废弃物的措施。

实施爆破作业的，还应当遵守国家有关民用爆炸物品管理的规定。根据《民用爆炸物品管理条例》第27条的规定，使用爆破器材的建设单位，必须经上级主管部门审查同意，并持说明使用爆破器材的地点、品名、数量、用途、四邻距离的文件和安全操作规程，向所在地县、市公安局申请领取《爆炸物品使用许可证》，方准使用。根据《民用爆炸物品管理条例》第30条的规定，进行大型爆破作业，或在城镇与其他居民聚居的地方、风景名胜区和重要工程设施附近进行控制爆破作业，施工单位必须事先将爆破作业方案，报县、市以上主管部门批准，并征得所在地县、市公安局同意，方准爆破作业。

三、勘察设计、施工、监理单位的安全生产责任与义务

（一）勘察单位的安全责任

根据《建设工程安全生产管理条例》第12条的规定，勘察单位的安全责任包括：
（1）勘察单位应当按照法律、法规和工程建设强制性标准进行勘察，提供的勘察文件应当真实、准确，满足建设工程安全生产的需要。
（2）勘察单位在勘察作业时，应当严格按照操作规程，采取措施保证各类管线、设施和周边建筑物、构筑物的安全。

（二）设计单位的安全责任

（1）设计单位应当按照法律、法规和工程建设强制性标准进行设计，防止因设计不合理导致安全生产事故的发生。

（2）设计单位应当考虑施工安全操作和防护的需要，对涉及施工安全的重点部位和环节在设计文件中注明，并对防范安全生产事故提出指导意见。

（3）采用新结构、新材料、新工艺的建设工程和特殊结构的建设工程，设计单位应当在设计中提出保障施工作业人员安全和预防生产安全事故的措施建议。

（4）设计单位和注册建筑师等注册执业人员应当对其设计负责。

（三）施工单位的安全责任

1. 施工单位应当具备的安全生产资质条件

《建设工程安全生产管理条例》第 20 条规定，施工单位从事建设工程的新建、扩建和拆除等活动，应当具备国家规定的注册资本、专业技术人员、技术装备和安全生产等条件，依法取得相应等级的资质证书，并在其资质等级许可的范围内承揽工程。

2. 总承包单位与分包单位安全责任的划分

《建设工程安全生产管理条例》第 24 条规定，建设工程实行施工总承包的、由总承包单位对施工现场的安全生产负总责。

总承包单位应当自行完成建设工程主体结构的施工。

总承包单位依法将建设工程分包给其他单位的，分包合同中应当明确各自的安全生产方面的权利、义务。总承包单位和分包单位对分包工程的安全生产承担连带责任。

分包单位应当接受总承包单位的安全生产管理，分包单位不服从管理导致生产安全事故的，由分包单位承担主要责任。

3. 施工单位安全生产责任制度

《建设工程安全生产管理条例》第 21 条规定，施工单位主要负责人依法对本单位的安全生产工作全面负责。施工单位应当建立健全安全生产责任制度和安全生产教育培训制度，制定安全生产规章制度和操作规程，保证本单位安全生产条件所需资金的投入，对所承担建设工程进行定期和专项安全检查，并做好安全检查记录。

施工单位的项目负责人应当由取得相应执业资格的人员担任，对建设工程项目的安全施工负责，落实安全生产责任制度、安全生产规章制度和操作规程，确保安全生产费用的有效使用，并根据工程的特点组织制定安全施工措施，消除安全事故隐患，及时、如实报告生产安全事故。

4. 施工单位安全生产基本保障措施

1）安全生产费用应当专款专用

《建设工程安全生产管理条例》第 22 条规定，施工单位对列入建设工程概算的安全作业环境及安全施工措施所需费用，应当用于施工安全防护用具及设施的采购和更新、安全施工措施的落实、安全生产条件的改善，不得挪做他用。

2）安全生产管理机构及人员的设置

《建设工程安全生产管理条例》第 23 条规定，施工单位应当设立安全生产管理机构，配备专职安全生产管理人员。

专职安全生产管理人员负责对安全生产进行现场监督检查。发现安全事故隐患，应当及时向项目负责人和安全生产管理机构报告；对违章指挥、违章操作的，应当立即制止。

3）编制安全技术措施及专项施工方案的规定

《建设工程安全生产管理条例》第 26 条规定，施工单位应当在施工组织设计中编制安全技术措施和施工现场临时用电方案，对下列达到一定规模的危险性较大的分部分项工程编制专项施工方案，并附具安全验算结果，经施工单位技术负责人、总监理工程师签字后实施，由专职安全生产管理人员进行现场监督：

（1）基坑支护与降水工程。

（2）土方开挖工程。

（3）模板工程。

（4）起重吊装工程。

（5）脚手架工程。

（6）拆除、爆破工程。

（7）国务院建设行政主管部门或者其他有关部门规定的其他危险性较大的工程。

对上述工程中涉及深基坑、地下暗挖工程、高大模板工程的专项施工方案，施工单位还应当组织专家进行论证、审查。

施工单位还应当根据施工阶段和周围环境及季节、气候的变化，在施工现场采取相应的安全施工措施。施工现场暂时停止施工的，施工单位应当做好现场防护，所需费用由责任方承担，或按照合同约定执行。

4）对安全施工技术要求的交底

《建设工程安全生产管理条例》第 27 条规定，建设工程施工前，施工单位负责项目管理的技术人员应当对有关安全施工的技术要求向施工作业班组、作业人员做出详细说明，并由双方签字确认。

5）危险部位安全警示标志的设置

《建设工程安全生产管理条例》第 28 条规定，施工单位应当在施工现场入口处、施工起重机械、临时用电设施、脚手架、出入通道口、楼梯口、电梯井口、孔洞口、桥梁口、隧道口、基坑边沿、爆破物及有害危险气体和液体存放处等危险部位，设置明显的安全警示标志。安全警示标志必须符合国家标准。

6）对施工现场生活区、作业环境的要求

《建设工程安全生产管理条例》第 29 条规定：施工单位应当将施工现场的办公、生活区与作业区分开设置，并保持安全距离；办公、生活区的选址应当符合安全性要求。职工的膳食、饮水、休息场所等应当符合卫生标准。施工单位不得在尚未竣工的建筑物内设置员工集体宿舍。

7）环境污染防护措施

《建设工程安全生产管理条例》第30条规定，施工单位因建设工程施工可能造成损害的毗邻建筑物、构筑物和地下管线等，应当采取专项保护措施。施工单位应当遵守有关环境保护法律、法规的规定，在施工现场采取措施，防止或减少粉尘、废气、废水、固体废物、噪声、振动和施工照明对人和环境的危害和污染。

8）消防安全保障措施

消防安全是建设工程安全生产管理的重要组成部分，是施工单位现场安全生产管理的工作重点之一。《建设工程安全生产管理条例》第31条规定，施工单位应当在施工现场建立消防安全责任制度，确定消防安全责任人，制定用火、用电、使用易燃易爆材料等各项消防安全管理制度和操作规程，设置消防通道、消防水源，配备消防设施和灭火器材，并在施工现场入口处设置明显标志。

9）劳动安全管理规定

《建设工程安全生产管理条例》第32条规定，施工单位应当向作业人员提供安全防护用具和安全防护服装，并书面告知危险岗位的操作规程和违章操作的危害。

作业人员有权对施工现场的作业条件、作业程序和作业方式中存在的安全问题提出批评、检举和控告，有权拒绝违章指挥和强令冒险作业。

在施工中发生危及人身安全的紧急情况时，作业人员有权立即停止作业或者在采取必要的应急措施后撤离危险区域。

《建设工程安全生产管理条例》第33条规定，作业人员应当遵守安全施工的强制性标准、规章制度和操作规程，正确使用安全防护用具、机械设备等。

《建设工程安全生产管理条例》第38条规定，施工单位应当为施工现场从事危险作业的人员办理意外伤害保险。

意外伤害保险费由施工单位支付。实行施工总承包的，由总承包单位支付意外伤害保险费。意外伤害保险期限自建设工程开工之日起至竣工验收合格止。

（四）工程监理企业安全责任

1. 安全技术措施及专项施工方案审查义务

《建设工程安全生产管理条例》第14条第1款规定，工程监理单位应当审查施工组织设计中的安全技术措施或者专项施工方案是否符合工程建设强制性标准。

2. 安全生产事故隐患报告义务

《建设工程安全生产管理条例》第14条第2款规定：工程监理单位在实施监理过程中，发现存在安全事故隐患的，应当要求施工单位整改；情况严重的，应当要求施工单位暂时停止施工，并及时报告建设单位。施工单位拒不整改或者不停止施工的，工程监理单位应当及时向有关主管部门报告。

3. 应当承担监理责任

工程监理单位和监理工程师应当按照法律、法规和工程建设强制性标准实施监理，并对建设工程安全生产承担监理责任。

四、工程从业人员的权利和义务

（一）工程从业人员的权利

（1）知情权，即有权了解其作业场所和工作岗位存在的危险因素、防范措施和事故应急措施。

（2）建议权，即有权对本单位的安全生产工作提出建议。

（3）批评权和检举、控告权，即有权对本单位安全生产管理工作中存在的问题提出批评、检举、控告。

（4）拒绝权，即有权拒绝违章作业指挥和强令冒险作业。

（5）紧急避险权，即发现直接危及人身安全的紧急情况时，有权停止作业或者在采取可能的应急措施后撤离作业场所。

（6）依法向本单位提出要求赔偿的权利。

（7）获得符合国家标准或者行业标准劳动防护用品的权利。

（8）获得安全生产教育和培训的权利。

（二）工程从业人员的义务

（1）自律遵规的义务，即从业人员在作业过程中，应当遵守本单位的安全生产规章制度和操作规程，服从管理，正确佩戴和使用劳动防护用品。

（2）自觉学习安全生产知识的义务，要求掌握本职工作所需的安全生产知识，提高安全生产技能，增强事故预防和应急处理能力。

（3）危险报告义务，即发现事故隐患或者其他不安全因素时，应当立即向现场安全生产管理人员或者本单位负责人报告。

五、工程安全的监督管理

（一）工程安全的四种监督方式

（1）工会民主监督，即工会有权对建设项目的安全设施与主体工程同时设计、同时施工、同时投入生产和使用的情况进行监督，提出意见。

（2）社会舆论监督，即新闻、出版、广播、电影、电视等单位有对违反安全生产法律、法规的行为进行舆论监督的权利。

（3）公众举报监督，即任何单位或者个人对事故隐患或者安全生产违法行为，均有权向负有安全生产监督管理职责的部门报告或者举报。

（4）社区报告监督，即居民委员会、村民委员会发现其所在区域内的生产经营单位存在事故隐患或者安全生产违法行为时，有权向当地人民政府或者有关部门报告。

（二）安全监督检查人员职权

（1）现场调查取证权，即安全生产监督检查人员可以进入生产经营单位进行现场调查，单位不得拒绝，有权向被检查单位调阅资料，向有关人员（负责人、管理人员、技术人员）了解情况。

（2）现场处理权，即对安全生产违法作业当场纠正权；对现场检查出的隐患，责令限期改正、停产停业或停止使用的职权；责令紧急避险权和依法行政处罚权。

（3）查封、扣押行政强制措施权，其对象是安全设施、设备、器材、仪表等；依据是不符合国家或行业安全标准；条件是必须按程序办事、有足够证据、经部门负责人批准、通知被查单位负责人到场、登记记录等，并必须在15日内作出决定。

（三）安全监督检查人员义务

（1）禁止以审查、验收的名义收取费用。
（2）禁止要求被审查、验收的单位购买指定产品。
（3）必须遵循忠于职守、坚持原则、秉公执法。
（4）监督检查时须出示有效的监督执法证件。
（5）对涉及被检查单位的技术秘密和业务秘密，应当为其保密。

六、安全生产事故的处理

（一）安全生产责任事故应急救援

（1）县级以上地方各级人民政府应当组织有关部门制定本行政区域内特大生产安全事故应急救援预案，建立应急救援体系。

（2）危险物品的生产、经营、储存单位以及矿山、建筑施工单位应当建立应急救援组织；生产经营规模较小，可以不建立应急救援组织的，应当指定兼职的应急救援人员。

（3）危险物品的生产、经营、储存单位以及矿山、建筑施工单位应当配备必要的应急救援器材、设备，并进行经常性维护、保养，保证正常运转。

（二）安全生产责任事故报告

（1）生产经营单位发生生产安全事故后，事故现场有关人员应当立即报告本单位负责人。

（2）有安全生产监督管理职责的部门接到事故报告后，应当立即按照国家有关规定上报事故情况。负有安全生产监督管理职责的部门和有关地方人民政府对事故情况不得隐瞒不报、谎报或者拖延不报。

（3）有关地方人民政府和负有安全生产监督管理职责部门的负责人接到重大生产安全事故报告后，应当立即赶到事故现场，组织事故抢救。

（三）安全生产责任事故调查处理

（1）事故调查处理应当按照实事求是、尊重科学的原则，及时、准确地查清事故原因，查明事故性质和责任，总结事故教训，提出整改措施，并对事故责任者提出处理意见。事故调查和处理的具体办法由国务院制定。

（2）生产经营单位发生生产安全事故，经调查确定为责任事故的，除了应当查明事故单位的责任并依法予以追究外，还应当查明对安全生产的有关事项负有审查批准和监督职责的行政部门的责任，对有失职、渎职行为的，追究法律责任。

（3）任何单位和个人不得阻挠和干涉对事故的依法调查处理。

（4）县级以上地方各级人民政府负责安全生产监督管理的部门应当定期统计分析本行政区域内发生生产安全事故的情况，并定期向社会公布。

案例分析讨论：新天地公司工程安全事故案

案情介绍：

2015年3月2日，某天地公司与耿某签订仪征新天地织物面料实业有限公司消防控制室工程施工协议，约定由耿某承揽某天地公司消防控制室建设工程，协议对工程总量、价格、付款方式及安全责任等事项进行了约定。2015年3月25日，耿某与赵某签订协议，约定耿某将上述工程木工部分包工包料给赵某，约定相关安全责任和付款参照耿某与某天地公司签订的施工协议。后赵某雇佣孔某等人在该处做工。2015年4月22日下午14时30分左右，孔某在某天地公司消防控制室一楼室内做工时，不慎从梯子上坠落受伤，后由其子孔某某送医治疗。事故发生后，赵某已给付医疗费6 000元。仪征新天地织物面料实业有限公司、耿某、赵某对于孔某所述的在某天地公司工地上做工时从高处跌落受伤均予以否认，但均未能提供相应证据证明。

争议焦点：

1. 各方当事人之间的法律关系应该如何认定？

2. 对于孔某的损失，孔某、耿某、赵某和某天地公司之间的责任如何划分？

法律评析：

1. 耿某承建某天地公司的消防控制室瓦工、钢筋工、水电工等工作，选择施工人员、商谈价格、购买建筑材料、结算工程价款等，主持了消防控制室修建的全部事宜，为总的承包人。耿某将消防控制室的木工部分包给了赵某。赵某系消防控制室的分包人。孔某系由赵某安排在工地做工，并与其结算报酬，赵某与孔某之间系接受劳务与提供劳务者的法律关系。

2. 公民的生命健康权受法律保护。孔某在施工过程中受到伤害，依法有权获得相应赔偿。赵某与孔某作为从事建筑行业的人员，理应负有安全注意义务。孔某作为完全民事行为能力人和经验丰富的工匠，其在高处作业时未采取安全保护措施，做工时亦未做到谨慎、注意，其对于自身的损害亦存在一定的过错，对其损失自行承担30%的责任。

赵某、耿某和某天地公司对孔某的剩余损失承担连带赔偿责任。《最高人民法院＜关于审理人身损害赔偿案件适用法律若干问题的解释＞》第十一条第一款规定"雇员在从事雇佣活动中遭受人身损害，雇主应当承担赔偿责任"，本案中，孔某系由赵某安排在工地做小工，并与其结算报酬，赵某与孔某之间形成雇佣关系，孔某在雇佣活动中受伤，作为雇主，赵某应当承担赔偿责任。该解释第十一条第二款规定："雇员在从事雇佣活动中因安全生产事故遭受人身损害，发包人、分包人知道或者应当知道接受发包或者分包业务的雇主没有相应资质或者安全生产条件的，应当与雇主承担连带赔偿责任。"本案中，某天地公司将消防控制室发包给耿某，系发包人。耿某承建某天地公司的消防控制室瓦工、钢筋工、水电工等工作，选择施工人员、商谈价格、购买建筑材料、结算工程价款等，主持了消防控制室修建的全部事宜，应认定为某天地公司厂房的总承包人。某天地公司、耿某与赵某对孔某的损失共同承担70%的连带赔偿责任。

第7板块资源

第8板块
工程造价相关法律实务

导 读

AAA 房地产开发有限责任公司在重庆江北区的"AAA 城市花园"高档住宅小区项目正在进行紧张的施工，目前遇到了一个问题就是：业主方由于资金周转问题，不能按时足额支付工程款，同时对已经进行的部分工程造价有疑义。小芳对工程造价这部分内容很陌生，也许大学时老师讲过？总之，她又得和读者一起，重新学习这部分相关内容。这一板块的内容，许多是工程造价的基础知识，对于工程造价专业的学生，可以略读（重点是实训内容）；但对于其他专业的学生而言，这部分内容是预防与解决相关法律纠纷的基础知识。

在这一板块中，各位读者要特别注意：

（1）造价的构成与计价方法。

（2）当事人对造价有争议时的解决方式。

（3）司法鉴定在造价中的应用。

实训任务

【1】 苏州某房地产有限公司（以下简称发包方）开发某住宅小区，建筑面积约10万平方米，2006年5月经过公开招标，确定由某建筑安装工程有限公司（以下简称承包方）中标，中标金额为12 000万元，并于2006年6月8日签订了一份《建设工程施工合同》，并到苏州市建设工程管理局进行了合同备案（以下称备案合同），合同约定由承包方承建施工图纸范围内的土建安装工程，质量要求合格，合同工期中开工日期为按开工报告，竣工日期为2008年3月30日，合同工期总日历天数为670天。下浮率为10.48%。合同关于合同价款及调整约定：采用可调价格合同，合同价款调整方法为双方另行协定，按协议条款执行。

另外双方又签订了施工补充协议，签订日期为2006年6月8日。补充协议对工程质量标准、合同工期、价款结算方式及下浮率等都作了重大变更。补充协议约定总工期为600天。并对各栋楼的开竣工日期作了详细的规定，如果达不到要求应进行罚款。质量要求也有了较大的变动，双方约定确保一幢评上苏州市"姑苏杯"奖，如果没有评上，扣罚50万元质量履约保证金。工程造价结算约定按承包方第二次投标土建工程计价一览表和水电工程计价一览表收取，没有列上的费率标准将来在结算时不予计入。信息价按照前80%施工期的月综合平均价计入。双方还约定对2006年5月15日后工程造价政策性文件的变动不作调整。协议中写明承包方同意按工程总造价下浮12.20%进行结算。

该工程于2006年9月开工，2008年9月通过竣工验收。双方在结算审核过程中发生了较大的分歧，2009年9月承包方将发包方诉至工程所在地中级法院，要求按备案合同的相关约定结算工程价款。

争议焦点

在鉴定过程中承发包双方站在各自的立场上，针对本工程的实际情况各抒己见，主要的争议焦点如下：

（1）造价鉴定原则。承包方认为应按照备案合同的相关条款进行造价鉴定；而发包方认为应按照补充协议进行鉴定。其中主要涉及人工工日单价、下浮率、材料价格等的确定。

（2）劳动保险费。承包方认为应按照苏州市的规定2.96%计取，而发包方认为应按照承包方的投标费率1.6%计取。

（3）4#、6#、7#房的基础底板混凝土中添加的外加剂。承包方认为应计算在造价内，而发包方认为不应计算在造价中。

【2】 浙江省某纺织厂与某建筑公司签订建设工程承包合同，合同约定该建筑公司负责施工建设，由纺织厂提供建筑设计图纸，合同对工期、质量、价款、结算等进行了约定。其中约定承包方式为包工包料，总价为2 967 800元，工程不预付工程款，屋面工程完工3天内付总价款的30%，工程验收5天内付总价款的20%，工程交付使用6个月后1周内付总价款的48%，其余2%作为工程保修金。嗣后，该纺织厂对工程图纸进行了修改，实际施工中，该工程的建筑面积从5 997平方米增加到6 680平方米。工程竣工结算时，双方对工程造价产生异议，起诉至浙江省某中级法院。

如果你是法官，如何判决？

8.1 工程造价基本知识

一、工程造价的含义

工程造价有工程投资费用和工程建造价格两种含义。

1. 建设项目总投资

从投资者（业主）角度来定义，工程造价是指建设一项工程预期开支或实际开支的全部固定资产投资费用，即完成一个工程项目所需费用的总和。

2. 工程建造价格

从市场交易角度来定义，是指工程价格，即为建成一项工程，预计或实际在土地市场、设备市场、技术劳务市场以及承发包市场等交易活动中所形成的建筑安装工程和建设工程总价格。

《价格法》对工程造价的市场定位根据《价格法》的有关条款，对价格的管理我国实行市场调节价、政府指导价和政府定价三种形式。市场调节价是由经营者自主制定，通过市场竞争形成的价格，市场调节价的定位主体是经营者，形成的途径是通过市场的竞争。建筑工程造价是通过招标投标的竞争手段，依据市场的调节而形成的价格，按《价格法》规定，应属于市场调节价。而目前我国大部分建筑工程的投资估算、概算、预算、工程标底和企业报价的编制和审批，通常都是按照各部门各地区发布的工程定额和相应的费用为基础开展的，评标、定标时中标价也是在接近标底的一定范围内确定的。这一做法，不能充分地体现市场的竞争，也不利于施工企业进行技术改造等。随着社会主义市场经济体制的深入发展，国家对投资体制深化改革措施的出台，这都意味着工程造价管理体制将随之发生重大的变化。今后工程造价要逐步由原来以国家发布的指令性定额定价转变为国家定额指导下，按企业个别成本确定报价，通过市场竞争在合同中确定工程造价的新计价模式。《价格法》的出台，规范了价格行为，发挥了价格合理配置资源的功效，解除了施工企业的价格束缚，为建立公正、有形的建筑市场，提高建筑技术和管理水平，发展建筑业提供了价格保障。

二、工程造价的计价特点

1. 单件性计价

建设工程是按照特定使用者的专门用途、在指定地点逐个建造的。每项建筑工程为适应不同使用要求，其面积和体积、造型和结构、装修与设备的标准及数量都会有所不同，而且特定地点的气候、地质、水文、地形等自然条件及当地政治、经济、风俗习惯等因素必然使建筑产品实物形态千差万别。再加上不同地区构成投资费用的各种生产要素（如人工、材料、机械）的价格差异，最终导致建设工程造价的千差万别。所以，建设工程和建筑产品不可能像工业产品那样统一地成批定价，而只能根据它们各自所需的物化劳动和活劳动消耗量逐项计价，即单件计价。

2. 多次性计价

在建设项目的实施过程中，为满足不同的阶段的需求，采用不同的编制依据可编制不同精度的工程造价。

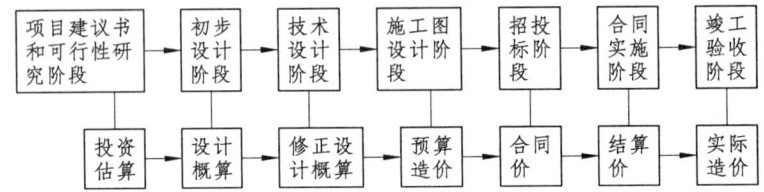

3. 方法的多样性

计算和确定概、预算造价有两种基本的方法，即单价法和实物法。计算和确定投资估算的方法有设备系数法、生产能力指数估算法等，具体方法在此不详述。

4. 组合性计价

工程造价的计算是分项工程组合而成。

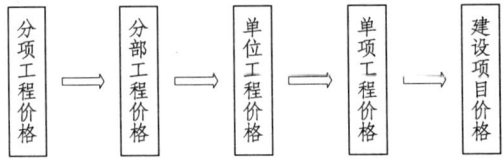

5. 计价依据复杂性

影响造价的因素多，计价依据复杂，种类繁多，主要有以下几种：项目建议书、可行性研究报告、设计文件等；投资估算指标、概算定额、预算定额等；人工单价、材料价格、机械台班价格等；设备原价、设备运杂费、进口设备关税等；相关的费用定额和指标，等等。

三、我国现行工程造价的构成

我国现行建设工程造价构成主要内容为建设项目总投资（包含固定资产投资和流动资产投资两部分），建设项目总投资中的固定资产投资与建设项目的工程造价在量上相等。其工程造价由建筑安装工程费用、设备及工器具购置费用、工程建设其他费用、预备费、建设期贷款利息、固定资产投资方向调节税等构成。

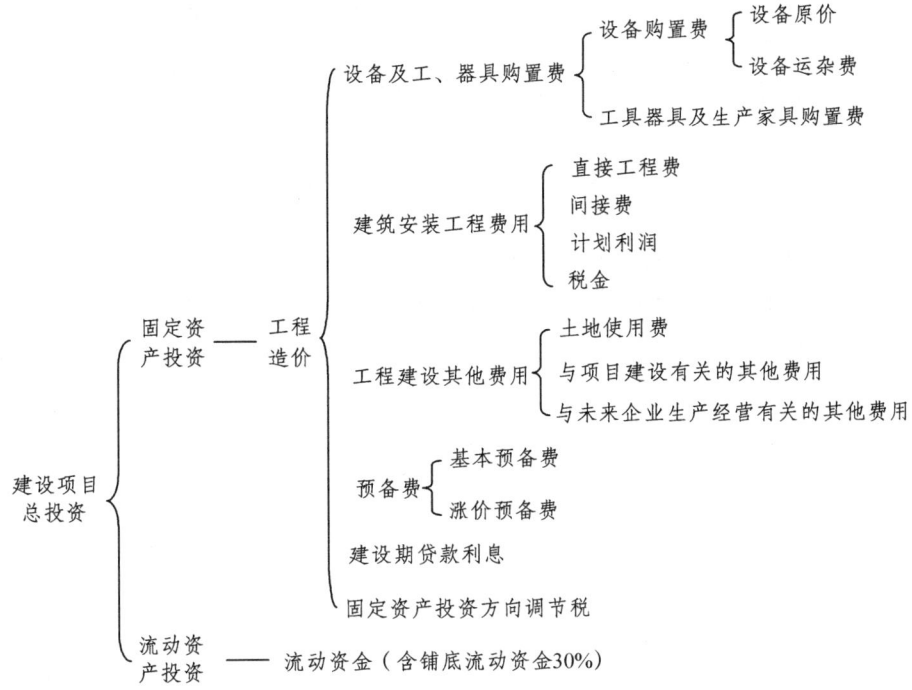

四、我国现行工程造价计价方法

我国现行工程造价的计价方式分为定额计价和工程量清单计价两种。

定额计价是我国长期使用的一种基本方法，它是根据统一的工程量计算规则，依据施工图纸计算工程量，套取定额，确定直接工程费，再根据建筑工程费用定额规定计算工程造价的方法。在招投标时，无论是招标方还是作为招标标底还是投标报价，其招标人和投标人均需按上述方法确定工程造价。

定额计价模式下，建筑安装工程费用的组成：建标〔2003〕206号文规定，我国现行建筑安装工程费用由直接费、间接费、利润和税金组成。建筑安装工程直接费由直接工程费和措施费组成。

直接工程费由人工费、材料费、施工机械使用费组成。

措施费包括：环境保护费、文明施工费、安全施工费、临时设施费、夜间施工费、二次搬运费、大型机械设备进出场及安拆费、混凝土钢筋混凝土模板及支架费、脚手架费、已完工程及设备保护费、施工排水与降水费。

间接费由规费、企业管理费组成。

规费包括：工程排污费、工程定额测定费、社会保障费、住房公积金、危险作业意外伤害保险。

税金指国家税法规定的应计入建筑安装工程造价内的营业税、城市维护建设税及教育费附加等。

工程量清单计价是国际上通用的方法，也是我国目前推行的计价方式，是指由招标人按照国家统一规定的工程量计算规则计算出工程数量，由投标人依据企业自身的实力，根据招标人提供的工程数量自主报价的一种方式。这种计价方式与工程招投标活动有着很好的适应性，有利于促进工程招投标公平、公正和高效地进行。

清单计价模式下，建筑安装工程费用的组成：据《建设工程工程量清单计价规范》-2008规定，其建筑安装工程费由分部分项工程费、措施项目费、其他项目费、规费、税金组成。

分部分项工程费由各分项工程人工费、材料费、机械费、管理费、利润组成。

措施项目费由施工组织措施费及施工技术措施费组成。

其他项目费由计日工、暂列金额、暂估价、总承包服务费四项组成。

规费由工程排污费、工程定额测定费、社会保障费、住房公积金、危险作业意外伤害保险组成。

税金指国家税法规定的应计入建筑安装工程造价内的营业税、城市维护建设税及教育费附加等。

8.2 工程造价管理

一、工程造价管理的概念

工程造价管理从广义上讲包括建设项目的投资费用管理和工程价格管理两个方面。

建设项目的投资费用管理属于投资管理范畴，是指投资人（业主）为实现其投资的预期目标，在完成拟定规划和设计方案的条件下，对工程建设投资费用及其变动进行预测、计算、管理和控制等的系统活动。

建设项目的工程价格管理属于价格管理范畴。在我国社会主义市场经济条件下，价格管理分为价格的宏观管理和微观管理两个层次。工程建设关系到国计民生，国家投资项目今后仍占很大比重，因此，国家对建设项目的工程造价管理不仅是价格上的调控，而且还在国家投资的建设项目上承担着价格微观管理的职能。

二、工程造价管理的主要内容

工程造价管理的目的是按照经济规律的要求，根据社会主义市场经济的发展趋势，利用科学的管理方法和先进的管理手段，合理计算和确定工程造价及有效控制工程造价，以提高投资效益和建筑安装企业的经营效果。因此，工程造价管理主要包括以下两个内容：工程造价的合理计算和确定、工程造价的有效控制（其具体内容参看建筑工程造价管理课程）。

在此补充《合同法》、《招标投标法》在造价管理中的应用：

> 经济活动中工程造价的市场取值
>
> 《合同法》是经济领域规范经济活动的一部法律。第十六章"建筑工程合同"第二百七十五条施工合同的内容中就包括了工程造价，"释义"中明确了当事人须根据工程质量的要求和工程的概预算合理地确定工程造价。与《合同法》一样，《招标投标法》也是经济领域规范经济活动的一部法律。《招标投标法》中涉及价格的条款有4条：第22条"招标人设有标底的，标底必须保密"，第33条"投标人不得以低于成本的报价竞标"，第40条"设有标底的应当参考标底"，及第41条"中标人的投标，能够满足招标文件的实质性要求，并且经评审的投标价格最低"。从这些条文来看，何为"合理"呢？是否最低价就能中标呢？回顾历史，工程造价的改革在建设部1992年提出"控制量、指导价、竞争费"九字方针指导下，产品价格总体求合理，建筑产品的价格由原来指令性的产品价格变为指导性价格，由过去的静态管理进入了动态管理，继而实现量价分离，企业自主定价，建筑产品通过承发包交易的这种形式完全得以实现。《招标投标法》的实施，意味着建筑工程承发包的交易活动纳入了法制轨道，给工程造价管理带来了挑战，也蕴涵着发展的机遇，那就是如何代表投资者、生产者的利益，合理确定建筑产品的价格。

三、工程造价管理的组织体系

为实现工程造价管理目标而进行的有效活动，必须建立工程造价管理的组织系统来保证与实施，工程造价管理可以分为以下3个组织系统。

1. 政府行政组织系统

政府行政主管部门是工程造价管理的主体。从宏观管理的角度，政府对工程管理有一个严密的组织系统，设置了多层次的管理机构，规定了管理权限和职责范围。如国家建设部标准定额司就是政府行政管理组织的领导机构，各省、自治区、直辖市和行业主管部门的工程造价管理机构，在所管辖的范围内行使管理职能。

2. 企事业单位管理组织系统

企事业单位对工程造价的管理属于微观管理的范畴，其主要包括设计单位、工程造价咨询单位和建筑承包企业等对工程造价的管理。设计单位和工程造价咨询单位，按照业主或委托方的意图与要求，在可行性研究阶段和规划设计阶段合理确定及有效控制建设项目的工程造价，并通过对各阶段设计的控制以实现工程造价管理的目标；在工程招投标阶段，通过编制标底、参加评标及议标对工程造价进行控制；在建设项目实施阶段，通过设计变更、工期、施工索赔及工程结（决）算等对工程造价进行控制。建筑承包企业对工程造价的管理是企业管理的重要组成部分，设有专门的职能部门参与企业的投标决策；注意各种调价因素和工程价款的结算，促进企业盈利目标的实现。

3. 中国建设工程造价管理协会

工程造价管理协会成立于1990年，是我国工程造价的一个重要组织管理系统，是具有团体法人资格的全国性社会团体，也是对外代表造价工程师和工程造价咨询单位的行业性组织。其宗旨是遵守国家的宪法、法律、法规和政策，遵循国际做法的惯例，并按照社会主义市场经济的要求，组织研究工程造价管理体制的改革的理论和行业发展的实际问题，不断提高工程造价业务人员的素质和管理水平，维护各方的合法权益、遵守职业道德、合理确定工程造价、提高建设投资效益、促进国际工程造价机构的交流与合作。

8.3 工程造价法律纠纷

一、工程造价法律纠纷的现状

因建筑工程承包双方对建筑工程承包责任及法律观念不强等造成造价纠纷、工程款拖欠等问题所引起的纠纷案时有发生。一般，工程造价纠纷主要发生在招投标、决策和设计阶段的合同、施工阶段设计变更、工程结算等等方面。一旦发生纠纷，双方利益都将受到更大损失。因此加大对建筑市场的纠察力度，完善监督管理体系非常关键，相关管理部门应对工程的招投标、承建人的资质、工程合同签订、施工质量、审核验收一系列过程严格把关。还应该树立诚实信用观念，强化公民的法律意识，从事建筑活动的单位和个人以及承建单位均应具备相应的条件和资质，私人住宅也必须委托有资质的施工单位或者持资格证书的个体工匠施工。

现阶段，合同价格条款不严密，不合法的无效条款仍然存在等，而由施工方提出诉讼，或停工待款，迫使业主通过工程造价管理部门仲裁或法院判决来解决双方的纠纷，具体表现在以下几点：

（1）合同价过低，施工单位无利可图，实施停工，造成纠纷。
（2）现场签证不严密，或因监理方受贿心虚，对乙方多报工程量不能从严把关。
（3）对材料价格认定不一致。
（4）施工方对合同中不合法的无效条款通过正当法律途径进行更改。
（5）对工程质量有争议，甲方拒绝付款。
（6）非施工方原因造成的停工、窝工，要求赔偿补偿等。
（7）业主要求提前竣工，赶工费的争议。

建设工程承发包合同是承发包双方权利和义务的法律保证，合同条款中的每一项内容都直接关系到双方的切身利益。因此，必须认真分析合同条款的内容，明确各自的权利和义务。

在此，补充经常出现的法律文本：

工程款支付申请表

工程名称：_____ 编号：_____

致：_____（监理单位）
　　我方已完成了_____
工作，按施工合同的规定，建设单位应在_____年___月___日前支付该项工程款共（大写）_____（小写：_____），现报上_____工程付款申请表，请予以审查并开具工程款支付证书。

附件：
1. 工程量清单；
2. 计算方法。

承包单位（章）_____
项目经理_____
日　　期_____

工程款支付证书

工程名称：_____ 编号：_____

致：_____（建设单位）
　　根据施工合同的规定，经审核承包单位的付款申请和报表，并扣除有关款项，同意本期支付工程款共（大写）_____（小写：_____）。请按合同规定及时付款。

其中：
1. 承包单位申报款为：
2. 经审核承包单位应得款为：
3. 本期应扣款为：
4. 本期应付款为：

附件：
1. 承包单位的工程付款申请表及附件；
2. 项目监理机构审查记录。

项目监理机构_____
总监理工程师_____
日　　期_____

二、工程造价法律纠纷解决的途径

（一）避免工程造价纠纷的对策

（1）合同条款签订应严密、有效。首先，施工方和业主有关人员应认真学习《合同法》

等有关法律知识，认真学习国家和地市的有关工程造价的各种文件规定，并严格按规定办理工程预结算。其次，坚持实事求是原则，业主不盲目压价，施工方不接受不合理压价要求，不施"苦肉计"以免签订不合法的无效条款。

（2）加强勘察设计管理资料。

（3）施工图预算要全面、准确、合法、有效。

（4）在施工过程中，要严格执行现场签证制度。监理工程师应做到守法、诚信、公正、科学。

（5）在开工前应签订材料价格确认方案的规定性文件，并严格执行，以避免以材料差价引起纠纷。

（二）工程造价纠纷

主要可以通过协商、调解、仲裁或诉讼方式解决。

1. 协　商

按照法律和商业惯例，一旦出现商业纠纷，双方应首先在自愿、平等的基础上进行友好协商，寻求解决的可能性。双方既有商业联系，对纠纷产生的原因应是心中有数，如果双方从合作的愿望出发并持客观公正的态度，通过坦诚、细致的磋商，纠纷是不难解决的。关键是双方协商不应"漫天要价"、"斤斤计较"或"得理不让人"，而应依据双方的协议，遵照有关的法规和通常的商业惯例，本着互谅互让、实事求是的精神，提出公平合理的解决方案，即可达成和解协议。这是大多数人的首选方式。当然，这种和解协议的内容必须合法，不损害国家、社会、第三人利益。自行协商解决纠纷，不惊动"官府"，不花钱聘请律师，不支付"堂费"，不受时间、地点和法定程序的限制，能维持双方的商业关系，消除隔阂或误解，增进双方的友谊。

2. 调　解

经过协商不能达成协议时，双方可申请业务主管部门（如工程造价管理协会等）出面进行调解。业务主管部门依法负有对日常商业活动的指导、管理、监督之责，他们比较熟悉本行业的业务，比较全面地掌握情况，由其出面调解，既容易做纠纷双方的思想工作，又能正确运用法规，提出合理和中肯的解决方案。此外，主管部门还可以运用法律和制度允许的方式，给纠纷双方以必要的帮助、照顾和支持。

如果协商一致，纠纷双方也可以共同委托所信赖的第三者（个人或团体）出面调解。由第三者进行调解，有较高的灵活性、中立性、专业性和权威性，比较超脱和公正，不致因某种利害关系而偏袒一方或损害另一方的利益，调解专家充分听取双方的意见，耐心细致说服双方，以自己专业和人格上的感召力促使双方互相让步而达成和解。

3. 仲　裁

如果纠纷双方不愿通过协商和调解，或者协商、调解不成时，就只能在仲裁和诉讼两种方式中作一选择。仲裁作为解决商业纠纷的重要方式，具有与法院诉讼同等的法律地位和强制执行效力。目前，更多的商家宁愿选择仲裁而不愿到法院诉讼。

4. 诉　讼

诉讼是解决商业纠纷最严厉的手段，同时也是最终的手段，在万不得已之下才予以采用。目前投诉立案难，程序烦琐、耗时漫长，诉讼费、律师费高，不可预测的因素（如法官素质、行政干预、地方保护等）多、风险大。但随着司法制度的不断健全和完善，"打官司"将变得越来越方便、越来越公正。

第 8 板块资源

第9板块
工程监理相关法律实务

导 读

　　AAA房地产开发有限责任公司在重庆江北区的"AAA城市花园"高档住宅小区项目已经进入了施工阶段，但小芳最近遇到了个棘手的问题：工程监理单位"出工不出力"。如图所示，监理工作人员干脆和施工人员一起"斗地主"。监理企业原本是作为监督工程质量、安全等的重要角色，但现实中，常有这种马虎的监理企业。业主方如何规范监理企业的行为，保证工程按时按质完成？好学的小芳不得不再次打开书本，学习工程监理相关法律实务知识，也维护业主方利益。如果读者是施工方或监理方，亦可通过第7板块的学习，维护自身合法权益。

　　在这一板块中，各位读者要特别注意：
　　（1）工程监理的基本内容以及监理企业的权限。
　　（2）工程监理的法律依据。
　　（3）如何处理监理工程中的法律纠纷。
　　（4）遇到拖欠监理费，如何维权。

实训任务

【1】 某建设工程项目，建设单位委托某监理公司负责施工阶段，目前正在施工，在工程施工中发生如下事件：

监理工程师在施工准备阶段组织了施工图纸的会审，施工过程中发现由于施工图的错误，造成承包商停工2天，承包商提出工期费用索赔报告。业主代表认为监理工程师对图纸会审监理不力，提出要扣监理费1 000元。

问题：监理工程师怎样处理索赔报告？监理工程师承担什么责任？设计院承担什么责任？承包商承担什么责任？业主承担什么责任？业主扣监理费对吗？

【2】 业主方认为监理公司没有认真履行监理合同，业主方如何收集相关证据？例如，业主方用手机偷拍到监理方工作人员上班期间工作极不负责的视频，是否有法律效力？

【3】 某监理工程师工作极不负责，并收取施工方红包上万元，导致工程质量不合格，使业主方损失近百万元。监理公司认为，监理工程师的行为属于个人行为，监理公司不负法律责任。你觉得监理工程师的行为是个人行为还是职务行为？

9.1 工程监理概述

一、工程监理的含义

建设工程监理是指工程监理单位接受建设单位的委托，代表建设单位进行项目管理的过程。为了确保工程建设质量和安全，提高工程建设水平，充分发挥投资效益，我国从 1988 年起，将国际惯例与中国国情相结合，在工程建设领域开始推行建设监理制度。

我国原建设部和国家计委《工程建设监理规定》中明确提出："建设工程监理是指监理单位受项目法人的委托，依据国家批准的工程项目建设文件，有关工程建设的法律、法规和工程建设监理合同及其他工程建设合同，对工程建设实施的监督管理。"根据《建筑法》的有关规定，实行监理的建筑工程，由建设单位委托具有相应资质条件的工程监理企业监理，建设单位与其委托的工程监理单位应当订立书面委托合同。工程监理单位应当根据建设单位的委托，客观、公正地执行监理业务。建设单位和工程监理单位之间是一种委托代理关系，适用《民法通则》有关代理的法律规定。

二、实行强制监理的工程范围

并不是所有的工程都需要实行监理，《建筑法》第 30 条规定："国家推行建筑工程监理制度。国务院可以规定实行强制监理的建筑工程的范围。"

2000 年 1 月 30 日施行的《建设工程质量管理条例》第 12 条规定了必须实行监理的建设工程范围。在此基础上，《建设工程监理范围和规模标准规定》（2001 年 1 月 17 日建设部令第 86 号发布）则对必须实行监理的建设工程做出了更具体的规定。

（一）国家重点建设项目

国家重点建设项目是指依据《国家重点建设项目管理办法》所确定的对国民经济和社会发展有重大影响的骨干项目。

（二）大中型公用事业工程

大中型公用事业工程是指项目总投资额在 3 000 万元以上的下列工程项目：
（1）供水、供电、供气、供热等市政工程项目。
（2）科技、教育、文化等项目。

（3）体育、旅游、商业等项目。
（4）卫生、社会福利等项目。
（5）其他公用事业项目。

（三）成片开发建设的住宅小区工程

建筑面积在 5 万平方米以上的住宅建设工程必须实行监理；5 万平方米以下的住宅建设工程，可以实行监理，具体范围和规模标准由省、自治区、直辖市人民政府建设行政主管部门规定。

（四）利用外国政府或者国际组织贷款、援助资金的工程

（1）使用世界银行、亚洲开发银行等国际组织贷款资金的项目。
（2）使用国外政府及其机构贷款资金的项目。
（3）使用国际组织或者国外政府援助资金的项目。

（五）国家规定必须实行监理的其他工程

（1）项目总投资额在 3 000 万元以上关系社会公共利益、公众安全的下列基础设施项目：
① 煤炭、石油、化工、天然气、电力、新能源等项目。
② 铁路、公路、管道、水运、民航以及其他交通运输业等项目。
③ 邮政、电信枢纽、通信、信息网络等项目。
④ 防洪、灌溉、排涝、发电、引（供）水、滩涂治理、水资源保护、水土保持等水利建设项目。
⑤ 道路、桥梁、地铁和轻轨交通、污水排放及处理、垃圾处理、地下管道、公共停车场等城市基础设施项目。
⑥ 生态环境保护项目。
⑦ 其他基础设施项目。
（2）学校、影剧院、体育场馆项目。

三、工程监理单位

所谓工程建设监理单位，是指经政府监理管理机构批准，取得监理资质证书，受项目法人的委托，从事工程建设项目可行性研究、招标投标、组织与审查勘察设计、监督施工等服务活动，具有法人资格的专业机构。

监理单位的设立，实行资质审批制度。监理单位的资质是指从事监理业务应当具备的人员素质、资金数量、专业技能、管理水平及监理业绩等。根据资质标准要求的不同，我国将监理单位的资质等级分为甲级、乙级和丙级。始初设立的监理单位，在成立的两年内暂不定级，而是以《监理申请批准书》所核定的临时监理业务范围为申请从事业务活动的依据。监

理单位通过资质审查合格后，方可向工商行政管理机关申请企业法人登记。

监理单位执业必须遵守的规定：① 必须在核定的监理范围内从事监理活动，不得擅自越级承接建设监理业务。甲级监理单位可以跨地区、跨部门监理一、二、三等的工程；乙级监理单位只能监理本地区、本部门二、三等的工程；丙级监理单位只能监理本地区、本部门三等的工程。② 监理单位不得转让监理业务。监理单位转让监理业务的，除依法承担行政法律责任外，还应按其与项目法人所签订的工程建设监理合同承担违约的民事法律责任。③ 监理单位应当按照"公正、独立、自主"的原则开展监理工作，公平地维护项目法人和被监理单位的合法权益。④ 监理单位不得承包工程，不得经营建筑材料、构配件和建筑机械、设备。监理单位从事上述活动的，不仅会导致监理水平的下降，而且会由于与项目法人或被监理对象存在经济利益上的利害关系而无法公正、独立、公平地履行监理职责，极有可能损害项目法人或被监理对象的合法权益。

此处要区分监理单位与监理机构的区别。

监理机构是监理单位派出的具体负责监理事务的临时性工作组织。监理机构没有法人资格，不能独立地享有民事权利和承担民事责任。组建监理机构是监理单位实施建设监理的法定程序，监理单位应根据所承担的监理任务组建工程建设监理机构。监理机构一般由总监理工程师、监理工程师和其他监理人员组成。工程建设监理实行总监理工程师负责制。总监理工程师享有下列权力：① 行使监理合同赋予监理单位的权限，领导监理机构全面负责受委托的监理工作。其所签认的文件，对监理单位有约束力。② 在项目法人授权范围内发布有关指令，签认所有监理的工程项目有关款项的支付凭证。对总监理工程师的指令，项目法人不得擅自更改。③ 有权建议撤换不合格的工程建设分包单位和项目负责人及其他有关人员。为保证监理职责的正确履行，《工程建设监理规定》规定，监理工程师不得在政府机关或施工、设备制造、材料供应单位兼职，也不得是施工、设备制造和材料、构配件供应单位的合伙经营者。

四、工程监理的基本术语

项目监理机构：监理单位派驻工程项目负责履行委托监理合同的组织机构。

监理工程师：取得国家监理工程师执业资格证书并经注册的监理人员。

总监理工程师：由监理单位法定代表人书面授权，全面负责委托监理合同的履行、主持项目监理机构工作的监理工程师。

总监理工程师代表：经监理单位法定代表人同意，由总监理工程师书面授权，代表总监理工程师行使其部分职责和权力的项目监理机构中的监理工程师。

专业监理工程师：根据项目监理岗位职责分工和总监理工程师的指令，负责实施某一专业或某一方面的监理工作，具有相应监理文件签发权的监理工程师。

监理员：经过监理业务培训，具有同类工程相关专业知识，从事具体监理工作的监理人员。

监理规划：在总监理工程师的主持下编制、经监理单位技术负责人批准，用来指导项目监理机构全面开展监理工作的指导性文件。

监理实施细则：根据监理规划，由专业监理工程师编写，并经总监理工程师批准，针对工程项目中某一专业或某一方面监理工作的操作性文件。

工地例会：由项目监理机构主持的，在工程实施过程中针对工程质量、造价、进度、合同管理等事宜定期召开的，由有关单位参加的会议。

工程变更：在工程项目实施过程中，按照合同约定的程序对部分或全部工程在材料、工艺、功能、构造、尺寸、技术指标、工程数量及施工方法等方面做出的改变。

工程计量：根据设计文件及承包合同中关于工程量计算的规定，项目监理机构对承包单位申报的已完成工程的工程量进行的核验。

见证：由监理人员现场监督某工序全过程完成情况的活动。

旁站：在关键部位或关键工序施工过程中，由监理人员在现场进行的监督活动。

巡视：监理人员对正在施工的部位或工序在现场进行的定期或不定期的监督活动。

平行检验：项目监理机构利用一定的检查或检测手段，在承包单位自检的基础上，按照一定的比例独立进行检查或检测的活动。

设备监造：监理单位依据委托监理合同和设备订货合同对设备制造过程进行的监督活动。

费用索赔：根据承包合同的约定，合同一方因另一方原因造成本方经济损失，通过监理工程师向对方索取费用的活动。

临时延期批准：当发生非承包单位原因造成的持续性影响工期的事件，总监理工程师所作出暂时延长合同工期的批准。

延期批准：当发生非承包单位原因造成的持续性影响工期事件，总监理工程师所作出的最终延长合同工期的批准。

9.2 工程监理的依据、内容、权限和程序

（一）工程监理的依据

根据《建筑法》、《建设工程质量管理条例》、《建设工程安全生产管理条例》的有关规定，工程监理的依据包括：

1. 法律、法规

施工单位的建设行为是受很多法律、法规制约的。例如，不可偷工减料等。工程监理在监理过程中首先就要监督检查施工单位是否存在违法行为，因此法律、法规是工程监理单位的依据之一。

2. 有关的技术标准

技术标准分为强制性标准和推荐性标准。强制性标准是各参建单位都必须执行的标准，

而推荐性标准则是可以自主决定是否采用的标准。通常情况下,建设单位如要求采用推荐性标准,应当与设计单位或施工单位在合同中予以明确约定。经合同约定采用的推荐性标准,对合同当事人同样具有法律约束力,设计或施工未达到该标准,将构成违约行为。

3. 设计文件

施工单位的任务是按图施工,也就是按照施工图设计文件进行施工。如果施工单位没有按照图纸的要求去修建工程就构成违约,如果是擅自修改图纸更构成了违法。因此,设计文件就是监理单位的依据之一。

4. 建设工程承包合同

建设单位和承包单位通过订立建设工程承包合同,明确双方的权利和义务。合同中约定的内容要远远大于设计文件的内容。例如,进度、工程款支付等都不是设计文件所能描述的,而这些内容也是当事人必须履行的义务。工程监理单位有权利也有义务监督检查承包单位是否按照合同约定履行这些义务。因此,建设工程承包合同也是工程监理的一个依据。

(二)工程监理的内容

工程监理在本质上是项目管理,是代表建设单位而进行的项目管理。其监理的内容自然与项目管理的内容是一致的。其内容包括三控制、三管理、一协调:

(1)进度控制。
(2)质量控制。
(3)成本控制。
(4)安全管理。
(5)合同管理。
(6)信息管理。
(7)沟通协调。

但是由于监理单位是接受建设单位的委托代表建设单位进行项目管理的,其权限将取决于建设单位的授权。因此,其监理的内容也将不尽相同。

因此,《建筑法》第33条规定:"实施建筑工程监理前,建设单位应当将委托的工程监理单位、监理的内容及监理权限,书面通知被监理的建筑施工企业。"

(三)工程监理的权限

《建筑法》第32条第2款、第3款分别规定了工程监理人员的监理权限和义务。建筑工程监理应当依照法律、行政法规及有关的技术标准、设计文件和建筑工程承包合同,对承包单位在施工质量、建设工期和建设资金使用等方面,代表建设单位实施监督。

(1)工程监理人员认为工程施工不符合工程设计要求、施工技术标准和合同约定的,有权要求建筑施工企业改正。

(2)工程监理人员发现工程设计不符合建筑工程质量标准或者合同约定的质量要求的,应当报告建设单位要求设计单位改正。

(四)工程监理的程序

工程建设监理一般应按下列程序进行：第一，编制工程建设监理规划。监理规划是监理单位为履行监理合同所约定的职责而在由其确定的总监理工程师的主持下，根据项目法人对项目监理的要求，在详细把握监理项目有关资料内容的基础上，结合监理工作的具体情况所编制的、用以指导开展项目监理工作的指导性文件。监理规划一般包括如下主要内容：① 工程概况；② 监理范围和目标；③ 围绕投资、质量、进度控制三大目标所制定的监理措施；④ 监理机构的组成人员及内部职责分工；⑤ 项目监理工作制度等。第二，按工程建设进度，分专业编制工程建设监理细则。监理细则是指由监理单位的专业监理工程师针对项目的具体情况制定的、具有较强的可操作性的业务文件，起着指导开展监理工作的作用。从其起作用的角度而言，类似建筑承建单位所制定的施工方案。第三，按照建设监理细则开展建设监理工作。第四，参与工程竣工初步验收，签署建设监理意见。第五，建设监理业务完成后，向项目法人提交工程建设监理档案资料。实施监理前，项目法人依法应当将受其委托的监理单位、监理的内容、总监理工程师的姓名及所赋予的权限，以书面形式通知被监理单位。总监理工程师应当将其授予的监理工程师的权限，于实施监理前以书面形式通知被监理单位。在工程建设监理过程中，被监理单位应当按照与项目法人签订的工程建设合同的规定接受监理。

9.3 工程监理合同

一、工程监理合同概况

工程监理合同就是业主与监理单位签订的，为了委托监理单位承担监理业务而明确双方权利、义务关系的协议。即工程发包人将项目建设过程中与第三方所签订的合同履行管理任务，以监理合同的方式委托给专业化的监理公司，由监理公司负责监督、协调和管理工作。监理公司作为独立的社会中介组织，与委托人签订书面合同后，遵循公正、独立、科学和诚实守信的原则，在业主委托授权的范围内，依据法律法规及相关技术标准、设计文件和建设工程合同，对承包单位在工程质量、建设工期和建设资金使用等方面，代替业主实施监督。

合同应当包括如下主要内容：① 监理的范围和内容；② 双方的权利和义务；③ 监理费的计算与支付；④ 违约责任；⑤ 双方约定的其他事项。一般而言，建设工程监理合同应采用书面形式。

工程建设监理涉及三方当事人，即项目法人（发包人）、监理单位以及承建单位（承包人）。正确认识各当事人之间的法律关系，有助于履行各自的合同义务，促进工程建设的顺利进行。

1. 工程建设监理单位与项目法人

在我国，所谓项目法人，是指由投资方依法设立的、具有法人资格的，对基本建设项目的策划、资金筹措、建设实施、生产经营、债务偿还和资产的保值增值承担法律责任的经济组织。监理单位承担监理业务，应当与项目法人签订书面工程建设监理合同。在该合同法律关系中，监理单位通过付出智力劳动取得报酬，而项目法人则通过支付报酬换取监理单位的服务。

项目法人与监理单位之间的关系是授权和委托关系。监理合同签订后，项目法人把对工程建设项目的一部分管理权授予监理单位，委托其代为行使。监理单位实施工程建设监理，是以自己的名义进行的，根据《工程建设监理规定》，监理单位在监理过程中因过错造成重大经济损失的，应承担一定的经济责任和法律责任。

2. 工程建设监理单位与施工单位

监理单位与施工单位之间的法律关系是监理与被监理的关系。监理单位与施工单位的民事法律地位平等，两者同为建筑市场的主体之一，都是为了建造合格的建筑产品而履行各自的合同义务。施工单位根据法律规定及建设工程承包合同的约定，应当接受监理单位依法对其履约行为进行的监督管理。

3. 实行监理制下施工单位与项目法人

施工单位与项目法人之间的权利和义务由建设工程承包合同确定。在建设监理制下，施工单位与项目法人之间相互提出的任何工作要求，均应通过监理单位负责送达，而不得绕过监理单位由双方直接处置。对施工单位而言，如果由于监理单位及其工作人员的过错而造成其损失的，应通过监理单位向项目法人提出索赔要求，实体上的赔偿义务仍由项目法人承担。

二、监理合同的履行

监理合同的当事人应当按照合同的约定履行各自的义务，其中，最主要的是监理单位应当完成监理工作，项目法人应当支付酬金。

（一）监理工作

监理单位的工作任务是按项目法人委托工程的范围来划分的，监理合同专用条件内明确了委托监理合同托监理工作范围和内容。包括以下几种工作内容。

1. 正常工作

监理单位正常的监理工作是在委托人与第三方约定期限内，根据监理合同专用条件内所注明的工作内容应该完成的工作任务。

2. 附加工作

附加工作是指在完成正常工作之外,因工作时间延长或工作范围改变而多完成的工作。在建设工程监理过程中,因为当事人除了项目法人、监理单位之外,还有承包商,所以,监理单位也必须履行对承包商的监督和管理。在监理合同履行过程中,由于业主或第三方原因,如业主建设资金不到位、工程变更、承包商的工期索赔以及外界的人为或环境因素等,使工期延长,导致监理工作受到阻碍或延误,监理单位应将此情况与可能产生的影响通知委托人,增加相应的工作量以完成监理工作,并应得到附加的工作酬金。除了工作时间变化导致附加工作的产生之外,还有可能因为监理工作范围的变化而导致工作量的增加,如原委托施工阶段的监理,后又增加竣工后的保修阶段监理。对于此类附加监理工作的酬金,当事双方应以补充协议的方式,根据具体的工作内容商定附加工作的应得酬金。

3. 额外工作

额外工作主要是指发生意外的非监理单位原因导致的暂停或终止监理业务时,监理单位所做的善后或恢复准备工作。比如说,在合同履行过程中,承包人由于严重违约导致业主单方终止施工合同时,监理单位应确认违约承包商已完合格工程的工程价值,协助业主选择新的承包商,在重新开始施工前做必要的监理准备工作。另外,因不可抗力导致施工被迫中断时,监理单位应完成确认灾害发生前承包商已完工程的合格和不合格部分,以及灾害后恢复施工前必要的监理准备工作等。

(二)项目法人的权利和义务

1. 项目法人的权利

按照监理示范文本标准条件中相关条款的规定,项目法人的权利包括:① 选择承包商和监理单位的权利。项目法人与承包商签订的合同中,会明确规定监理工程师的权利和职责;在项目法人与监理单位签订的《工程建设委托监理合同》中,主要对监理人员数量、素质、服务范围、服务费用、服务时间以及权利等各方面进行了详细规定。② 授予监理单位权限的权利。业主根据工程项目特点、自身管理水平、总监理工程师的工作能力等因素综合考虑,在监理合同范围内明确对监理单位的授权范围。在监理合同内授予监理单位的权限,在合同执行过程中可随时通过书面附加协议予以扩大。③ 对监理单位履行合同义务的监督权。在合同开始履行时,监理单位应向项目法人报送委派的总监理工程师及其监理机构主要成员名单,当监理单位调换总监理工程师时,须经得项目法人同意。在合同履行过程中,项目法人有权要求监理单位提交监理工作月、季、年度监理报告,以及监理业务范围内的专项报告。项目法人按照合同约定检查监理工作的执行情况,发现监理人员不按监理合同履行职责或与承包商串通,给业主或工程造成损失,有权要求监理单位更换监理人员,直至合同终止,并承担相应赔偿责任。

2. 项目法人的义务

项目法人在合同履行过程中,应提供相应的协助服务,以保证监理人员开展正常的工作。首先,项目法人应当负责工程建设的所有外部关系的协调,为监理工程提供外部条件,如办理各种与项目建设有关的批准手续等。并且,项目法人应当授予一名熟悉本工程情况、能迅速作出决定的常驻代表,负责与监理单位联系。更换常驻代表,要提前通知监理单位。其次,项目法人应当在约定的时间内就监理单位书面提交并要求作出决定的一切事宜作出书面决定,并且应在双方约定的时间内免费向监理单位提供与工程有关的监理单位需要的工程资料。另外,项目法人免费向监理机构提供合同专用条件约定的设施,对监理单位自备的设施给予合理的经济补偿。最后,项目法人须支付监理酬金。

以下是关于监理费用的案例分析:

某委托监理合同监理费用纠纷

原告:××监理公司

被告:××大学

××大学投资建设一栋6层综合办公大楼,于2004年6月21日和××工程监理公司签订了建设工程委托监理合同。在专用条款的监理职责中明确规定:"乙方(××监理公司)负责甲方(××大学)实验楼工程设计阶段和施工阶段的监理业务……,从监理业务结束之日起7日以内,甲方应及时支付给乙方最后15%的建设工程监理费用。"当甲方实验楼竣工10天之后,乙方要求甲方支付最后15%的监理费用,甲方以双方有口头约定,乙方的监理职责应该履行到工程保修期满为由,拒绝支付余下的监理费用。双方交涉未果,乙方起诉到法院,要求付款。法院通过审理,最终判决双方口头约定的"监理职责应该履行到工程保修期满"这一条内容不构成委托监理合同的内容,甲方到期不支付最后的15%监理费用,已构成违约,因此,应该承担违约责任,支付乙方剩余的15%监理费用以及由于延期付款产生的利息。

【案例分析】

建设工程委托监理合同约定,工程监理范围和监理工作内容包括工程设计和施工两个阶段,并不包括保修阶段。双方仅仅对保修阶段的工程监理作出过口头约定。监理合同既非技术合同,也非工程合同,而是委托合同,委托合同应当以书面形式订立,口头形式约定则不成立,不具法律效力。因此,该委托监理合同关于监理义务的约定,只能包括设计和施工两个阶段,不包括保修阶段。这表明,乙方已经完全履行了合同义务,甲方到期不支付监理费用的行为已构成违约。

(三)监理单位的权利和义务

1. 监理单位的权利

根据项目法人在的授权,监理人员在工程实施过程的权利,具体如下:① 选择工程总设计单位和总承包单位的建议权;但对设计分包单位和施工分包单位有确认权和否定权。② 工程建设有关事项包括工程规模、设计标规划设计、生产工艺及使用功能的建议权。③ 工程结构设计和其他专业设计中的技术问题,按照安全和优化的原则,自主向设计单位提出建议,并向业主提出书面报告;如果拟提出的建议会提高工程造价,或延长工期,应事先取得业主的同意。④ 工程施工组织设计和技术方案的审批权。⑤ 工程用材料质量及施工质量的检验权和确认权,凡不合格材料及不合格工程,均可要求施工单位整改直至合格。⑥ 对工程进度有检查及监督权,对工程竣工日期、工期索赔有签认权。⑦ 工程款支付的审核与签认权。未经总监理工程师签字确认,业主不得支付工程款。⑧由于第三方原因,可能使工程在投资、进度、质量、安全等方面受到严重影响时,有权对合同中规定的第三方义务提出变更,但应事先取得业主认可。紧急情况下,可先处理事故,后报告业主。⑨有权对工程建设各责任主体行为的合法性进行监督。

2. 监理单位的义务

监理单位应在资质等级许可范围内,承揽监理业务;监理单位与承包商之间不能有隶属关系和其他利害关系;监理工程师也不能在承包商单位兼任职务,更不能从事损害业主的经济活动。根据合同约定向业主报送委派的总监理工程师及其监理机构主要成员名单、监理规划,并以书面形式向业主报告。完成监理合同专用条件中约定的监理工程范围内的监理业务,不得转让委托监理合同的权利和义务。

监理单位应独立、公正地开展监理工作,监督建设各方的行为,维护建设各方的合法利益。在合同期内或合同终止后,未征得有关方同意,不得泄露与本工程、本合同业务活动相关的保密资料。

以下是监理方违反合同义务的典型案例分析:

> **监理工程师与承包商串通,项目法人遭受欺诈**
>
> 原告:××建设单位
>
> 被告:××咨询公司
>
> 某建设单位聘请一家咨询公司作为建设礼堂的施工监理。在工程完工以后,建设单位起诉该咨询公司,指控其明知承包商在修礼堂时使用了许多质量低劣的填充材料,却掩盖了这一事实并签发了礼堂工程的接收证书。本案的处理结果是法院判决咨询公司因欺诈性掩盖事实真相而承担返修责任。
>
> 【案例分析】
>
> 本案是关于监理工程师与承包商恶意串通损害项目法人的问题。依照法律规定,项目法人、承包商和监理工程师三者之间的关系上都采用合同加以约束,但由于监理单位受项目法人的委托而指派监理工程师进行监理业务,因此,监理工程师在很大程度上是为项目法人利益服务的,所以对于监理工程师倾向于项目法人,大多数承包商有充分的心理准备。
>
> 但是,在工程建设中,人们很少注意到的是承包商与监理工程师串通欺骗项目法人的情况。由于我国的大型基本建设大多是由国家投资,此时的项目法人通常是国有企业或其他各种形式的"政府业主"。在这种情况下,承包商与监理工程师串通,从而侵吞国家财产的问题就比较容易发生。如果项目法人或建设单位的某些工作人员也参加进去,侵吞国家财产的问题就更加严重了。本案就是承包商与监理工程师串通欺骗项目法人的一个例子。

此处,读者可能会疑惑,监理工程师个人与承包商串通,为何要监理企业承担法律责任?此处,要明确法律上职务行为与个人行为的区别。

> 职务行为,是指根据法律等的规定,经选举、委任或聘用而担任一定职务的人,按照一定权限所从事的经营管理活动的总称。从我国法律规定看,《民法通则》第43条规定:"企业法人对它的法定代表人和其他工作人员的经营活动,承担民事责任。"该法第121条规定:

"国家机关或者国家机关的工作人员在执行职务中,侵犯公民、法人的合法权益造成损害的,应当承担民事责任。"最高法院《关于贯彻执行〈中华人民共和国民法通则〉若干问题的意见》第58条规定:"企业法人的法定代表人和其他工作人员,以法人名义从事的经营活动,给他人造成经济损失的,企业法人应当承担民事责任。"此外,反映在程序法上,最高法院《关于贯彻执行〈中华人民共和国民事诉讼法〉若干问题的意见》第42条规定:"法人或者其他组织的工作人员因职务行为或者授权行为发生的诉讼,该法人或其他组织为当事人。"

判断法人或者其他组织的成员之行为是职务行为还是个人行为,必须从以下几个方面进行认定:① 以法人或者其他组织的名义实施。② 行为人的行为有法人或者其他组织的授权。这种授权可以基于法律获得,也可以基于法人或者其他组织的章程获得,还可以基于合法任命等事项获得。③ 行为人的行为应与授权的内容或者章程、合法任命等书面文件的规定有关,即行为人是在执行其所在法人或组织授予的职务,并且与该职务在客观存在上具有密不可分关系的事务行为。

如果不符合上述几个要件,那么在一般情况下即可以认定行为人的行为属于个人行为。

三、工程监理合同的纠纷处理

建设工程监理合同纠纷案件审理中的法律要点主要来自三个方面:其一是合同效力,建设工程监理合同无效的情形有监理单位无相应资质、超越资质或借用资质,监理单位违反监理执业禁止的规定以及《合同法》规定的合同无效的其他情形;其二是监理合同中各方法律关系;其三是监理人的法律责任,监理人怠于履行监理义务,给建设方造成损失的,应当承担相应的赔偿责任。

案例分析

案情介绍

2012年10月8日,建发公司与重庆某地产发展有限公司签订了《欧鹏·御府示范区及一期建设工程委托监理合同》,约定由建发公司负责对重庆某地产发展有限公司开发的欧鹏御府工程的监理工作,主要任务为质量控制、进度控制、成本控制、安全文明施工管理及合同管理等。2014年1月6日,建发公司向施工单位某建设股份有限公司发出了编号为B2的工程暂停令,载明:由于G1号楼、G14号楼旁18米道路施工,造成材料无法进入现场,无法施工,现通知你方于2014年1月7日00:00时起,对本工程的G1号楼、14号楼部位(工序)实施暂停施工,并按下述要求做好各项工作:1. 加强G1号楼、G14号楼现场安全的维护管理。2. 工期及费用请与建设单位协调。2014年1月11日,2名工作人员在该工程的G1号楼第8层采光井处装饰采光线的压顶混凝土作业时,从采光井搭设的架子上坠落至第二层地面经抢救无效死亡。事故发生后,璧山县人民政府立即责成璧山区安监局牵头成立了事故调查处理工作组,并于2014年1月12日进行了现场检查、勘验,对该事故进行调查取证,2014年4月14日璧山县城乡建设委员会作出《关于对1.11建筑安全事故相关责任人员限制在璧从业决定的通报》,决定对该项目经理吴某某、安全员陈某某、总监蔡某某、现场监理工程师彭某某作出限制在璧山县从业一年资格。该调查组作出了事故调查报告,并报璧山县人民政府批复。2014年4月24日璧山县人民政府作出《关于同意璧山县绿岛新区欧鹏·御府一期工程1.11高处坠落事故结案的批复》,同意调查组对该事故的原因分析和责任认定,同意事故结案。2014年5月5日,璧山区安监局向建发公司送达了行政处罚告知书及听证通知书,建发公司于2014年5月8日申请听证,2014年5月22日举行了听证会。2014年6月9日,璧山区安监局作出了(璧山)安监管罚(2014)3-2号《行政处罚决定书》(单位)。建发公司收到该处罚决定后缴纳了罚款15万元,并在法定期限内向法院提起了行政诉讼,要求判如所请。另,璧山县安全生产监督管理局于2014年9月10日更名为璧山区安全生产监督管理局。

争议焦点

1. 璧山区安监局对建发公司是否具有行政处罚权?
2. 建发公司是否已履行了监理职责?
3. 璧山区安监局作出的行政处罚决定是否过重,显失公平?

法律评析

1. 根据《中华人民共和国安全生产法》(2002年修正)第二条规定:"在中华人民共和国领域内从事生产经营活动的单位的安全生产,适用本法。有关法律、行政法规对消防安全、铁路交通安全、水上交通安全、民用航空安全另有规定的,适用其规定。"以及第九条规定:"县级以上地方各级人民政府安全生产监督管理部门依照本法,对本行政区域内安全生产工作实施综合监督管理。"据此,璧山区安监局有权对本行政区内建设工程领域的生产经营单位的安全生产工作进行综合监督管理。

2. 根据《建设工程监理规范》规定,监理公司有督促整改的职责,包括:对检查出的各类安全隐患局面通知施工单位,并监督施工单位立即整改或者暂时停工整改。《建安条例》第十四条规定"施工单位拒不改正或者不停止施工的,工程监理单位应当及时向有关主管部门报告"。本案中,建发公司虽对施工单位发出了工程暂停令,事故亦发生在工程暂停令规定的停工期间,但施工方在停工期间擅自施工而建发公司并未发现或未向有关主管部门报告,且引发事故的安全隐患并非建发公司发现并通知施工单位停工的安全隐患,故建发公司存在监督检查不到位,未能尽到监理职责。因此,建发公司认为其已履行监理职责的主张缺乏证据证明。

3. 《事故处理条例》第三十七条第一款规定,事故发生单位对事故发生负有责任的,依照下列规定处以罚款:发生一般事故的,处以10万元以上20万元以下的罚款。本案璧山区安监局是在上述规定的处罚范围内,对建发公司作出15万元的罚款决定,并无明显不当的情形。

第 10 板块
房地产交易相关法律实务

导 读

公司办了庆功宴，因为 AAA 房地产开发有限责任公司在重庆江北区的"AAA 城市花园"高档住宅小区项目终于拿到了预售许可证，通俗地说：可以卖房了。但房地产交易又涉及很多法律问题。这不，媒体常报道消费者状告开发商"广告上说的是一室一厅，接房后发现是单间配套"等。公司开展了相关法律培训，要求市场部等每位员工加强法制观念，不得损害公司利益。

在这一板块中，各位读者要特别注意：

（1）房屋买卖合同的重要条款以及可能的纠纷。

（2）集资房、经济适用房等特殊房屋是否可以买卖。

（3）商品房预售合同有别于普通商品房买卖合同的特殊性。

（4）房屋抵押、租赁过程中要特别注意的法律事项。

实训任务

【1】 购买二手房时,可能遇到哪些法律风险?如何预防与应对?

【2】 在签订商品房预售合同中,应注意哪些问题?

【3】 如今租房越来越成为一个普遍的现象,但往往有一些租房者却因为贪图便宜而上当受骗,深受其害。近日,北京市西城区法院就审理了这样一起租房诈骗案,被告人陈某和刘某分别被判处有期徒刑 1 年、1 年零 6 个月,并处罚金 1 000 元、1 500 元。

原来陈某和刘某两人分别是北京市××房地产公司复兴门部经理和业务员。今年 3 月间,两人通过其公司内部消息得知西城区京儿道 5 号楼 1 单元××号房准备出租,便采取"押房"的方式来赚钱,即先用小额资金把房子从房主手里租过来,然后高价转租给他人或与他人签订更长期的租房合同。

于是陈某和刘某以租房方便为借口借出了一个朋友的身份证,并用这个身份证与该房主签订了为期 3 个月的租房合同,交纳了 5 000 元房租。随后他们又向外刊登广告声称要出租此房屋,很快正打算租房的高某通过广告上的电话与两人取得了联系。在交易过程中,陈某和刘某故意将房租费叫得较低,同时又出示了经涂改过的房产证复印件和身份证复印件,最终骗取了高某的信任。很快高某就与陈、刘二人签订了 6 个月的租房合同,并预交了 11 000 元的租金。骗得租金后,两人就再也不与高某联系了,高某也找不着两人的踪影。之后不久,陈、刘二人又故伎重演,用同样的手段再次骗得了租房者陈某的预租金 16 000 元。但这一次他们却难逃法网,公安机关在接到事主报案后很快将两人抓获。

陈某和刘某提供虚假身份证、房产证,以房主的名义擅自与他人签订租房合同,以达到非法占有预付租金的目的,其行为已经构成了犯罪。

你觉得如何避免租房被骗?

10.1 房地产交易概述

一、房地产交易的相关基本概念

（一）房地产交易

房地产交易是指以房地产为标的而进行所有权变更、租赁、抵押等各项经营活动的总称。

房地产交易按标的物的性质可分为地产交易与房产交易两类。其中，地产交易在我国限于城镇国有土地使用权的出让、转让、抵押等形式。房产交易主要有房产买卖、租赁、抵押、交换、典当、信托等形式，既包括房产使用权的转让，也包括房产所有权的转让。

（二）涉外房地产交易

涉外房地产交易是指交易的一方或者双方均为港澳台同胞或者外籍人士。但出于传统和公共利益的考虑，我国对涉外房地产交易有一定的限制，包括房地产出售可在境内进行，也可在境外进行，但未与我国建立外交关系或没有在我国设立商务代表处的国家或地区一般应除外。此外，向境外销售的商品房，购买者的身份应当符合我国公安管理的有关规定，接受国家安全部门的审查等。

二、房地产交易的特征及原则

与普通商品交易一样，房地产交易也属于平等主体之间的民事法律行为，交易双方的关系是民事法律关系，在交易中须遵守平等、自愿、公平、等价有偿、诚实信用等民法一般原则。同时，房地产交易又有着不同于普通商品交易的特征和原则。

房地产交易的特征主要表现为以下几个方面：
（1）房地产标的物位置的固定性。
（2）房地产交易标的物金额大。
（3）房地产交易过程专业性强。
（4）房地产交易中土地使用权出让行为所设定的权利义务具有承接性。

《城市房地产管理法》第43条规定："以出让方式取得土地使用权的，转让房地产后，其土地使用权的使用权限为原土地使用权出让合同约定的使用年限减去原土地使用者已经使用的年限后的剩余年限。"第44条规定："以出让方式取得土地使用权的，转让房地产后，受让人改变原土地使用权出让合同约定的土地用途的，必须经原出让方核实、县人民政府城市规划行政主管部门的同意，签订土地使用权和出让合同变更协议或者重新签订土地使用权出让合同，相应调整土地使用权出让金。"

房地产交易不同于普通商品交易的原则有：

（1）房地一体原则，即房地产转让、抵押时，房屋所有权和土地使用权必须同时转让、抵押。

（2）及时登记原则，即房地产转让与抵押必须依法办理法定登记手续，房屋的租赁必须向房产管理部门登记备案。

（3）土地出让合同设定的权利、义务随土地使用权同时转移原则。

10.2 房地产转让法律实务

一、房地产转让的概念

房地产转让是指房地产权利人通过买卖、赠与或者其他合法方式将其房地产转移给他人的行为。房地产转让可分为有偿和无偿两种形式。有偿转让主要指房地产买卖；无偿转让主要包括房地产赠与、房地产继承等行为。

二、房地产转让的有效条件

（一）实体条件

1. 主体合法性

自然人主体，必须具备民事权利能力及完全民事行为能力，无民事行为能力人与限制民事行为能力人不得从事房地产买卖行为，应由其法定代理人代为进行。非自然人主体，包括企业、事业单位、机关团体等作为权利主体进行房地产买卖的，必须具有法人资格，否则该行为视为无效。注意：公有房屋买卖中，国有房屋出卖人应是国家授权依法行使经营和管理权利的单位，且须经国有资产管理部门批准同意；集体所有的房屋出卖人必须是集体组织及产权人；私房买卖中，机关团体、部队、企事业单位因特殊需要而购买私房的，必须经县级以上人民政府批准；商品房买卖中，开发公司须持有相关批准手续及营业执照，商品房预售主体还须符合其他法定条件。

2. 客体（房地产）合法性

不受法律限制交易的房地产，可自由转让。下列房地产禁止买卖：

（1）以出让方式取得土地使用权，但不符合法定条件的房地产不得买卖（出让金、出让合同、房屋所有权证书）。

（2）以划拨方式取得土地使用权的，转让时须报有批准权的政府审批，否则不得转让。

（3）司法机关和行政机关依法裁定、决定查封或者以其他形式限制房地产权利的房地产不得转让。

（4）依法收回土地使用权的房地产不得转让。

（5）共有房地产未经其他共有人书面同意的，不得转让。

（6）权属有争议的房地产不得转让。

（7）未经依法登记领取权属证书的房地产不得转让。

（8）除了法院判决外，在城市改造规划实施范围内，在国家建设征收土地范围内的城市房屋，禁止转让，但禁止期限不得超过1年。

（9）寺庙、道观房地产产权一般归宗教团体所有，不得转让。

3. 客观（行为合法性）

（1）机关、团体、部队、企业事业单位不得购买或变相购买城市私有房屋，如因特殊需要必须购买，须经县级以上人民政府批准。

（2）购买经济适用房不满5年的，不得直接上市交易，购房人因特殊原因确需转让经济适用房的，由政府按照原价格并考虑折旧和物价水平等因素进行回购。

（3）单位集资建房的产权关系按照经济适用住房的有关规定执行。

此处，要特别注意购买公房和经济适用房的注意事项：

已购公房和经济适用房转让的法律制度

已购公房和经济适用房是指城镇职工依据国家和县级以上地方人民政府有关城镇住房制度改革政策规定，按照成本价（或标准价）购买的公有住房，或者按照地方人民政府指导价格购买的经济适用房屋。其在国家提供补贴的前提下成交，成交价格一般低于市场价。建设部1999年4月19日颁布《已购公有住房和经济适用住房上市出售管理暂行办法》，对公房和经济适用房的交易进行了特殊规定。

已取得合法产权证书的已购公有住房和经济适用住房可以上市出售，但有下列情形之一的已购公有住房和经济适用住房不得上市出售：

（1）以低于房改政策规定的价格购买且没有按照规定补足房价款的。

（2）住房面积超过省、自治区、直辖市人民政府规定的控制标准，或者违反规定利用公款超标准装修，且超标部分未按照规定退回或者补足房价款及装修费用的。

（3）处于户籍冻结地区并已列入拆迁公告范围内的。

（4）产权共有的房屋，其他共有人不同意出售的。

（5）已抵押且未经抵押权人书面同意转让的。

（6）上市出售后形成新的住房困难的。

（7）擅自改变房屋使用性质的。

（8）法律、法规以及县级以上人民政府规定其他不宜出售的。

已购公有住房和经济适用住房所有权人要求将已购公有住房和经济适用住房上市出售的，应当向房屋所在地的县级以上人民政府房地产行政主管部门提出申请，并提交下列材料：

> （1）职工已购公有住房和经济适用住房上市出售申请表。
> （2）房屋所有权证书、土地使用权证书或者房地产权证书。
> （3）身份证及户籍证明或者其他有效身份证件。
> （4）同住成年人同意上市出售的书面意见。
> （5）个人拥有部分产权的住房，还应当提供原产权单位在同等条件下保留或者放弃优先购买权的书面意见。
>
> 房地产行政主管部门对已购公有住房和经济适用住房所有权人提出的上市出售申请进行审核，并自收到申请之日起15日内作出是否准予其上市出售的书面意见。

（4）房屋所有人出卖租出的城市私有房屋的，须在合理期限之前通知承租人，在同等条件下，承租人有优先购买权。

（5）城市私房共有人出卖共有房屋的，在同等条件下，共有人有优先购买权。

（6）共有旧房出售时，原住户有优先购买权。

4. 房地产转让不得违反政策、法律和社会公德

（二）形式要件

如书面合同、登记、权属证书。

三、房地产转让合同

房地产转让必须订立书面合同。根据《城市房地产管理法》第410条和《城市房地产转让管理规定》第8条的规定，房地产转让合同应当载明以下主要内容：

（1）双方当事人的姓名或者名称、住所。
（2）房地产权属证书名称和编号。
（3）房地产坐落位置、面积、四周界限。
（4）土地宗地号、土地使用权取得的方式及年限。
（5）房地产的用途或者使用性质。
（6）成交价格及支付方式。
（7）房地产交付使用的时间。
（8）违约责任。
（9）双方约定的其他事项。

以下是房屋买卖合同范本：

房屋买卖合同书
甲方（卖方）： 乙方（买方）：

甲、乙双方就房屋买卖事项，经协商一致，达成以下合同条款：

一、甲方自愿将坐落在＿＿＿＿＿＿市＿＿＿＿＿区＿＿＿＿＿路＿＿＿＿＿＿小区＿＿号楼＿＿单元＿＿室（建筑面积＿＿＿＿平方米，储藏室＿＿＿＿平方米，产权证号＿＿＿＿＿＿）房地产出卖给乙方，并将与所出卖该房产的相关的土地使用权同时出卖给乙方（附房产证复印件及该房产位置图）。

二、双方议定上述房地产及附属建筑物总价款为人民币大写＿＿＿＿＿＿，即人民币小写＿＿＿＿＿＿。

三、乙方在签订本合同时，支付定金＿＿＿＿＿＿，即小写＿＿＿＿＿＿。

四、乙方支付定金之日起＿＿个月内，向甲方支付首付款（定金从中扣除）＿＿＿＿＿，首付款之外的款项通过银行住房按揭方式交付（有关期限和程序按照所在按揭银行规定办理）。

五、甲方保证该房产合法、权属清楚、有合法的土地使用权（已交纳土地出让金）。

六、办理房产证手续所产生的有关税费由＿＿＿＿＿＿方承担。

七、乙方支付首付款后，甲方即积极配合乙方办理有关房产过户手续，待房产过户到乙方名下之时，乙方应向甲方付清全部房款余额。

八、甲方应在＿＿＿＿＿＿前将该房产交付乙方；届时该房产应无任何担保、抵押、房产瑕疵，无人租住、使用；无欠账，如电话费、水电费、物业管理费、取暖费、入网费、有线电视费等。

九、本合同签订后，如一方违反本合同条款，该方应向对方支付＿＿＿＿＿＿元的违约金；一方如不能按规定交付房产或按规定支付房款，每逾期1日，应向对方支付50元罚金，逾期30日视为毁约；如因政府及银行规定，本合同涉及房产手续客观上不能办理过户或银行不能办理按揭导致合同解除，不适用本条款。

十、交付该房产，甲方不得损坏该房产的结构、地面和墙壁及不适移动的物件，并将抽风机×台（型号：　），空调×台（型号：　），热水器×台（型号：　），浴霸×台（型号：　），饮水机×台（型号：　），音响×台（型号：　），晾衣架×个，房内灯具，前后门窗窗帘，电脑桌×张，橱卫设施等，让与乙方（含在房屋价值内）。

十一、本协议一式两份，具有同等法律效力，自双方签字之日生效。

十二、附加条款：

甲方（卖方）：（印）　　　　　　身份证号：
住址：　　　　　　　　　　　　　电话：
　　年　　月　　日

乙方（买方）：（印）　　　　　　身份证号：
住址：　　　　　　　　　　　　　电话：
　　年　　月　　日

【案例分析】

房屋未办过户手续，该买卖合同是否有效？

2009年4月20日，郭某与曾某签订了一份房屋买卖协议，双方约定：郭某自愿将其所有的一套商品房，作价100 000元出售给曾某，签订协议之日曾某预付房款80 000元，余款

20 000元于同年8月20日前郭某交付房屋时一次性支付。郭某承诺在9月20日之前协助曾某办理房产过户手续。协议签订后，曾某按约付清了房款，郭某也交付了房屋。后郭某反悔，不想把房子卖给曾某。2009年9月20日，曾某依约要求郭某办理房屋过户手续遭郭某拒绝，郭某于同年9月10日诉至法院，以房屋未办理房产过户手续要求法院判令曾某归还房屋，并表示愿意退还房款本息。

【分歧】 对本案郭某与曾某签订的买卖房屋协议是否有效，合议庭存在以下分歧意见：

第一种意见认为：买卖城市和有房屋买卖双方须持房屋所有权证、身份证明、房屋买卖协议到房屋所在地房产管理机关办理房屋产权变更登记，郭某与曾某虽然房款两清，但未根据《城市房屋管理条例》第9条规定，办理房屋产权变更登记，该房屋买卖行为系无效的民事行为。为此，根据《中华人民共和国民法通则》第58条第五项、第七项及国务院《城市私有房屋管理条例》第9条之规定，郭某与曾某的房屋买卖协议无效。

第二种意见认为：郭某与曾某之间签订的房屋买卖协议，是双方的真实意思表示，且已实际履行，该房买卖协议是有效协议。依据《中华人民共和国民法通则》第55条、最高法院《关于贯彻执行民事政策法律若干问题的意见》第56条之规定，郭某与曾某房屋买卖协议有效。郭某应提供有效证件协助曾某办理房屋产权变更登记。

请根据现有知识，判断哪种意见是正确的。

【参考答案】

本案郭某与曾某诉争的案件事实清楚，焦点是双方签订的买卖房屋协议是否有效。司法实践中常常存在一个误区，认为房屋买卖合同行为是负法律行为，不办理房屋变更过户手续违反了法律和行政规定，是无效民事行为。但这种认识是有失偏颇的。我国《城市私有房屋管理条例》规定，买卖房屋双方应到房产管理部门进行房屋产权变更登记。该条例的规定体现了国家对不动产的监督和管理，但这并不意味着未办理房屋产权变更手续的房屋买卖协议即视为无效的民事行为。最高法院《关于贯彻执行民事政策法律若干问题的意见》第56条规定："买卖双方自愿并立有契约，买方交付了房款，并实际使用和管理了房屋，又没有其他违法行为，只是买卖手续不完善的，应认为买卖关系有效，但应责令其补办房屋买卖手续。"此后，最高法院法发（1993）37号《全国民事审判工作座谈会议纪要》规定："审理房地产案件，应尊重合同双方当事人的意思表示。只要双方当事人的约定不违反法律政策，不损害国家利益、公共利益和他人利益，就应维护合同的效力。"

本案中郭某与曾某之间的房屋买卖协议体现了双方的真实意思表示，且已房款两清，郭某拒绝协助办理房屋产权变更手续，侵害了曾某的合法权益。故本案应依据我国《民法通则》及相关司法解释，认定郭某与曾某的房屋协议有效。

10.3 商品房预售法律实务

由于商品房预售在实际中很常见，但其法律制度又有其特殊性，因此单独讲解。

一、商品房预售概念

商品房是指由房地产开发公司综合开发，建成后出售的住宅、商业用房以及其他建筑物。商品房预售指房地产开发经营单位将建设中的商品房预先出售给承购人，由承购人根据预售合同支付房款并在房屋竣工验收合格后取得房屋所有权的房屋买卖形式。预售商品房也称楼花或期楼。

对商品房预售概念的理解应注意以下几点：一是预售房屋买卖行为的标的物在订约时尚在施工中；二是楼花本身可以自由转让；三是商品房预售领域具有较强的国家干预性，承购人付出价款之后得到的只是一种对未来房屋所有权的期待，买方当事人处在不利的地位上，因此国家对商品房预售行为有较为严格的限制。

二、商品房预售条件

商品房预售方应当符合法律规定的资格条件，否则不能从事商品房预售活动。根据建设部《城市商品房预售管理办法》规定，商品房预售应当符合下列条件：
（1）已交付全部土地使用权出让金，取得土地使用权证书。
（2）持有建设工程规划许可证和施工许可证。
（3）按提供预售的商品房计算，投入开发建设的资金达到工程建设总投资的25%以上，并已经确定施工进度和竣工交付日期。

商品房预售实行许可制度。开发企业进行商品房预售，应当向房地产管理部门申请预售许可，取得《商品房预售许可证》。未取得《商品房预售许可证》的，不得进行商品房预售。

实务中，如要申请预售许可，应当提交下列证件（复印件）及资料：

> （1）商品房预售许可申请表。
> （2）开发企业的《营业执照》和资质证书。
> （3）土地使用权证、建设工程规划许可证、施工许可证。
> （4）投入开发建设的资金占工程建设总投资的比例符合规定条件的证明。
> （5）工程施工合同及关于施工进度的说明。
> （6）商品房预售方案。预售方案应当说明预售商品房的位置、面积、竣工交付日期等内容，并应当附预售商品房分层平面图。

三、商品房预售合同

商品房预售合同，又称期房买卖合同，是指房地产开发经营单位与预购方签订的，就承购方交付定金或预购款，开发商在未来的一定期日交付现房的交易行为达成的协议。从主体上看，预售方必须是符合《城市房地产管理法》第45条所规定的企业法人，否则合同无效；从合同形式上看，预售方和预购方须订立书面合同，口头协议不发生效力；此外，根据《城市房地产管理法》第 45 条第 2 款规定"商品房预售人应当按照国家有关规定将预售合同报县级以上人民政府房产管理部门和土地管理部门登记备案",并且根据《城市商品房预售管理办法》第 10 条规定,商品房预售登记备案的时间限定在合同签订之日起 30 日内。

商品房预售合同的主要条款:

(1)主体。

(2)标的。

(3)价款。

(4)履约方式。

(5)违约责任。

(6)预售当事人的权利义务。

预售人的义务:于合同约定的将来某个期日交付房屋并转移房屋所有权的义务;瑕疵担保义务(包括质量担保及权利担保);专款专用义务:预售方通过预售商品房获得资金,必须全部用于商品房的建设,不能挪做他用;缴纳、代收房地产有关税费的义务。

预购人的义务:支付房价款义务;缴纳有关税费义务,包括契税、印花税、房地产产权登记费、房屋过户手续费等。

以下是商品房预售合同范本:

商品房预售合同

预售人(下称"甲方"):＿＿＿＿＿＿＿

预购人(下称"乙方"):＿＿＿＿＿＿＿

甲方已领取＿＿＿号《国有土地使用证》,依法享有＿＿＿市＿＿＿区＿＿＿地块的国有土地使用权;该宗地块地号为＿＿＿＿＿。

甲方获准在上述地块上开发建设的商品房【 】地名核准名称【 】暂定名称为＿＿＿＿。

甲方已领取×房销第＿＿＿＿号《商品房预售许可证》,依法可以预售相应商品房。

根据《中华人民共和国合同法》、《中华人民共和国城市房地产管理法》以及建设部《城市商品房预售管理办法》、《商品房销售管理办法》等规定,甲、乙双方就商品房预售事宜,经协商一致,订立合同如下。

第一条 合同标的基本情况

一、甲方预售给乙方的商品房(下称"该商品房")为上述《××市商品房预售许可证》证载范围中的＿＿＿＿＿号,该房号为【 】公安审定编号【 】工程暂定编号＿＿＿＿＿。该商品房所在楼幢的总平面位置见附件1总平面图,套型及分层平面位置图见附件2。

二、该商品房所在楼幢的主体建筑结构为＿＿＿＿＿,主体建筑层数为＿＿＿＿＿层,其中+0.00米以下＿＿＿＿层,+0.00米以上＿＿＿＿层,该商品房位于【 】+0.00米以上【 】+0.00米以下第＿＿＿＿层。

三、该商品房设计用途为＿＿＿＿＿,层高＿＿＿＿米(与本层高不一致的部位另见附件2中的层高标注)。

四、该商品房的建筑面积＿＿＿＿＿平方米,其中套内建筑面积＿＿＿＿＿平方米,共有共用分摊建筑面积＿＿＿＿＿平方米。计入上述共有共用分摊面积的建筑部位见附件3。

五、该商品房的装修装饰材料及设备标准见附件 4。

六、该商品房占用范围内的国有土地使用权，其土地使用权面积在乙方办理国有土地使用权登记时，由政府主管部门核定。该商品房的土地用途为＿＿＿＿，土地使用年限自＿＿年＿＿月＿＿日起至＿＿年＿＿月＿＿日止。

七、该商品房所在楼幢当前的工程建设形象进度为＿＿＿＿。

第二条 该商品房的权利瑕疵

一、甲方告知乙方，该商品房存在下列权利瑕疵：

【 】其占用范围内的土地使用权已设定抵押，抵押权人为＿＿，抵押登记部门为＿＿，抵押登记日期为＿＿。

【 】已设定在建工程抵押，抵押权人为＿＿＿，抵押登记部门为＿＿＿，抵押登记日期为＿＿＿。

二、甲方已通知抵押权人预售该商品房的证明和甲方处理上述权利瑕疵的承诺见附件 5。

第三条 定金及其处理办法

一、乙方应于＿＿前向甲方支付定金（大写＿＿元）（小写＿＿元），币种＿＿。

二、甲、乙双方履行本契约时，定金按下列方式处理：＿＿＿＿。

【 】在乙方最后一次付款时充抵合同价款。

【 】在＿＿＿时，甲方一次性返还乙方。

第四条 计价方式与价款

乙方预购该商品房以建筑面积计价，单价为＿＿元每平方米，总价款合计（大写）＿＿，（小写）＿＿＿，币种为＿＿＿。该总价款由下列款项构成：＿＿＿＿＿＿。

【√】房价款：＿＿＿＿元。

【 】房屋套内的装饰装修款：＿＿＿＿元。

第五条 付款方式、时间和迟延付款的责任

一、乙方应按下列方式和时间向甲方支付合同价款：

【 】一次性付款：＿＿＿＿＿。

【 】分期付款：＿＿＿＿＿。

【 】预购商品房抵押贷款：＿＿＿＿。

按本款约定，乙方应向贷款银行提交完备贷款申请资料的日期，视为乙方应当付款的日期。贷款银行按约发放贷款的，乙方实际向贷款银行提交完备贷款申请资料的日期，视为乙方实际付款的日期。

二、乙方迟延支付合同价款的，应向甲方承担下列违约责任，但甲方依法解除本合同的除外：

【 】按照未付到期价款的中国人民银行同期商业贷款基准利率计算的迟延期间的利息，向甲方支付违约金。

【 】按照未付到期价款的万分之＿＿＿/天计算，向甲方支付迟延期间的违约金。

三、乙方迟延支付合同价款，经甲方催告后_____日后仍未支付到期价款，且未付到期价款的金额达到总价款_____%的，甲方有权解除本合同，并按下列约定清理和结算：

【 】按中国人民银行同期商业贷款基准利率计算，甲方可要求乙方按照总价款在本合同签订之日起至本合同解除之日止同期利息的_____倍赔偿损失。甲方应在解除本合同_____日内，将已收价款扣除乙方应当赔偿的金额后退还乙方。乙方尚有预购商品房抵押贷款未归还的，甲方可用应当退还乙方的款项代乙方归还已到期的贷款并提前归还尚未到期的贷款。

本合同解除时另有定金的，定金也不予返还。

乙方应在甲方解除本合同_____日内，协助甲方到登记机关注销本合同解除前办理的各项登记手续。因乙方原因导致本合同解除前办理的登记手续迟延注销的，乙方承担下列违约责任：

【 】按照总价款的万分之_____/天计算，向甲方支付迟延期间的违约金。

第六条 房屋交付时间、条件和迟延交付的责任

一、甲方应于_____年_____月_____日前向乙方交付该商品房。

二、该商品房交付时应当符合下列条件：

【√】已取得《建设工程规划验收合格书》和房屋建筑工程竣工验收备案证明材料。

【√】已取得用于房屋权属登记的《房屋测绘成果》。

【 】第二条所列权利瑕疵已消灭。

【 】应当在交付该商品房同时达到甲方承诺条件的附件6中的第_____项已达到甲方承诺的条件。

该商品房为住宅的，甲方还应当提供《住宅质量保证书》和《住宅使用说明书》。

三、甲方迟延交付该商品房的，应承担下列违约责任，但乙方解除本合同的除外：

【 】按照已收价款的中国人民银行同期商业贷款基准利率计算的迟延期间的利息，向乙方支付违约金。

【 】按照已收价款的万分之_____/天计算，向乙方支付迟延期间的违约金。

【 】按照房地产评估机构评定的同地段同类房屋租金标准计算违约金。

四、甲方迟延交付该商品房，经乙方催告后_____日后仍未交付的，乙方有权解除本合同，并按下列约定清理和结算：

【 】按中国人民银行同期商业贷款基准利率计算，乙方可要求甲方按照总价款在本合同签订之日起至本合同解除之日止同期利息的_____倍赔偿损失。甲方应在解除本合同_____日内，将已收价款退还乙方并同时向乙方支付赔偿金。乙方尚有预购商品房抵押贷款未归还的，甲方可用应当退还和支付给乙方的款项代乙方归还已到期的贷款并提前归还尚未到期的贷款。

本合同解除时另有定金的，还应双倍返还定金。

乙方应在收到以上约定的款项后_____日内，协助甲方到登记机关注销本合同解除前办理的各项登记手续。因乙方原因导致本合同解除前办理的登记手续迟延注销的，乙方承担下列违约责任：

【 】按照总价款的万分之_____/天计算，向甲方支付迟延期间的违约金。

第七条 配套基础设施和其他设施

一、甲方对配套基础设施及其他设施的承诺见附件6。

二、附件6中的设施迟延达到甲方承诺条件的，甲方承担下列违约责任，但乙方解除本合同的除外：

【 】按照_____元/天·项计算，向乙方支付违约金。

本款约定的违约责任不与第六条约定的迟延交付违约责任累加适用。

三、该商品房交付后，附件6中第_____项设施迟延达到甲方承诺条件，经乙方催告后_____日内仍未达到的，乙方有权解除本合同，并按下列方式处理：_____。

第八条 配套房屋和建筑的产权归属

甲、乙双方约定，附件7所列配套房屋和建筑，虽未计入上述共有共用分摊面积，但随商品房的销售，应当无偿转移归全体业主共有，并由全体业主按规定享有权利、承担义务。

除附件7所列项目以外的配套房屋和建筑归甲方所有。但权利人应当按规划核定用途使用配套房屋和建筑，不得擅自改变其用途。

第九条 规划和设计变更的约定

一、甲方承诺按已公示的商品房项目的《建设工程规划许可证》和核准图所确定的条件进行建设。

二、经规划行政主管部门批准，该商品房项目的《建设工程规划许可证》规定条件在本合同生效后发生变更，出现下列影响该商品房质量或使用功能的情形，甲方应在变更被批准之日起_____日内（应当不超过10日）书面通知乙方：_____。

【 】该商品房所在楼幢与相邻楼幢的正面建筑间距比原间距减少_____米。

【 】南面相邻楼幢檐口高度增加_____米。

【 】该商品房朝向的方位偏角变化值超过_____度。

三、经设计单位同意，该商品房的建筑工程设计文件在本合同生效后发生变更，出现下列影响该商品房质量或使用功能的情形，甲方应在变更确立之日起_____日内（应当不超过10日）书面通知乙方：

【√】该商品房结构形式发生变化。

【√】该商品房户型发生变化。

【√】该商品房空间尺寸发生变化，导致层高降低值超过_____厘米，或导致本合同约定的建筑面积变化超过_____平方米。

【 】该商品房共有共用建筑面积分摊系数比原系数的增大值超过_____%。

四、乙方收到甲方的通知后_____日内作出是否解除本合同的书面答复；乙方在约定的期限内未作书面答复本合同的，按下列约定处理：

【 】视同乙方接受变更以及由此引起的合同价款变更。

五、甲方在约定的期限内未书面通知乙方的，乙方有权解除本合同。

乙方解除本合同的，甲、乙双方按下列约定清理和结算：

【 】甲方应在本合同解除后　日内将已付价款、定金以及按中国人民银行同期商业贷款利率计算的利息返还给乙方，并按总价款的_____%赔偿乙方损失。

六、乙方收到甲方通知后在约定期限内书面答复不解除本合同，或甲方在约定的期限内未书面通知乙方，但乙方不解除本合同的，甲方应按变更给乙方造成的实际影响，给予乙方相应补偿。甲、乙双方应按公平合理的原则协商解决补偿问题；协商不成的，双方按本合同第十八条约定的方式解决争议。

七、该商品房项目和该商品房的建筑工程设计文件在本合同生效后发生其他规划变更或设计变更的，甲、乙双方的权利义务按法律法规和其他国家规定的精神处理。

第十条 房屋交付和接收手续

一、该商品房具备第六条第二款约定的交付条件后，甲方应当在确定的交付日期前____天，书面通知乙方办理交接手续的时间、地点以及应当携带的证件。甲方通知确定的交付日期应当给乙方必要的准备时间和必要的方便。

二、甲、乙双方进行交接时，甲方应当出示第六条第二款约定的证明文件，并满足第六条第二款约定的其他交付条件。甲方不出示证明文件或者出示的证明文件不齐全，或未满足第六条第二款约定的其他交付条件的，乙方有权拒绝接收该商品房，甲方按第六条的约定承担迟延交付的责任。

甲、乙双方进行交接时，甲方明确告知乙方交付的商品房尚未取得第六条第二款约定的证明文件或尚未满足第六条第二款约定的其他交付条件，乙方仍愿意接收该商品房的，视为双方对房屋交付条件的变更。

三、甲、乙双方签署商品房交接单，交接钥匙后即为交付。

四、该商品房已满足交付条件，但乙方收到甲方的书面交房通知后，拒绝接收该商品房或未如期办理交接手续的，按下列方式处理：

【 】乙方按每天_____元向甲方支付逾期交接期间的违约金，该房屋毁损、灭失的风险自书面交房通知确定的交付日起由乙方承担。

第十一条 面积差异和其他差异的处理

一、甲、乙双方办理交接手续时，第六条第二款中《房屋测绘成果》载明的该商品房实测面积与第一条约定的面积发生误差的，按下列方式处理：

【 】建筑面积误差比绝对值在_____%以内（含本数，不得超过3%）的，按照第四条约定的价格据实结算。

建筑面积误差比绝对值超出上述比值的，乙方有权解除本合同。乙方解除本合同的，甲方应当自本合同解除之日起_____日内退还乙方已付价款，并按照年利率_____%计算支付利息。乙方同意继续履行本合同，实测建筑面积大于本合同约定建筑面积的，在上述比值以内（含本数）部分的价款由乙方按第四条约定价格补足，超出上述比值部分的价款乙方可不予承担，但其所有权归乙方所有；实测建筑面积小于本合同约定建筑面积的，在上述比值以内（含本数）部分的价款由甲方返还乙方，超出上述比值部分的价款由甲方双倍返还乙方。

二、其他差异的处理：

1. 该商品房的实际层高低于第一条约定层高，其误差值超过国家有关规范、标准允许误差值的，甲方承担下列责任：

2. 该商品房交付的装饰装修材料和设备标准低于附件 4 约定标准的，甲方承担下列违约责任：

【 】按交付时的市场差价双倍赔偿乙方。

第十二条 预售款专用和监管

一、甲方保证，在该商品房竣工前，所收取的合同价款专项用于该商品房所在楼幢的工程建设，不挪作他用。

二、甲方已与_____银行签订商品房预售款监管合同，银行监管账户的开户行为_____。

甲、乙双方同意，乙方在该商品房竣工前支付的合同价款应由上述银行按商品房预收款监管的有关规定监管使用。

第十三条 商品房质量保证

一、甲方承诺该商品房使用合格的建筑材料、构配件，该商品房质量符合国家和省、市颁布的工程质量规范、标准和施工图设计文件的要求。

二、经有市级以上检测资质的省、市建筑工程质量检测机构检测，该商品房主体结构质量确属不合格的，或因该商品房存在重大工程质量问题，严重影响正常使用的，乙方有权解除本合同。乙方解除本合同的，按下列约定清理和结算：

【 】甲方应在本合同解除后_____日内退还全部已付款，并按照_____利率计算支付利息；给乙方造成经济损失的，由甲方承担赔偿责任。

三、该商品房的工程质量保修范围和保修期见附件 8，保修期自该商品房交付之日起计算。

甲方应按国家规定和本合同约定承担该商品房的工程质量保修责任。保修期内，乙方发现该商品房存在工程质量问题的，应及时通知甲方或其受托人；甲方或其受托人接到乙方的报修通知后应在_____小时内到场检查（双方另约时间的除外），并根据工程质量问题的实际情况与乙方商定具体维修日期，及时、合理安排维修。乙方应在甲方或其受托人检查、维修期间给予必要配合。

甲方委托代为承担保修任务的受托人应当在_____年内常驻该商品房项目现场。甲方没有将保修任务委托给受托人的，甲方应当在_____年内设立常驻该商品房项目现场的报修点。

甲方或其受托人怠于履行该商品房工程质量保修责任的，应当承担下列责任：

【 】按每拖延一天_____元计算，向乙方支付违约金。

该商品房在保修期内因工程质量问题造成乙方经济损失的，甲方按下列约定赔偿乙方：

【 】乙方的实际经济损失。

四、甲、乙双方对该商品房工程质量问题发生争议的，任何一方均可委托由市级以上检测资质的省、市建筑工程质量检测机构检测，另一方应当配合和协助检测工作。

检测结果支持一方主张的，由对方承担检测费用。

第十四条 前期物业服务（前期物业管理期间签订本合同时适用）

一、本合同签订前，甲方就该商品房所在商品房项目的物业管理已与物业管理企业签订《前期物业服务合同》，并制定了《业主临时公约》。《前期物业服务合同》和《业主临时公约》详见附件9.1、附件9.2。

乙方已详细阅读并自愿遵守该《前期物业服务合同》，同时已签订了《业主临时公约》，并承诺按其规定行使权利、履行义务。

本合同签订后，经业主大会依法产生业主委员会，业主委员会受业主委托与选聘的物业管理企业签订的《物业服务合同》、业主大会制定的《业主公约》依法生效的，上述《前期物业服务合同》、《业主临时公约》自行终止。

二、与该商品房的物业管理有关的其他事项见附件9.3。

第十五条 合同备案手续和权属登记手续

一、本合同签订后_____日内（应当不超过10日），甲方应按规定通过××市网上房地产操作系统，将本合同基本信息传送至××市房产管理局产权市场处备案。

二、在本合同基本信息传送至××市房产管理局产权市场处备案后，且在本合同签订后_____日内（应当不超过30日），甲、乙双方应按规定办理商品房预售合同登记备案手续。

三、乙方为支付合同价款需申请预购商品房抵押登记的，甲、乙双方应当同时或在先办理商品房预售合同登记备案手续。

四、该商品房交付后_____日内（应当不超过90日），甲、乙双方应当共同申请房屋所有权转移登记。

甲方应当在双方申请房屋所有权转移登记前，将需要由其提供的房屋权属登记资料报送××市房产管理局产权市场处。

五、甲方承诺：

【 】乙方领取《房屋所有权证》后，乙方有权且应当要求甲方及时配合办理该商品房占用范围内的国有土地使用权变更登记。

【 】乙方领取《房屋所有权证》_____天后，乙方有权且应当要求甲方配合办理该商品房占用范围内的国有土地使用权变更登记。

六、因一方过错，导致本条约定的上列手续迟延办理，经对方催告后_____天仍未办理的，过错方应向对方承担下列违约责任：

【 】按每迟延一天_____元计算，支付违约金。

七、附件7中的配套房屋建成后，甲方应按规定及时移交给业主委员会或物业管理企业。其中，物业管理服务用房在甲方办理房屋所有权初始登记时按规定程序以物业管理区域内的全体业主名义申请房屋权属登记；其他符合所有权登记条件的且业主委员会已成立的，甲方应配合业主委员会按有关规定及时办理房屋所有权转移登记，将其登记在全体业主名下。

第十六条 生效条件 甲、乙双方约定，本合同经双方签署并_____后生效。

第十七条 送达 一方向对方送达的有关本合同的文件，以本合同载明的通信地址为送达目的地；一方若需变更通讯地址，应当及时通知对方。因接收方或其签收人原因导致接收方没有收到送达文件的，视为已送达。

第十八条 争议解决方式　因本合同的订立、效力、履行、变更和转让、终止等发生争议的，甲、乙双方应协商解决。协商不成的，按下列方式解决：

【　】向法院提起诉讼。

【　】向南京仲裁委员会申请仲裁。

【　】向_____仲裁委员会申请仲裁。

第十九条 补充协议、附件内容、空格的填写内容的效力

一、本合同未尽事宜，甲、乙双方可签订补充协议。补充协议与本合同具有同等法律效力。但补充协议中的内容系不合理地减轻或免除本合同约定应当由甲方承担的责任，或者不合理地加重乙方责任、排除乙方主要权利的，仍以本合同为准。

二、本合同的附件是本合同不可分割的组成部分，附件内容、空格的填写内容与铅印内容具有同等法律效力。但附件内容、空格部分的填写内容排除铅印部分中的非选用性内容，且系不合理地减轻或免除本合同约定应当由甲方承担的责任，或者不合理地加重乙方责任、排除乙方主要权利的，仍以被排除的铅印内容为准。

第二十条 合同份数及其签订后收执的约定

本合同一式_____份；其中甲方_____份，乙方_____份；乙方另执"乙方办理登记手续专用"文本一份。

附件1　总平面图
（如粘贴需加盖骑缝章）

附件2　套型及分层平面位置图
（如粘贴需加盖骑缝章）

附件3　计入共有共用分摊面积的共有部位
（参见网上房地产公示内容）

附件4　装饰装修及设备标准
（精装修的，由双方另行约定）

【√】外墙：

【√】内墙：

【√】顶棚：

【√】室内地面：

【　】外窗：

【　】单元防盗门：

【　】分户门：

【　】内门：

【　】厨房：　　　【√】地面：

【√】墙面：

【√】顶棚：

【 】设施：
【 】卫生间： 【√】地面：
【√】墙面：
【√】顶棚：
【 】洁具：
【 】电梯： 【√】品牌名称和型号：
【√】产地：
【 】其他：

附件5
甲方已通知抵押权人预售该商品房的证明
（如粘贴需加盖骑缝章）

甲方处理权利瑕疵的承诺
【 】本合同签订后_____天内注销该商品房的抵押登记。
【 】办理商品房预售合同登记备案手续前注销抵押登记。
【 】该商品房交付前注销抵押登记。
【 】办理房屋所有权转移登记前注销抵押登记。

因甲方原因导致上述注销抵押登记手续迟延办理，经乙方催告后_____天内仍未办理，或甲方提供虚假"甲方已通知抵押权人预售该商品房的证明"的，乙方有权解除本合同，并按下列方式清理和结算：
【 】甲方应在本合同解除后_____天内将已付价款以及按_____利率计算的利息返还乙方，并另按已付价款金额的一倍向乙方承担惩罚性赔偿责任。

附件6 配套基础设施及其他设施
【 】1. 上水、下水设施：
_____年_____月_____日达到；
【 】2. 供配电设施：
_____年_____月_____日达到；
【 】3. 燃气供应设施：
_____年_____月_____日达到；
【 】4. 供暖、供冷设施：
_____年_____月_____日达到；
【 】5. 小区安护设施：
_____年_____月_____日达到；
【 】6. 公共道路：
_____年_____月_____日达到；
【 】7. 公共绿地：
_____年_____月_____日达到；

【　】8. 共用停车库/场
　　　位于：_____
　　　数量：_____
　　　_____年_____月_____日达到；
【　】9. 会所
　　　位于：_____
　　　约定的用途为：_____

【　】其他综合零售；【　】粮油零售；【　】糕点、面包零售；【　】其他日用品零售；
【　】正餐服务；【　】快餐服务；【　】其他餐饮服务；【　】家庭服务；【　】托儿所；
【　】洗染服务；【　】理发及美容保健服务；【　】洗浴服务；【　】摄影扩印服务；
【　】其他居民服务业；【　】家用电器修理；【　】其他日用品修理；【　】建筑物清洁服务；
【　】其他清洁服务。
以上概念的涵义以 GBT4754—2002《国民经济行业分类》为准。

约定的服务对象为：
【　】仅限于该商品房项目的物业业主、物业使用人及其随行人。
【　】仅限于该商品房所在物业管理区域的物业业主、物业使用人及其随行人。
【　】可向社会开放经营。
　　　_____年_____月_____日达到。
双方的其他约定：
【　】会所的业主或使用人需改变会所用途的，需由该商品房所在物业管理区域内持有二分之一以上投票权业主参与表决，并取得与会业主中二分之一以上投票权的业主的同意。业主投票权参照业主在业主大会中的投票权确定。
【　】会所的业主或使用人需扩大会所服务对象范围的，需由该商品房所在物业管理区域内持有二分之一以上投票权业主参与表决，并取得与会业主中二分之一以上投票权的业主的同意。业主投票权参照业主在业主大会中的投票权确定。

【　】10. 体育设施：_____
　　　约定的服务对象：_____
　　　_____年_____月_____日达到；
【　】11. 购物中心：
　　　约定的服务对象：_____
　　　_____年_____月_____日达到；
【　】12. 幼儿园：
　　　_____年_____月_____日达到；
【　】13. 学校：
　　　_____年_____月_____日达到；
【　】14. 其他：

附件7　未计入共有共用分摊面积但归全体业主共有的房屋和建筑
　　　一、网上房地产已公示的内容：
　　　二、甲、乙双方约定的其他内容：

附件8　保修范围和保修期
【√】基础设施、房屋的地基基础和主体结构，为设计文件规定的合理使用年限。【√】房屋防水、有防水要求的卫生间、厨房、房间和外墙面的防渗漏，为＿＿＿年（不低于5年）。
【√】墙面、顶棚抹灰层脱落，为＿＿＿＿年（不低于1年）。【√】地面空鼓开裂、大面积起砂，为＿＿＿＿年（不低于1年）。
【√】电气管线、给排水管道、设备安装和装修，为＿＿＿＿年（不低于2年）。【√】管道堵塞，为＿＿＿＿个月（不低于2个月）。
【√】房屋白蚁预防，为＿＿＿＿年（不低于15年）。【　】门窗翘裂、五金件损坏，为＿＿＿年（不低于1年）。【　】灯具、电器开关，为＿＿＿＿个月（不低于6个月）。【　】卫生洁具，为＿＿＿＿年（不低于1年）。
【　】供热与供冷系统，为＿＿＿＿个采暖期、供冷期（不低于2个）。
【　】基础设施、房屋的地基基础和主体结构，为设计文件规定的合理使用年限。
【　】房屋防水、有防水要求的卫生间、厨房、房间和外墙面的防渗漏，为＿＿＿年（不低于5年）。
【　】墙面、顶棚抹灰层脱落，为＿＿＿＿年（不低于1年）。
【　】地面空鼓开裂、大面积起砂，为＿＿＿＿年（不低于1年）。
【　】电气管线、给排水管道、设备安装和装修，为＿＿＿＿年（不低于2年）。
【　】管道堵塞，为＿＿＿＿个月（不低于2个月）。
【　】房屋白蚁预防，为＿＿＿＿年（不低于15年）。
【　】门窗翘裂、五金件损坏，为＿＿＿年（不低于1年）。
【　】灯具、电器开关，为＿＿＿＿个月（不低于6个月）。
【　】卫生洁具，为＿＿＿＿年（不低于1年）。
【　】供热与供冷系统，为＿＿＿＿个采暖期、供冷期（不低于2个）。

附件9.3　与物业管理有关的其他重要事项
1. 注明承重结构的房屋结构详图
（如粘贴需加盖骑缝章）
【　】共用能耗计量部位：
【　】共用能耗费用分摊办法：
【　】安全合理使用该商品房的其他注意事项：
甲、乙双方的其他约定
（此页无正文）
预售人（签章）：＿＿＿＿＿＿＿＿＿＿＿　　预购人（签署）：＿＿＿＿＿＿＿＿＿＿＿
住所地：＿＿＿＿＿＿＿＿＿＿＿＿＿　　　住所地：＿＿＿＿＿＿＿＿＿＿＿＿＿
通信地址：＿＿＿＿＿＿＿＿＿＿＿＿　　　通信地址：＿＿＿＿＿＿＿＿＿＿＿＿
邮政编码：＿＿＿＿＿＿＿＿＿＿＿＿　　　邮政编码：＿＿＿＿＿＿＿＿＿＿＿＿

联系电话：_____	联系电话：_____
营业执照注册号：_____	身份证件名称和编号：_____
法定代表人：_____	法定代表人/负责人：_____
销售代理机构（签章）：_____	代理人（签署）：_____
商品房销售员（签署）：_____	身份证件名称和编号：_____
岗位证书号码：_____	
签署时间：_____	签署时间：_____
签署地点：_____	签署地点：_____

四、商品房预售的程序

商品房预售一般应遵循以下程序：

（1）房地产开发商向房地产管理部门提出商品房预售许可证申请。

（2）申请获批准之后，预售单位方可将楼盘向社会出售，并可与承购者签订商品房预售合同。

（3）办理商品房预售合同登记备案手续。

（4）房地产交付：房地产开发商须在房屋竣工后，按商品房预售合同的要求及时办理房屋交付手续，承购人凭合同及房屋交付凭证办理相关的房地产过户手续，并缴纳有关费用。

【案例分析】

案例1：2003年12月，金先生与北京华××签订了商品房预售认购合同，合同约定金先生购买华××开发的位于北京市房山区××镇辰光嘉园住房1套，建筑面积231.06平方米，单价每平方米5 800元，总价款1 340 148元。交付房屋期限为2005年12月30日。合同签订后，金先生按约定付清了房款，但华××却未按约定日期交付房屋。金先生了解到，自己购买的住房是因面积减少35.64平方米而无法交付的。

为此，金先生将华××告上法庭，要求华××交付房屋并支付经济损失赔偿金和违约金。经北京市某测绘所测量，金先生购买的房屋实际建筑面积为195.42平方米，比约定面积缩小了35.64平方米，缩水面积达15%。

【参考答案】

商品房预售合同，是有效合同。华××至今未履行合同约定的交付义务，且应交付的房屋实测面积比约定面积缩小了35.64平方米。根据最高法院《关于审理商品房买卖合同纠纷案件适用法律若干问题的解释》第14条之规定，华××应返还金先生面积误差比在3%以内（含3%）部分的房价款，双倍返还金先生面积误差比超过3%部分的房价款。据此，法院终审判决华××向金先生交付住房，并返还金先生房价款37万余元，支付违约金4.8万余元。

10.4 房地产抵押法律实务

一、房地产抵押的基本概念

房地产抵押,是指抵押人以其合法的房地产以不转移占有的方式向抵押权人提供债务履行担保的行为。债务人不履行债务时,抵押权人有权依法以抵押的房地产拍卖所得的价款优先受偿。

《城市房地产管理法》规定:依法取得的房屋所有权连同该房屋占用范围内的土地使用权可以设定抵押权,以出让方式取得的土地使用权可以设定抵押权。

二、房地产抵押权

(一)房地产抵押权合法条件

房地产抵押权合法条件有二:房地产抵押合同和房地产抵押权登记。

1. 房地产抵押合同

房地产抵押合同是指债务人或者第三人不移转对房地产的占有,将房地产作为债权担保而与债权人达成有明确相互权利义务关系的协议,依据此协议在债务人或第三人提供抵押的房地产上为债权人设定了抵押权,债务人或者第三人对债权人之债权承受房地产物上的担保义务。当债务人不履行债务时,债权人有权依法以拍卖该房地产的价款优先受偿。

房地产抵押合同为要式合同,抵押人和抵押权人订立房地产抵押合同,应当采用书面形式并记载法律规定的内容,主要包括:①债权人、债务人、抵押人的姓名(名称)、住址;②被担保主债权种类、数额;③债务人履行债务的期限;④房地产的名称、数量、质量、状况、所在地、所有权权属或者使用权权属;⑤抵押担保的范围;⑥当事人认为需要约定的其他事项。房地产抵押合同所记载的内容不符合法律规定要求的,当事人应当予以补正。

2. 房地产抵押权登记

房地产抵押权登记是指由主管机关依法在登记簿上就房地产上的抵押权状态予以记载。房地产抵押权经登记后依法成立并取得物权公示、公信效力。中国立法将登记作为抵押合同的生效要件,混淆了房地产抵押合同的债权合同性质以及房地产抵押权登记的物权变动性质。房地产抵押合同是债权合同,依法成立时就应生效。而房地产抵押权登记是物权行为,是房地产抵押权成立的要件。

房地产抵押权登记由抵押当事人向法律规定的房地产抵押登记机关申请,填写并递交房地产抵押登记表，同时提交法律规定的应当提交的登记文件，主要包括主合同和房地产抵押合同以及抵押的土地使用权证书、房屋所有权证书。房地产抵押登记机关收到当事人的申请后即由负责监督职责的抵押登记部门对当事人提交的抵押登记文件的真实性、合法性予以审查，审查合格者，予以核准登记并公告。

（二）房地产抵押权效力

房地产抵押权一经设定，即产生相应的法律效力，不仅在当事人之间设定了相应的权利义务，且对抵押物及与其有关的其他财产权也有影响。根据房地产抵押权效力的对象，可将其划分为对内效力和对外效力。

1. 房地产抵押权的对内效力

1）先受偿效力

房地产抵押权的对内效力，简而言之，即房地产抵押权人有就受担保的债权对抵押的房地产优先受偿的权力。房地产抵押权人在其债务人届期不履行债务时，无须经房地产抵押人的同意即可对抵押的房地产予以处分，并从变卖的价款中优先于普通债权人获得清偿。

2）房地产抵押权担保的债权范围效力

房地产抵押权担保的债权范围包括：① 主债权。② 利息。包括法定利息和约定利息。由于债务人迟延履行而导致的利息即迟延利息，亦属于房地产抵押权的担保范围。③ 违约金。④ 损害赔偿金。⑤ 实现房地产抵押权的费用。

3）抵押物价值保持的效力

抵押人的行为足以使所抵押房地产的价值减少的，房地产抵押权人有权要求抵押人停止其行为。所抵押的房地产价值减少时，房地产抵押权人有权要求抵押人恢复其价值或者提供与减少的价值相当的担保。抵押人对抵押物价值减少无过错的，房地产抵押权人则在抵押人因损害而得到的赔偿范围内要求提供担保。

2. 房地产抵押权的对外效力

房地产抵押权的对外效力是指房地产抵押权对抵押关系外部有关抵押物的其他财产权的影响，具体包括对房地产的用益物权、其他抵押权和租赁关系的影响。

1）房地产抵押权对用益物权的影响

房地产抵押权是以房地产的交换价值为债权提供担保，抵押物的使用价值对其没有影响，因此无论是在抵押权设定前或设定后，抵押人均可在抵押的房地产上设定用益物权。但用益物权只有在房地产抵押权设定之前已存在并经登记才能具有对抗房地产抵押权的效力。

2）房地产抵押权对其他抵押权的影响

房地产价值巨大，足以担保数个债权，同时，抵押不移转房地产的占有，因此也有可能在同一个房地产上设定数个抵押权。在同一房地产上设定数个抵押权时，其担保的债权按抵押权设定的先后顺序受偿，顺序相同的则按债权比例受偿。关于房地产抵押权设定先受顺序的确定，应采抵押登记申请日标准，凡提出房地产抵押权登记申请在先的抵押权，经登记后，其顺位先于后提出申请的房地产抵押权，而不论抵押登记簿所记载的登记日期以及抵押登记证书所载明的日期。

3）房地产抵押权对房屋租赁的影响

与设定用益物权一样，抵押人可以在已出租的房屋上设定抵押权，也可以将已设定抵押权的房屋出租。房屋租赁关系存在于抵押之前的，房地产抵押权的效力不及于该租赁关系，抵押的房地产拍卖后，原租赁合同对房地产的受让者继续有效。如果将已设定抵押权的房屋出租的，则房地产抵押权的效力及于该租赁关系，房地产抵押权实现，租赁关系解除。

（三）房地产抵押权的实现

房地产抵押权的实现，又称房地产抵押权的实行，即当债务人不履行债务时，房地产抵押权人行使其抵押权将抵押的房地产变价以满足其债权得到优先受偿的过程。房地产抵押权的实现是债权实现的一种方式，是房地产抵押权担保功能实现的最后环节。

1. 房地产抵押权实现的条件

房地产抵押权是为将来行使而设定的权利，非即时行使的权利，只有符合一定的条件，抵押权人才能行使之。房地产抵押权实现的条件有三：

（1）房地产抵押权的存在。房地产抵押权的实现首先应以房地产抵押权的存在为前提。房地产抵押权的存在是指当事人曾就特定的债权设定房地产抵押权，并且，此项房地产抵押权尚未因法定的原因而消灭。房地产抵押权若不存在，则不能实现抵押权。

（2）债权已届清偿期而未受清偿。债权已届清偿期而抵押权人未受清偿时，抵押权人才能行使抵押权。清偿期为房地产抵押权人得依法向债务人请求债务履行的时期，应以登记的日期为准。清偿是指抵押权所担保的债权全部得到清偿，若债权仅获部分清偿，抵押权人可行使抵押权而使未受偿部分的债权获得清偿。

（3）对于债权的未受清偿抵押权人没有过失。中国立法对于抵押权与主债权的关系，严格遵循抵押权的附从性，故在债权的履行过程中发生瑕疵必然会影响抵押权的效力。若债权的不能履行，系房地产抵押权人的原因所致，则抵押权人不能以债权已经到期为由，实行房地产抵押权。

2. 房地产抵押权实现的方式

一般的抵押权，其实现的方式有折价、变卖和拍卖三种。在中国，实现房地产抵押权只能采取拍卖方式。债务人不履行债务时，房地产抵押权人有权依法以抵押的房地产拍卖所得的价款优先受偿。拍卖方式透明度高，公平合理，更利于担保目的的实现及房地产市场的良性发展。

3. 房地产抵押权实现的程序

债务履行期届满债权未获清偿的，抵押权人可以与抵押人协议以抵押的房地产拍卖所得的价款受偿，协议不成的，抵押权人可以向法院起诉，在法院的主持下，实现抵押权。在划拨的国有土地使用权上设定抵押，实现抵押权时，必须经过两个特殊程序：一是拍卖该土地使用权时，必须经有批准权的人民政府审批；二是拍卖所得价款必须首先缴纳应缴的土地使用权出让金，然后抵押权人才能优先受偿。

（四）房地产抵押权的消灭

房地产抵押权的消灭主要表现为以下几种方式。

1. 因抵押的房地产灭失且无替代物而消灭

房地产抵押权乃物权，作为其标的物之房地产因自然灾害、公用征收等原因而灭失时，房地产抵押权自无法继续存在而消灭。

房地产抵押权具有物上代位性，因此，当房地产灭失时，如果有赔偿金、保险金或补偿金，则房地产抵押权及于该赔偿金、保险金或补偿金，房地产抵押权并不消灭。

2. 因被担保的债权消灭而消灭

依中国立法，抵押权相对于主债权，具有绝对的附从性。房地产抵押权与被担保债权同时存在，债权消灭，房地产抵押权也消灭。

被担保债权可因如下原因而消灭：

（1）债务人或第三人为全部之清偿。

（2）债务人对房地产抵押权人亦存在债权并符合抵销条件时，其债权相互抵销。

（3）房地产抵押权人与债务人因继承、合并等而发生混同，房地产抵押权人与债务人成为一人。

（4）房地产抵押权人在不损害第三人利益的情况下免除债务人的债务。

3. 因房地产抵押权实现而消灭

如前所述，房地产抵押权实现是房地产抵押权担保功能实现的最后环节。房地产抵押权实现，房地产抵押担保法律关系消灭，房地产抵押权自然消灭。

现补充按揭相关法律问题：

> 房地产按揭是国内外广泛开展的一种房地产业务。简而言之，房地产按揭是指购房者向银行贷款来支付房款，并就所购房屋为贷款设定担保的行为。
>
> 现房按揭是指购房者以所购现房向贷款银行设定物的担保，在还款期限届满而购房者不能返还贷款时，贷款银行得以行使抵押权而使其债权获得实现的融资购房方式。
>
> 现房按揭一般需经过以下4个过程，即：银行代为付房款；开发商与购房人办理产权过户手续；购房者与银行办理产权抵押登记；房产证经背书记载抵押事项后，交银行保管。
>
> 现房按揭过程中存在3个法律关系，即：购房者与银行之间的借贷法律关系；购房者与开发商之间买卖法律关系；购房者与贷款银行之间的担保法律关系。
>
> 如果涉及期房按揭，可能法律关系更复杂，读者可以通过各种渠道，自查相关法律问题。

> 【案例分析】
>
> 新房被开发商抵押
>
> 令西宁市新世纪花园住户郁闷的是，时至今日，他们还拿不到房产证。然而让他们吃惊的是，当他们到西宁市房产交易所了解情况后才得知，新世纪花园内的10栋住宅楼在2002年就已全部被开发商抵押给了银行。当初购房时开发商承诺3个月即可拿到房产证，但是直到今天，业主们非但没有拿到房产证，反而被告知要缴维修基金。
>
> 新世纪花园的开发商××置地投资有限公司的工作人员说，新世纪花园的住房在没有出售前都做了抵押，卖出去一户解押一户，这在房地产行业中是很正常的。
>
> 那么10栋楼都抵押给银行是不是很正常呢？
>
> 【参考答案】
>
> 将按揭的房屋抵押应该属于三方行为，房屋购买者也应该参与其中，并在购房的同时办理抵押手续，由购房者将房屋抵押给银行，而开发商私自将房屋抵押则属于不正常现象。
>
> 有的房地产开发企业资金不足，就拿土地使用权进行抵押然后向银行贷款。如果购房者在办理房产证时开发商还没有还清贷款，解除抵押，就无法办理房产证。
>
> 据了解，办理此项抵押会在国有土地使用权证上进行记载，购房者若想了解土地使用权是否已被抵押，最省力的办法就是查看原件。

10.5 房屋租赁法律实务

一、房屋租赁的基本概念

房屋租赁是指出租人将房屋出租给承租人使用，由承租人向出租人支付租金的行为。《城市房屋租赁管理办法》（建设部第42号令）（以下简称《租赁管理办法》）对此概念作了细化，规定"房屋所有权人将房屋出租给承租人居住或提供给他人从事经营活动及以合作方式与他人从事经营活动的，均应遵守本办法"，即这几种行为也应按照房屋租赁关系进行管理。

按房屋所有权的性质，房屋租赁分为公有房屋的租赁和私有房屋的租赁。公有房屋的所有权人是国家，但在租赁关系中，国家并不作为民事法律主体出现，而是采取授权的方式，由授权的单位具体管理。按照目前我国的管理体制，直管公房一般由各级人民政府房地产行政主管部门管理，房地产行政主管部门作为直管公房所有人的代表，依法行使占有、使用、收益和处分的权利；自管公房由国家授权的单位管理。私有房屋的所有权人是指持有完全的房屋所有权证的个人。对于持有共有权证书的私房主，只能称为共有权人，共有权人必须在所有共有权人同意后方可将房屋出租。

按房屋的使用用途，房屋租赁分为住宅用房的租赁和非住宅用房的租赁。其中，非住宅用房的租赁包括办公用房和生产经营用房的租赁。

二、房屋租赁的条件

公民、法人或其他组织对享有所有权的房屋和国家授权管理与经营的房屋可以依法出租。但有下列情形之一的房屋不得出租：
（1）未依法取得《房屋所有权证》的。
（2）司法机关和行政机关依法裁定、决定查封或者以其他形式限制房地产权利的。
（3）共有房屋未取得共有人同意的。
（4）权属有争议的。
（5）属于违章建筑的。
（6）不符合安全标准的。
（7）抵押，未经抵押权人同意的。
（8）不符合公安、环保、卫生等主管部门有关规定的。

三、房屋租赁合同

1. 房屋租赁合同的概念及内容

租赁合同是出租人与承租人签订的，用于明确租赁双方权利义务关系的协议。租赁是一种民事法律关系，在租赁关系中出租人与承租人之间所发生的民事关系主要是通过租赁合同确定的。因此，在租赁中出租人与承租人应当对双方的权利与义务做出明确的规定，并且以文字形式形成书面记录，成为出租人与承租人关于租赁问题双方共同遵守的准则。《城市房地产管理法》规定："房屋租赁，出租人和承租人应当签订书面租赁合同，约定租赁期限、租赁用途、租赁价格、修缮责任等条款，以及双方的其他权利和义务，并向房产管理部门登记备案。"《租赁管理办法》对租赁合同的内容作了进一步的规定，规定租赁合同应当具备以下条款：
（1）当事人姓名或者名称及住所。
（2）房屋的坐落、面积、装修及设施状况。
（3）租赁用途。
（4）租赁期限。
（5）租金及交付方式。
（6）房屋修缮责任。
（7）转租的约定。
（8）变更和解除合同的条件。
（9）违约责任。
（10）当事人约定的其他条款。

在上述条款中，租赁期限、租赁用途、租金及交付方式、房屋的修缮责任是《城市房地产管理法》规定的必备条款。
（1）租赁期限。
多年来，我国公有住房实行无租赁期限的租赁行为，致使公有住房一旦分配出去就难以收回来，一直不能形成良性循环。这与市场经济体制不适应。租赁行为应有明确的租赁期限，出租人有权在签订租赁合同时明确租赁期限，并在租赁期限届满后收回房屋。《合同法》规定，租赁期限不得超过 20 年，超过 20 年的，超过部分无效。租赁期间届满当事人可以续订租赁合同，但约定的租赁期限自续订之日起不得超过 20 年。承租人有义务在租赁期限届满后返还所承租的房屋。如需继续承租原租赁的房屋，应当在租赁期满前，征得出租人的同意，并重新签租赁合同。出租人应当按照租赁合同约定的期限将房屋交给承租人使用，并保证租赁合同期限内承租人的正常使用。出租人在租赁合同届满前需要收回房屋的，应当事先征得承租人的同意，并赔偿承租人的损失；收回住宅用房的，同时要做好承租人的住房安置。

（2）租赁用途。

是指房屋租赁合同中规定的出租房屋的使用性质。承租人应当按照租赁合同规定的使用性质使用房屋，不得变更使用用途，确需变动的，应当征得出租人的同意，并重新签订租赁合同；承租人与第三者互换房屋时，应当事先征得出租人的同意，出租人应当支持承租人的合理要求。换房后，原租赁合同即行终止，新的承租人应与出租人另行签订租赁合同。

（3）租金及交付方式。

租金标准是租赁合同的核心，是引起租赁纠纷的主要原因。因此，它也是加强租赁管理的重点之一。租赁合同应当明确约定租金标准及支付方式。同时租金标准必须符合有关法律、法规的规定。

（4）房屋的修缮责任。

出租住宅用房的自然损坏或合同约定由出租人修缮的，由出租人负责修复。不及时修复致使房屋发生破坏性事故，造成承租人财产损失或者人身伤害的，应当由出租人承担赔偿责任。租用房屋从事生产经营活动的，修缮责任由双方当事人在租赁合同中约定。房屋修缮责任人对房屋及其设备应当及时、认真地检查、修缮，保证房屋的使用安全。房屋修缮责任人对形成租赁关系的房屋确实无力修缮的，可以与另一方当事人合修，责任人因此付出的修缮费用，可以折抵租金或由出租人分期偿还。

2. 房屋租金

房屋租金是承租人为取得一定期限内房屋的使用权而付给房屋所有权人的经济补偿。房屋租金可分为成本租金、商品租金、市场租金。成本租金是由折旧费、维修费、管理费、融资利息和税金五项组成的；商品租金是由成本租金加上保险费、地租和利润等各项因素构成的；市场租金是在商品租金的基础上，根据供求关系而形成的。目前，我国未售公有住房的租金标准是由人民政府根据当地政治、经济发展的需要和职工的承受能力等因素确定的，仍具有较浓的福利色彩。其他经营性的房屋和私有房屋的租金标准则由租赁双方协商议定。

《城市房地产管理法》规定："以营利为目的，房屋所有权人将以划拨方式取得土地使用权的国有土地上建成的房屋出租的，应当将租金中所含土地收益上缴国家。具体办法由国务院规定。"《租赁管理办法》中规定："土地收益的上缴办法，应当按照财政部《关于国有土地使用权有偿使用征收管理的暂行办法》和《关于国有土地使用权有偿使用收入若干财政问题的暂行规定》的规定，由市、县人民政府房地产管理部门代收代缴。国务院颁布新的规定时，从其规定。"

3. 转　租

房屋转租，是指房屋承租人将承租的房屋再出租的行为。《租赁管理办法》规定："承租人经出租人同意，可以依法将承租房屋转租。出租人可以从转租中获得收益。"承租人在租赁期限内，如转租所承租的房屋，在符合其他法律、法规规定的前提下，还必须征得房屋出租人的同意，在房屋出租人同意的条件下，房屋承租人可以将承租房屋的部分或全部转租给他人。房屋转租，应当订立转租合同。转租合同除符合房屋租赁合同的有关部门规定外，还必须由出租人在合同上签署同意意见。或有原出租人同意转租的书面证明。转租合同也必须按照有关部门规定办理登记备案手续。转租合同的终止日期不得超过原租赁合同的终止日期，但出租人与转租双方协商一致的除外。转租合同生效后，转租人享有并承担新的合同规定的出租人的权利与义务，并且应当履行原租赁合同规定的承租人的义务，但出租人与转租双方协商一致的除外。

转租期间，原租赁合同变更、解除或者终止，转租合同也随之变更、解除或者终止。

四、房屋租赁登记备案

房屋租赁合同登记备案是《城市房地产管理法》规定的一项重要内容。实行房屋租赁合同登记备案一方面可以较好地防止非法出租房屋，减少纠纷，促进社会稳定；另一方面也可以有效防止国家税费流失。

1. 申　请

签订、变更、终止租赁合同的，房屋租赁当事人应当在租赁合同签订后 30 日内，持有关部门证明文件到市、县人民政府房地产管理部门办理登记备案手续。申请房屋租赁登记备案应当提交的证明文件包括：

（1）书面租赁合同。
（2）《房屋所有权证书》。
（3）当事人的合法身份证件。
（4）市、县人民政府规定的其他文件。

出租共有房屋，还须提交其他共有权人同意出租的证明。出租委托代管房屋，还须提交代管人授权出租的书面证明。

2. 登记备案

房屋租赁登记备案包括审查的含义。房屋租赁审查的主要内容应包括：
（1）审查合同的主体是否合格，即出租人与承租人是否具备相应的条件。
（2）审查租赁的客体是否允许出租，即出租的房屋是否是法律、法规允许出租的房屋。
（3）审查租赁合同的内容是否齐全、完备，如是否明确了租赁的期限、租赁的修缮责任等。
（4）审查租赁行为是否符合国家及房屋所在地人民政府规定的租赁政策。
（5）审查是否按有关部门规定缴纳了税费。

【案例分析】

卢某与张某签订房屋租赁合同，约定：张某将两间平房租给卢某使用，租赁期限为3年，在租期未到前，双方都不得终止租赁合同；所租房屋只准卢某使用，不允许转租。该合同签订后，双方又将房屋租赁合同交给房管部门备案。此后，卢某迁居外地，将两间房屋转租给李某使用，并由李某支付租金。而张某认为卢某违反了不得转租的约定，要求收回房屋。但卢某不同意解除合同。双方为此发生纠纷。经多次协商未果，张某便起诉至法院，要求解除与卢某签订的房屋租赁合同，收回房屋。

未经出租人同意转租房屋的，能否解除租赁合同？

【参考答案】

在本案中，卢某和张某签订的房屋租赁合同规定了"所租房屋只准承租人使用，不允许转租"的条款，卢某在长期不使用租赁房屋时，完全可以与张某协商解除合同，但卢某未经出租人张某同意而擅自将租赁房屋转租他人，直接侵害了张某对于房屋的所有权，所以，张某有权解除房屋租赁合同。同时，需要注意的问题是，通知对方及达成的解除协议均应采用书面形式。解除房屋租赁合同的通知，应当提前一段时间告知对方。房屋租赁合同解除后，如卢某逾期不搬出，张某可以向法院申请强制执行，张某因此遭受的损失由承租人负责赔偿。

第10板块资源

第 11 板块
建筑装饰装修相关法律实务

导 读

AAA 房地产开发有限责任公司在重庆江北区的"AAA 城市花园"高档住宅小区项目终于顺利竣工,销售情况也非常好,部分业主已顺利接房。接下来就是装饰装修了。作为公司员工,小芳以优惠价格买了一套小户型,眼下正忙着装修呢。一天,在装修过程中,卧室的玻璃突然爆裂,砸伤了路人甲,纠纷就此开始……

在这一板块中,各位读者要特别注意:

(1)常见的不规范不合法装饰装修行为带来的法律纠纷。

(2)当事人对装饰装修风格的不同理解带来的纠纷。

(3)装饰装修合同的订立与履行过程中需要特别注意的法律事项。

(4)装饰装修质量问题引起的法律纠纷。

实训任务

【1】 一天，在装修过程中，张三家卧室的玻璃突然爆裂，砸伤了路人甲。

请以路人甲的身份写起诉状。

【2】 甲乙两家因为装修漏水产生纠纷诉至法院，请查阅法律关于相邻关系的规定，以法官的身份对甲乙两家进行调解。

【3】 小芳在装修合同中注明"田园风格"，但对实际装修效果不满，但装修公司表示这就是"田园风格"。请问对装修风格的理解有疑义时，该如何避免与解决此类纠纷？另外，小芳发现所谓的装修公司是个假公司，没有公司注册，这种情况该如何向法院起诉？

【4】 小丽认为装修质量不好，导致自己体质下降，并换上各种疾病。小丽准备起诉装修公司。

在装修纠纷中，有个关键法律概念"因果关系"，小丽要证明装修质量与患病之间存在因果关系。请查阅相关资料，如何认定装修质量与患病的因果关系？

11.1 建筑装饰装修概述

建筑装饰装修是为保护建筑物的主体结构，完善建筑物的物理性能、使用功能和美化建筑物，采用装饰装修材料或饰物对建筑物的内外表面及空间进行的各种处理过程。从某种意义上来说，建筑装饰装修是业主对生活环境进行的艺术再加工，装修的优劣好坏直接关系到业主的个人幸福、家庭和睦与社会稳定。

随着我国城市化水平的提高，城镇人口规模不断扩大，房地产事业在农村人口大量涌入城市的过程中，迎来了自己发展的春天。作为房地产事业的重要组成部分，建筑装饰装修市场在全面繁荣的同时，也面临着市场管理失范等一系列问题的挑战。在住宅装修行业发展过程中，正规的装修公司不屑于承接繁琐而利薄的家庭居室的装修工程，住宅装修市场一度被无资质、无营业执照、无技术力量、无专用设备、无资金保证、无专业设计和管理的马路游击队占据，致使坑蒙消费者现象时有发生。装修管理不规范、施工质量无法得到保证，使用期间得不到保修，做工粗糙、质量低劣造成了严重的装修质量通病，无法控制成本的蒙骗消费者的情况时有发生，不经设计乱拆、乱改以致造成材料浪费、环境污染甚至留下结构安全隐患。

一、常见的不规范装饰装修行为

（一）墙梁装修不规范行为

墙梁在实际建筑结构中具有重要作用，但很多住户在装修过程中往往不懂得房屋结构，对墙体随意破坏。比如：装修新房时，将客厅或卧室通阳台的墙体拆除，以扩大室内的使用面积；旧房改造时将原有内墙拆除，使小房变为大房。更有甚者，为追求一时经济利益将临街底层住宅改建成商店时，把原外墙上门窗洞口墙体部分或全部拆除等。对墙体的无端破坏不但会对房屋的整体结构、美观造成损害，还会给房屋的安全带来严重威胁。

（二）房屋特定功能区域装修不规范行为

房屋功能不同，设计、施工要求也不尽相同。比如，厨房、卫生间因功能不同，防水层装修要求也不尽相同。房屋装修时一旦破坏了防水层，或存在水管排水不畅，不仅会出现渗水，影响下层住户使用，时间长了还会造成墙体潮湿，降低墙体的强度和韧性，削弱了住宅的抗震能力。另外，房屋的各种管道安装都是按照一定坡度而施工的，采暖、煤气管道需经过分布、总体二次打压，电气线路则关系到用电安全问题。若任意改动，轻则造成跑、冒、滴、漏，严重的会造成公用设施的破坏及煤气爆炸等后果，危及住宅和人身安全。

（三）楼地面装修不规范行为

在施工时堆放的材料荷载，增加了楼板面的荷载，使楼板极易产生裂缝。另外，装修时随意在楼面打射钉以及下层住户打洞吊顶会严重影响楼面的整体结构，降低楼面的承载能力。在受较大荷载或发生震动时，极易发生应力集中，产生楼面裂缝，甚至有造成楼地面坍塌的危险。同时，阳台的负荷也有一定的数值，如果在阳台上额外增加荷载，会使支撑阳台荷重的悬梁根部因受力超荷而造成断裂，严重的会导致阳台坠落。

为规范建筑装饰装修市场，保障业主权益，国家出台了一系列法律、法规、规章，加强对装修、装饰工程的安全生产监督管理，提高装修业生产安全水平。目前，我国建筑装饰装修法律体系主要包括《建筑法》、《安全生产法》、《建设工程质量管理条例》、《建设工程安全生产管理条例》、《建筑工程施工许可管理办法》、《住宅室内装饰装修管理办法》等。2001年10月27日，第九届全国人民代表大会常务委员会第二十四次会议决定，批准于1988年6月20日经第75届国际劳工大会通过、并于1991年1月11日生效的《建筑业安全卫生公约》（暂不适用于中华人民共和国香港特别行政区），成为国际上实施《建筑业安全卫生公约》的第15个国家，实现了建筑装修业安全生产工作与国际标准的接轨。但有法可依仅仅是实现安全生产的前提条件，在实际工作中要加以落实还必须要求生产经营单位及其从业人员严格遵守各项安全生产规章制度，做到有法必依，同时要求各级安全生产监督管理部门执法必严、违法必究。

二、建筑装饰装修风格

现代社会装修风格根据个人的喜好有很多种，各种装修风格的确立让设计师更容易把握设计的立足点，同时也有利于业主对所需装修效果的表述。虽然各种装修风格概念较为抽象，表述也各有不同，但各种装修风格所体现其独有的精神内核为解决装修合同纠纷，提供了很好的判断依据。为了使业主对各种装修风格有着较为清晰的认识，本部分作者将对各种风格的特点作简要阐述。

一般说来，装修风格主要有现代简约风格、恬淡田园风格、新中式风格、欧式古典风格、地中海风格、东南亚风格、美式乡村风格、日式风格等。近年来，建筑设计和室内设计在总体上呈现多元化、兼容并蓄的状况。室内布置中也有既趋于现代实用，又吸取传统的特征，在装潢与陈设中溶古今中西于一体。

（一）现代简约风格

简约风格的特色是将设计的元素、色彩、照明、原材料简化到最少，对色彩、材料的质感要求较高。简约的空间设计通常非常含蓄，往往能达到以少胜多、以简胜繁的效果。现代简约风格主要由曲线和非对称线条构成，如花梗、花蕾、葡萄藤、昆虫翅膀以及自然界各种优美、波状的形体图案等，体现在墙面、栏杆、窗棂和家具等装饰上。简约风格大量使用铁制构件，将玻璃、瓷砖等新工艺，以及铁艺制品、陶艺制品等综合运用于室内，并注意室内外沟通，竭力给室内装饰艺术引入新意。

（二）恬淡田园风格

田园风格倡导"回归自然"，在美学上推崇"自然美"，认为只有崇尚自然、结合自然，才能在当今高科技快节奏的社会生活中获取生理和心理的平衡。因此田园风格力求表现悠闲、舒畅、自然的田园生活情趣。在田园风格里，粗糙和破损是允许的，因为只有那样才更接近自然。田园风格的用料崇尚自然，砖、陶、木、石、藤、竹……越自然越好。在织物质地的选择上多采用棉、麻等天然制品，其质感正好与乡村风格不饰雕琢的追求相契合。田园风格的居室还要通过绿化把居住空间变为"绿色空间"，创造出自然、简朴、高雅的氛围。田园风格的家居设计大致可分为美式和欧式等，其中欧式田园风格主要分英式和法式两种。

（三）新中式风格

新中式风格通过对传统文化的认识，将现代元素和传统元素结合在一起，以现代人的审美需求来打造富有传统韵味的事物，让传统艺术在当今社会得到适当的体现。中国风的构成主要体现在传统家具（多为明清家具为主）、装饰品及黑、红为主的装饰色彩上。室内多采用对称式的布局方式，格调高雅，造型简朴优美，色彩浓重而成熟。中国传统室内装饰艺术的特点是总体布局对称均衡，端正稳健，而在装饰细节上崇尚自然情趣，花鸟、鱼虫等精雕细琢，富于变化，充分体现出中国传统美学精神。新中式风格一般采用"垭口"、简约化的"博古架"、中式屏风或窗棂对空间进行区分，以体现居室空间的层次感。

（四）欧式古典风格

欧式古典风格主要是指西洋古典风格，这种风格强调以华丽的装饰、浓烈的色彩、精美的造型达到雍容华贵的装饰效果。欧式客厅顶部喜用大型灯池，并用华丽的枝形吊灯营造气氛。门窗上半部多做成圆弧形，并用带有花纹的石膏线勾边。入厅口处多竖起两根豪华的罗马柱，室内则有真正的壁炉或假的壁炉造型。墙面用壁纸或优质乳胶漆，以烘托豪华效果，地面材料则以石材或地板为佳。欧式客厅需要用家具和软装饰来营造整体效果，深色的橡木或枫木家具，色彩鲜艳的布艺沙发，都是欧式客厅里的主角。还有浪漫的罗马帘，精美的油画，制作精良的雕塑工艺品，都是点染欧式风格不可缺少的元素。但这类风格的装修，只有在面积、空间较大的房间内才会达到更好的效果。

（五）地中海风格

地中海风格一般选择自然的柔和色彩，在组合设计上注意空间搭配，充分利用每一寸空间，集装饰与应用于一体，在组合搭配上避免琐碎，显得大方、自然，散发出古老尊贵的田园气息和文化品位，其特有的罗马柱般的装饰线简洁明快，流露出古老的文明气息。在色彩运用上，常选择柔和高雅的浅色调，映射出它田园风格的本义。地中海风格多用有着古老历史的拱形状玻璃，采用柔和的光线，加之原木的家具，用现代工艺呈现出别有情趣的乡土格调。

(六）东南亚风格

东南亚风格装饰材料多直接取自自然，木材、藤、竹、海藻等纯天然的材质，散发着浓烈的自然气息。东南亚风格色泽以原藤、原木的色调为主，其大多为褐色等深色系，在视觉感受上有泥土的质朴。加上布艺的点缀搭配，非但不会显得单调，反而会使气氛相当活跃。在布艺色调的选用上，东南亚风格标志性的炫色系列多为深色系，且在光线下会变色，在沉稳中透着一点贵气。居室中点一枝香烛能够营造出清新幽雅的气氛，同时也适时地表达出带有佛教文化背景的生活情趣。泰式客厅最大的特色在于无负担地随性坐卧，舒缓紧张的情绪，抛开纷纷扰扰的俗世，遗忘身边繁杂的琐事。

(七）美式乡村风格

美式乡村风格，是美国西部乡村的生活方式演变到今日的一种形式，它在古典中带有一点随意，摒弃了过多的繁琐与奢华，兼具古典主义的优美造型与新古典主义的功能配备，既简洁明快，又温暖舒适。美式乡村风格非常重视生活的自然舒适性，充分显现出乡村的朴实风味。布艺是美式乡村风格中非常重要的运用元素，本色的棉麻是主流，布艺的天然感与乡村风格能很好地协调；各种繁复的花卉植物、靓丽的异域风情和鲜活的鸟虫鱼图案很受欢迎，舒适和随意。摇椅、小碎花布、野花盆栽、小麦草、水果、磁盘、铁艺制品等都是乡村风格空间中常用的东西。

(八）日式风格

日式风格空间造型极为简洁，家具陈设以茶几为中心，墙面上使用木质构件作方格几何形状与细方格木推拉门、窗相呼应，空间气氛朴素、文雅柔和。日式风格的一个重要特点是自然性，常以自然界的木、竹、树皮、草、泥土、石等材料作为装饰材料，既讲究材质的选用和结构的合理性，又充分地展示其天然的材质之美。日式客厅以平淡节制、清雅脱俗为主；造型以直线为主，线条比较简洁，一般不多加繁琐的装饰，更重视实际的功能。日式风格空间意识极强，形成"小、精、巧"的模式，利用檐、龛空间，创造特定的幽柔润泽的光影。日式风格屋、院通透，人与自然统一，注重利用回廊、挑檐，使得回廊空间敞亮、自由。

11.2 建筑装饰装修申报及物业管理法律关系

装修人在装修活动开始之前，应根据装饰装修工程的种类，向相关部门申报登记。非业主的住宅使用人对住宅室内进行装饰装修，应当取得业主的书面同意。装修人，或者装修人和装饰装修企业，应当与物业管理单位签订住宅室内装饰装修管理服务协议，以便于物业单位对装修活动进行有效监督与管理。住宅室内装饰装修管理服务协议应当包括下列内容：① 装饰装修工程的实施内容；② 装饰装修工程的实施期限；③ 允许施工的时间；④ 废弃物的清运与处置；⑤ 住宅外立面设施及防盗窗的安装要求；⑥ 禁止行为和注意事项；⑦ 管理服务费用；⑧ 违约责任；⑨ 其他需要约定的事项。物业管理单位按照住宅室内装饰装修管理服务协议实施管理。

关于建筑装饰装修过程中物业管理的具体问题，我们来看下面的案例：

> 张某2004年7月购买了一套复式住宅商品房。交房后，张某认为该商品房的厨房和客厅的位置不尽如人意，于是在未向任何部门申报登记的情况下，将厨房和餐厅位置互换，为此还将楼梯旁的墙体敲掉。2004年10月，物业公司发来了通知，说张某敲掉了房屋的承重墙，又改变了房屋的结构，要对张某罚款10万元。请问：张某的装修是否违法？物业公司是否有权对张某罚款？
>
> 本案主要涉及以下4个问题：① 房屋装修手续问题；② 房屋墙体变动问题；③ 房屋结构布局变动问题；④ 物业公司处罚权问题。

一、房屋装修手续问题

在我国，从事各类房屋建筑及其附属设施的建造、装修装饰和与其配套的线路、管道、设备的安装，以及城镇市政基础设施工程的施工，建设单位在开工前应当向工程所在地的县级以上人民政府建设行政主管部门申请领取施工许可证。但工程投资额在30万元以下或者建筑面积在300平方米以下的建筑工程，可以不申请办理施工许可证。省级人民政府建设行政主管部门可以根据当地的实际情况，对上述限额进行调整，并报国务院建设行政主管部门备案。对于按照国务院规定的权限和程序批准开工报告的建筑工程，不再领取施工许可证。

对于不需要申请办理施工许可证的建筑装修，装修人在装饰装修工程开工前，应当向物业管理企业或者房屋管理机构（以下简称物业管理单位）申报登记。物业管理单位应当将住宅室内装饰装修工程的禁止行为和注意事项告知装修人和装修人委托的装饰装修企业。对于住宅装修，业主或住宅使用人未申报登记擅自进行住宅室内装饰装修活动的，应由城市房地产行政主管部门责令改正，并处500元以上1 000元以下的罚款。因此，案例中张某在房屋装修前，应向小区物业管理公司或者房地产局申报登记，否则将会面临一定的处罚。

二、房屋墙体变动问题

在建筑学上房屋墙体的种类有很多，但法律关注的一般限于承重墙和非承重墙，而在非承重墙中又有室内分割墙和外墙立面的区分。拆除承重墙会改变楼房的承力设计，使楼房的受力能力减弱，严重影响楼房的安全，因此未经原设计单位或者具有相应资质等级的设计单位提出设计方案，不得自行拆除承重墙；而非承重墙如果仅属于室内的分割墙可以拆除，但如果属于外墙立面，由于影响到整个楼房的外表美观，在没有经过城市规划行政主管部门批准的情况下，不得擅自改变住宅外立面，在非承重外墙上开门、窗。随意拆除、改造墙体将承担相应的法律责任。本案中,由于张某敲掉的楼梯旁边的墙体属于承重墙,因而其行为不仅违反了建设部的规章规定,要承担法律责任,而且对其自有住房安全和整个楼房安全产生影响,因此张某应尽快将该墙恢复原状,以保障楼房使用的安全。

三、房屋结构布局变动问题

房屋的结构和用途,在房屋建造的时候,就已经由设计单位和开发商统一确定。在房屋原始设计和施工过程中,厨房防水层比餐厅的防水层要特殊,厨房间的煤气管道、供输水管道、烟囱等都是统一布局的。因此,本案中张某把厨房和餐厅进行互换,不但会涉及防水层和管道的移位,而且还可能对其他业主的正常使用产生妨害,如:漏水、管道堵塞等。

《住宅室内装饰装修管理办法》禁止将没有防水要求的房间或者阳台改为卫生间、厨房间;未经燃气管理单位批准不得拆改燃气管道和设施。将没有防水要求的房间或者阳台改为卫生间、厨房间的,或者拆除连接阳台的砖、混凝土墙体的,城市房地产行政主管部门责令改正,并对装修人处 500 元以上 1 000 元以下的罚款,对装饰装修企业处 1 000 元以上 10 000 元以下的罚款。擅自拆改供暖、燃气管道和设施的,对装修人处 500 元以上 1 000 元以下的罚款。因此,张某将餐厅和厨房互换,违反了建设部规章的禁止性规定。张某应该将餐厅和厨房恢复原状。

四、物业公司处罚权问题

作为一种行政处罚措施,罚款应当由法律规定的部门或有权部门授权的机构来实施,物业管理公司不是国家机关,而是接受业主或者业主委员会的委托,根据物业管理服务合同进行专业管理服务的企业,它的行业主管部门是各省市的房地产管理局,其本身并没有行政处罚权。如果业主违法装修,应由城市房地产行政主管部门责令改正,并处罚款。因此,对于违法装修行为有权实施罚款处罚措施的是城市房地产行政主管部门,而不是物业管理公司。因此,业主在装修房屋时,在充分体现个人风格的同时,还要考虑到其他业主的利益,既要使生活空间变得更加舒适,更要让生活环境变得更加安全。

11.3 建筑装饰装修合同

一、订立装饰装修合同应注意的问题

一般而言,订立家居装修合同时要注意以下问题:

（1）查验装修合同当事人的身份。装修合同中的发包方的装修房应属合法居住用房，亦即产权房或租赁房；合同承包方应是经工商行政管理部门核准登记的，并经建设主管部门审定具有装饰施工资质的企业法人。另外，装修合同中应当写明装修施工地点及面积。

（2）写明居室装修施工内容及承包方式。居室装修的施工内容及要求是家居装修合同的主要内容之一，若该方面的条款过于笼统，就往往容易引发施工纠纷。因此，施工内容应当具体、明确，按照居室装修部位分别写清装修内容、使用的材料、具体施工要求及承包方式。

（3）写明工价、付款方式和工期。无论采用何种承包方式，合同中的工价价款都应写清楚，不能含糊。合同中的总价款包括材料费、人工费、管理费、设计费、垃圾清运费、其他费用及税金。税金由业主承担，这是装修业特殊要求。工程价款付款方式及期限应当在合同中约定清楚，以免发生纠纷。开工、竣工日期是合同必不可少的内容之一，往往涉及违约责任的认定，因而在合同中应当写明，并严格遵守。

（4）详细写明有关材料供应的约定内容。材料供应的约定是涉及家居装修质量和工程款项的重要问题。因此，无论是包工包料还是包工不包料都应在合同附件的材料清单上详细写明材料的名称、品牌、规格、型号、质量等级、单位、数量、单价。在供料单上其应明确写明材料送达的时间和地点。

（5）质量竣工验收标准应依法定标准。合同中的质量和竣工验收标准条款必须符合政府有关主管部门相关规定允许的范围。需要注意的是，由于家居装修要满足多层次的不同需求，同一房型往往有着不同档次的装修，因而不可能也不应当将不同层次的装修适用同一标准。

（6）应当明确违约责任、纠纷处理方式。合同的违约责任与合同双方的义务和责任相对立。合同订立后，双方应该严格履行合同约定的义务，否则要承担相应的违约责任。对于纠纷的处理方式，可以约定向当地建筑装饰协会请求调解，或者向当地建设主管部门或者消协投诉。若协商调解不成，可以约定申请仲裁，或向法院起诉。

二、装饰装修合同诉讼中应注意的问题

目前，我国家居装饰装修市场日渐红火，市场需求极大。对于大中型建设项目的装饰装修，我国法律、法规已明文规定了相应的施工方的资质和施工程序；而对于普通的家居装修，存在的问题则较为普遍。在家居装修合同纠纷中，家庭装修质量问题最为集中，其次是价格问题，往往是消费者在装修中，对于增减项目只有口头约定，在付款时产生纠纷。在家居装修合同诉讼中，业主应注意以下问题。

1. 裁判标准需第三方协助鉴定

由于国家在家庭装修方面没有制定相应的标准，所以消费者一旦将装饰公司告上法庭，法院就需要请第三方来进行评估、鉴定。法院一般都会找有资质的单位或部门来承担这项工作。此外，法院所请的第三方，往往要经原告、被告两方面认可。

2. 技术服务机构证明不能作为法庭证据

现在有的消费者为了保障家庭装修的施工质量，请家庭装饰技术服务机构来替自己把

关。实际上，这些服务机构已经起到了家庭装修施工监理的作用。但这些技术服务机构出具的证明和报告，在法庭上是不能作为证据的。因为消费者和服务机构之间是雇佣关系。根据有关法律，这些证明和报告不具有作为证据的公正性。在起诉装饰公司时，没有雇佣关系的技术服务机构出具的证明和报告是支持业主起诉的有力佐证。

3. 装修诉讼不存在双倍赔付

有些消费者在起诉装饰公司时，认为装饰公司使用假冒伪劣材料属于有意的欺诈行为，会根据消法要求双倍赔付。但法院认为这类诉讼不适用于消法，一般都按照《民法通则》中的承揽纠纷进行处理，所以不存在双倍赔付的问题。

三、家居装修合同中有关主体的责任分担

下面，我们通过家居装修过程中的一个案例，来剖析家居装修过程中的一系列法律问题及各主体间的法律关系。

> 2010年11月，陈某承揽装修业主王某房屋之二楼室内的泥水装修工程，其后，陈某将其中铺贴瓷砖的装修业务交给徐某做，徐某则雇佣山某等人对房屋进行泥水装修。2010年11月8日，山某在铺盖地砖进行放线时，因拉线扯钉致钉子反弹伤到其左眼。后经医院诊治出院，定为十级伤残。山某认为：王某与陈某之间存在建筑装修工程意义上发包与承包的法律关系，陈某作为实际装修施工人，没有建筑主管部门颁发的相应资质。依据最高法院《关于审理人身损害赔偿案件适用法律若干问题的解释》(以下简称《人身损害赔偿解释》)第11条第2款之规定："雇员在从事雇佣活动中因安全生产事故遭受人身损害，发包人、分包人知道或者应当知道接受发包或者分包业务的雇主没有相应资质或者安全生产条件的，应当与雇主承担连带赔偿责任。"遂于2010年12月就赔偿事宜将徐某、陈某、王某列为共同被告向法院起诉，要求对其伤害承担责任。
>
> 本案主要涉及以下4个方面的问题：① 普通家居装修合同性质的确定；② 家居装修单位的资质问题；③ 安全生产事故的确定；④ 山某与徐某、陈某、王某关系之认定。

1. 普通家居装修合同性质的确定

从广义上讲，普通家居装修承包与建筑装修工程承包类似，二者均为一方将一定的业务交由另一方完成，并为完成的工作成果支付报酬。但由于建筑装修工程涉及面广，施工较为庞杂，法律、法规对建筑工程承包合同主体资质、项目的报批及合同的履行程序等都做了严格和细致的规定。从普通家居装修承包合同的性质和内容来看，家居装修更符合"加工承揽合同"的法律特征。所谓加工承揽合同，是指承揽人按照定作人的要求完成工作，交付工作成果，定作人给付报酬的合同。承揽合同包括加工、定作、修理、复制、测试、检验等工作。本案中，王某作为定作人将其场所内二楼的地面及墙面瓷砖铺贴工作委托给陈某从事，该工作具有一定的技术性，不同于单纯提供劳务，也不同于规范性的建筑装修工程施工活动，其工作的实质是一项提供工作成果的加工承揽活动，而非建设工程发包与承包关系。

2. 家居装修单位的资质问题

由于建筑装修工程与普通家居装修技术要求不同,法律、法规对二者施工单位的资质要求也是不同的。一般而言,下列装修施工应委托具有相应资质的装饰装修企业承担:① 装修人经原设计单位或者具有相应资质等级的设计单位提出设计方案变动建筑主体和承重结构的。② 装修人在住宅室内装饰装修过程中涉及下列行为的:a. 搭建建筑物、构筑物;b. 改变住宅外立面,在非承重外墙上开门、窗;c. 拆改供暖管道和设施;d. 拆改燃气管道和设施。③ 住宅室内装饰装修超过设计标准或者规范增加楼面荷载的。④ 改动卫生间、厨房间防水层的。除上述四种情形外,装修人的装修活动"不必须"委托具有相应资质的装饰装修企业。本案中,王某的二楼地面及墙面瓷砖铺贴工作仅仅是一项简易装饰装修活动,相关法规并未强制要求委托有资质的装饰装修企业,故王某的行为于法并不相悖。王某在该活动中依法无需审查装修承揽人的资质,对陈某没有装修资质无需承担法律上的不利后果。

3. 安全生产事故的确定

所谓"安全生产",是指在生产劳动过程中,努力改善劳动条件,克服不安全因素,防止人身事故和机械事故的发生,使生产活动在保证劳动者人身安全和物质财产不受损失的前提下进行。不同的行业对安全生产有不同的具体要求,不同的作业也有不同的防护措施。根据我国《安全生产法》的规定,安全生产的基本要求可总结为:① 企业必须按照国家的法令和规定进行建设,并取得有关部门颁发的生产许可证;② 在资金允许的前提下,尽量采用先进技术,实现机械化和自动化生产,对危险岗位实行无人操作或远距离控制;③ 选择符合安全要求的生产设备;④ 创造良好的作业环境;⑤ 有严密的管理制度、切实可行的岗位责任制和安全操作规程;⑥ 工人上岗前必须经过良好的教育和培训。

从上述规定可以看出,安全生产事故多指企业在从事生产经营活动导致的意外人身伤亡,且该意外情形之发生往往与企业的生产经营不符合上述安全生产条件有关。一般意义上的个体经营活动,比如搬运、装卸、加工简易设备、普通家居装修等非工业化的生产活动中发生之意外事件与法定之安全生产事故性质有别,二者不能简单类同。本案中,家居室内泥水装修工程,一不需要复杂的机械化设备,二不需要特别的防护措施,三不产生任何生产的危险性,发生事故难以归责为不具备安全生产条件。

4. 山某与徐某、陈某、王某关系之认定

原告山某系被告徐某雇佣的工人,且原告是在从事雇佣工作中所受的伤害,因此徐某作为雇主应当对原告的损失承担全部赔偿责任;被告陈某作为该装修工程的承揽人,对其承揽的工作及现场负有直接的管理义务,其对徐某及徐某雇用的工作亦负有管理义务,但由于其疏于管理导致原告在从事装修活动过程中遭受人身损害,对此作为承揽人对原告的人身损害亦负有责任,故其对徐某的赔偿责任应负连带责任。

王某与陈某签订的家居装修合同为承揽合同,王某与陈某之间的关系是定作人与承揽人之间的关系。关于陈某承揽过程中,对第三人造成损害或者造成自身损害的,定作人不承担赔偿责任。但定作人对定作、指示或者选任有过失的,应当承担相应的赔偿责任。本案中,王某并不具备"定作、指示、选任"的过失,因此无需对承揽人及其雇佣工人的自身损害承担连带赔偿责任。

实践中，业主在居室装修过程中选择个体装修从业者主要面临以下风险：

（1）个体从业者人员不固定，流动性强，施工质量和保修等难以保证。

（2）业主与个体从业者之间是否能够被依法认定为加工承揽关系，不同的法院不同的法官会有不同的认识，或者会被视为雇佣关系对雇工伤害承担全部赔偿责任，或者视为发包承包关系因承包人无资质而承担连带责任。

（3）个体从业者人员多为老乡组织，承揽人与雇工存在利益关系，在争议产生后在实质上往往结成利益共同体以对抗业主之抗辩，在事实认定上陷业主于不利情形。

（4）个体从业者一旦承揽业主之工作，则多是由其自行招揽雇佣雇工，业主只知受委托承揽人之存在，对其雇佣之人员活动及来去多毫无所知，听凭其处事；在此情形下，一旦发生事故，业主很难确信事故人是否就是在承揽过程中受伤的，很容易因此陷入一个法律和事实认定的难题，最终承担不利的后果。

因此，业主在选择个体从业者时，不仅应对其提供的务工证明、本人身份证、从业上岗证等进行审查，还应当对其雇佣的员工的工作及雇聘有一定掌握，最好对其雇佣的人员的相关证件进行确认。一旦进入装修施工，切莫放任不理，需得有一定的监督和管理，将不可测的风险降到最低。

【案例分析】

李某等业主于2010年10月购买了北京某房地产开发集团有限公司建设的"心心相印"项目1号楼房屋，并于2011年1月于"长安新城"物业管理公司签订了《物业管理服务合同》。2011年7月，李某等业主在未经任何有关单位批准的情况下，擅自封闭自家阳台。"长安新城"物业管理公司认为李某等业主违反了双方签订的《物业管理服务合同》、《长安新城业主公约》的相关约定，妨碍了公司对小区的正常管理，也使公司无法全面履行与开发公司签订的委托管理合同的义务。在与李某等业主协商及劝阻无效的情况下，"长安新城"物业管理公司向法院提起诉讼，要求李某等业主拆除已封闭阳台，恢复原状。

【参考答案】

法院认为，该开发公司与李某等业主签订《商品房买卖合同》时没有明确房屋的南、北阳台是否为封闭阳台，在该合同中"长安新城装修及设备标准"里，"封闭阳台：白色塑钢窗"，使业主在买房时认为阳台都是封闭的，影响了业主在购买房屋缔结合同时选择权的行使，这是1号楼业主与物业管理公司发生纠纷的主要原因。

该合同是该开发公司预先拟订、在订立合同时未与对方协商的格式合同，对其中的条款有争议的，应作出不利于提供格式条款一方的解释。另该开发公司制定的《××小区长安新城××房屋使用、管理、维修公约》中关于业主对房屋的使用的具体规定，审批前没有与业主协商或通告，对被告没有约束力。因此，驳回了"长安新城"物业管理公司的诉讼请求。

第11板块资源

第 12 板块
物业管理相关法律实务

导 读

AAA 房地产开发有限责任公司在重庆江北区的"AAA 城市花园"高档住宅小区顺利竣工,销售结束。我们的故事也到了最后。不!还有一个重要问题,就是"物业管理"。小芳觉得每平方米 1.5 元的物业管理费太贵,附近小区的物管费价格一般在 1 元~1.2 元。小芳可以拒交物管费吗?除了物管费,更让她头疼的是:物管不允许小芳封阳台。小芳觉得房子是自己买的,在不影响房屋结构的情况下,自己有装修的权利。遇到价格贵,又不许封阳台的物管,真是让人没有办法。读者朋友,学习了最后这一板块后,你可以帮小芳出点子吗?

在这一板块中,各位读者要特别注意:
(1)物业服务合同的基本内容。
(2)物业管理费的收费标准,业主有权拒交物管费。
(3)物管有权阻止业主封阳台。
(4)家里被偷,物管承担责任。

实训任务

【1】 物管是否有权阻止业主封阳台?以法庭辩论的形式,3人一组,进行辩论。
【2】 查找物业服务合同的范本,并进行完善。
【3】 物业管理费的收费太高,业主如何维护自己的合法权益?
【4】 家里被偷,物管是否承担责任?

12.1 物业管理概述

一、物业管理的概念

物业管理是指业主通过选聘物业管理企业,由业主和物业管理企业按照物业服务合同约定,对房屋及配套设备和相关场地进行维修、养护、管理,维护相关区域内的环境卫生和秩序的活动。

(1) 物业管理是由业主通过选聘物业管理企业的方式来实现的活动。对于房屋等建筑物的管理主要有三种方式:其一是业主自己进行管理;其二是业主将不同的服务内容委托给不同的专业公司;其三是业主选聘物业管理企业进行管理。必须说明的是业主有权选择适合自己的方式来管理自己的物业。

(2) 物业管理活动的基础是物业服务合同。

(3) 物业管理的内容是对物业进行维修、养护、管理,对相关区域内的环境卫生和秩序进行维护。

二、物业管理的特征

按照社会产业部门划分的标准,物业管理属于第三产业。

社会化、专业化、市场化是物业管理的三个基本特征。

1. 社会化

物业管理社会化有两个基本含义:一是物业的所有权人要到社会上去选聘物业管理企业;二是物业管理企业要到社会上去寻找可以代管的物业。

物业的所有权、使用权与物业的经营管理权相互分离,是物业管理社会化的必要前提,现代化大生产的社会专业分工,则是实现物业管理社会化的必要条件。

2. 专业化

物业管理的专业化,指的是由物业管理企业通过合同或契约的签订,按照产权人和使用人的意志和要求去实施的专业化管理。

3. 市场化

市场化是物业管理最主要的特点。这种通过市场竞争机制和商品经营的方式所实现的商业行为就是市场化。双向选择和等价有偿是物业管理市场化的集中体现。

三、我国物业管理的历史

物业管理产生于 19 世纪 60 年代的英国。20 世纪初，美国也成立了第一个行业协会——芝加哥建筑管理协会。行业自治组织的成立，既标志着物业管理行业的成熟，又有力地推动了物业管理行业的有序发展。

我国改革开放前的城镇住房制度主要呈现三个特征：

一是住房投资由国家和国有企业统包；二是住房分配采取实物分配；三是住房消费采取福利低租金和国家包修包养制度。住房商品化制度：① 建立并扶持商品房市场；② 城镇住房制度改革。1981 年 3 月 10 日，深圳市第一家涉外商品房管理的专业公司——深圳市物业管理公司挂牌成立。1993 年，深圳市人大颁发了全国第一部物业管理地方性法规——《深圳经济特区住宅小区物业管理条例》，以地方立法的方式对物业管理进行制度规范。1994 年颁布了《城市新建住宅小区管理办法》。1995 年，建设部在青岛召开了全国第一次物业管理工作会议。早在 1993 年，深圳市就开始积极探索物业管理招投标制度。2000 年，中国物业管理协会成立。

四、物业管理条例

2003 年 6 月 8 日，国务院颁布了《物业管理条例》，标志着我国物业管理进入了法制化、规范化发展的新时期。《条例》在立法过程中主要遵循以下几个基本原则：

（1）物业管理权利和财产权利相应对应的原则。

（2）维护全体业主合法权益的原则。

（3）现实性与前瞻性有机结合的原则。

（4）从实际出发，实事求是的原则。

《条例》创设的法律制度业主大会、业主公约、前期物业管理招投标、物业承接查验、物业管理企业资质管理、物业管理从业人员职业资格、住宅专项维修资金等七项物业管理的基本制度。学习和贯彻《条例》，关键在于要准确把握《条例》所创设的法律制度的内涵。

（1）尊重和维护业主的财产权利。

物业管理的基础是业主的财产权。

（2）建立业主民主协商、自我管理、平衡利益的机制。

（3）《条例》和有关法律法规共同规范物业管理活动。

《民法通则》、《合同法》、《公司法》、《城市房地产开发经营管理条例》、《建设工程质量管理条例》等法律、法规规定的相关制度，都是规范物业管理活动的法律依据。

（4）妥善处理政府和市场的关系。

正由于业主之间这种不可分割的物上的关联关系，多个业主之间形成了共同利益和共同事务。《条例》明确规定，业主应当遵守业主公约、业主大会议事规则，遵守物业管理区域内物业共用部位和共用设施的使用、公共秩序和环境卫生的维护等方面的制度,执行业主大会的决定,按时交纳物业管理服务费用等。

业主和物业管理企业完全平等,双方通过签订物业服务合同,形成了物业管理企业服务、业主支付服务费用的等价交换关系,是一种真正的民事行为。而民事行为最基本的原则就在于其主体的平等性和行为的自愿性。

商品房销售阶段的物业管理服务,也就是前期物业服务,《条例》规定,前期物业服务合同由建设单位和物业管理企业来签订。但物业管理企业提供服务的对象不仅是建设单位,主要还是逐渐入住的购房人,或者说业主。《条例》要求,购房人在与开发建设单位签订的购房合同中,必须包含建设单位与物业管理企业签订的前期物业服务合同的内容,从而让购房人承担前期物业服务合同中约定的关于物业管理的权利义务。因此,业主在前期物业管理阶段接受物业管理服务,实际上是建立在两个合同基础之上的:一个是建设单位与物业管理企业签订的前期物业服务合同,一个是建设单位与购房人签订的包含前期物业服务内容的商品房销售合同。

供水、供电、供气、通信、有线电视等企业,它们向业主提供产品和服务,业主交纳有关费用,因此,它们之间也是一种合同关系,各自承担相应的权利义务。

社区居委会是居民自我管理、自我教育、自我服务的基层群众性自治组织。居委会是和社区对应的组织,因此,居委会和业主大会之间并不一一对应,双方不存在隶属关系,也不是上下级关系。业主大会、业主委员会应当积极配合相关居民委员会和履行自治管理职责,并接受其指导。

12.2 物业管理服务

一、物业管理服务的内容

(一)物业管理服务

一是对房屋及配套设施设备和相关场地进行维修、养护、管理。

二是维护相关区域内的环境卫生和秩序。

物业管理服务主要包括以下内容:

(1)房屋共用部位的维修、养护与管理。

(2)房屋共用设施设备的维修、养护与管理。

(3)物业管理区域内共用设施设备的维修、养护与管理。

(4)物业管理区域内的环境卫生与绿化管理服务。

(5)物业区域内公共秩序、消防、交通等协管事项服务。

(6)物业装饰装修管理服务。

（7）物业档案资料的管理。
（8）专项维修资金的代理服务。

（二）物业服务合同约定以外的服务

物业管理企业为其提供物业服务合同之外的特约服务项目，通常为有偿服务，接受服务需要支付一定的服务报酬。物业管理企业可以根据业主委托提供物业服务合同约定以外的服务，服务报酬由双方约定。理解这条规定，需注意以下几点：

（1）提供物业服务合同约定以外的服务，并不是物业管理企业的法定义务。
（2）合同以外的服务事项需由特定的业主和物业管理企业另行约定。
（3）物业服务合同约定以外的服务是一种有偿服务。

二、物业管理服务标准

2004年印发了《普通住宅小区物业管理服务等级标准（试行）》物业管理服务的基本要求、房屋管理、共用设施设备维修养护、协助维护公共秩序、保洁服务、绿化养护管理等6个方面界定物业管理服务的内容，制定了3个等级的服务标准，设有服务接待中心，公示24小时服务电话。急修半小时内，其他报修按双方约定时间到达现场，有完整的报修、维修和回访记录。物业管理企业和业主在使用以上标准时，应当注意以下问题：

（1）《标准》为普通商品房、经济适用房、房改房、集资建房、廉租住房等普通住宅小区物业服务的试行标准。
（2）《标准》根据普通住宅小区物业服务需求的不同情况，由高到低设定为一级、二级、三级三个服务等级，级别越高表示物业服务标准越高。
（3）《标准》各等级服务分别由基本要求、房屋管理、共用设施设备维修养护、协助维护公共秩序、保洁服务、绿化养护管理等六大项主要内容组成。《标准》以外的其他服务项目、内容及标准，由签订物业服务合同的双方协商约定。
（4）选用《标准》时，应充分考虑住宅小区的建设标准、配套设施设备、服务功能及业主（使用人）的居住消费能力等因素，选择相应的服务等级。

三、物业服务收费

（一）物业服务收费定价形式

规定了三种定价方式：一是政府定价，是指由政府价格主管部门或者其他有关部门，按照定价权限和范围制定的价格。二是政府指导价，是指由政府价格主管部门或者其他有关部门，按照定价权限和范围规定基准价及其浮动幅度，指导经营者制定的价格。三是市场调节

价,是指由经营者自主制定,通过市场竞争形成的价格。政府定价等不足之处主要体现在以下方面:

(1)不利于物业管理企业提高服务质量。一些物业管理企业取得物价管理部门的收费批件后,根据收费批件向业主收费高枕无忧,同时由于收费标准被限制得过死,助长了物业管理企业安于现状不求进取的消极意识。

(2)制约了业主对物业服务质量的监督权和选择权。物业管理企业凭借政府收费批件收取费用,服务好坏都一个价格,业主对物业管理企业和物业服务质量的监督、选择权利却受到限制。

(3)因定价标准不客观产生了大量矛盾。物业服务内容不仅比较复杂,而且各个物业管理项目情况、物业管理企业的资质情况,以及各项服务的实际状况千差万别,要求政府取代业主准确核实收费标准,客观上是不现实的。由于定价不合理,物业管理企业和业主对政府核定的物业服务收费标准的做法,都不同程度存在着意见。

(4)政府核定物业服务收费标准阻碍了物业管理市场的发展。价格是市场竞争的核心要素,长期持续的政府定价,限制业主和物业管理企业在物业管理市场的选择权,物业管理市场因而丧失活力,物业管理招标制度也会流于形式,无法发挥市场机制的优胜劣汰作用。

(二)物业服务收费形式

1. 包干制收费形式

《物业服务收费管理办法》规定:"包干制是指由业主向物业管理企业支付固定物业服务收费,盈余或者亏损均由物业管理企业享有或者承担的物业服务计费方式。"实行物业服务专用包干制的,物业服务费的构成包括物业服务成本、法定税费和物业管理企业的利润。

2. 酬金制收费形式

酬金制是指在欲收的物业服务资金中按约定比例或者约定数额提取酬金支付给物业管理企业,其余全部用于物业服务合同约定的支出,结余或者不足均由业主享有或者承担的物业服务计费方式。

(三)物业管理服务成本构成

一般包括以下部分:
(1)管理服务人员的工资、社会保障和按规定提取的福利费等。
(2)物业管理企业固定资产折旧。
(3)物业共用部位、共用设施设备及公众责任保险费用。共用设施设备的大修、中修和更新、改造费用,应当通过专项维修资金予以列支,不得计入物业服务支出或者物业服务成本。

(四)物业服务费的缴纳和督促

《条例》规定业主与物业使用人约定由物业使用人缴纳物业服务费用的,从其约定。同时,考虑到业主毕竟是缴纳物业服务费用的第一责任人,业主的地位相对稳定,业主仍然负连带缴纳责任。《条例》规定，已竣工但尚未出售或者尚未交给物业买受人的物业，物业服务费用由建设单位交纳。《条例》和《物业服务收费管理办法》均明确规定：对于欠费业主，业主委员会应当督促其限期交纳；逾期仍不交纳的，物业管理企业可以依法追缴。物业管理企业没有义务向公用事业单位支付这些费用。

物业管理区域内，供水、供电、供气、供热、通信、有线电视等单位应当向最终用户收取有关费用。物业管理企业接受委托代收钱款费用的，不得向业主收取手续费等额外费用。物业管理企业接受委托代收上述费用的，可向委托单位收取手续费。

四、物业服务合同

根据不同物业管理阶段和不同的签约主体，现实存在两种物业服务合同：一种是在前期物业管理阶段，由建设单位选聘物业管理企业所签订的物业服务合同；一种是业主或业主大会选聘物业管理企业签订的物业服务合同。

物业服务合同应当对物业管理事项、服务质量、服务费用、双方的权利义务、专项维修资金的管理与使用、物业管理用房、合同期限、违约责任等内容进行约定。物业服务合同主要内容：

（1）物业管理事项。

业主与物业管理企业在物业服务合同中约定的物业管理事项，是指在签订合同时已经协商一致的物业管理服务的具体内容，双方未达成一致的服务项目或履行中发生的新项目，协商一致后应当另行签订补充协议。

（2）物业服务质量。

（3）物业服务费用。

（4）双方的权利义务。双方的权利义务是泛指法定义务之外的其他需要约定的权利义务。

（5）专项维修资金的管理与使用。合同应当约定业主对物业管理企业使用专项维修资金的申请、审议程序和监督方式等具体内容。

（6）物业管理用房。对于物业管理用房的配置、用途、产权归属等，《条例》有明确规定。

（7）合同期限。合同期限是指合同的有效期。

（8）违约责任。

物业服务合同除需明确以上八项内容外，还应包括当事人双方根据物业服务需要商定的其他条款，如约定合同生效的条件、解除合同的损失赔偿、免责条款约定、合同履行争议的解决方式等。房屋和设备设施的各种图纸、技术资料、使用说明、检修记录档案，以及与物业管理相关的业主情况资料，是进行物业管理与服务的基本条件，关于物业管理资料的移交问题，《条例》作出明确规定：一是物业管理企业承接物业时，应当与业主委员会办理物业验收手续，业主委员会应当向物业管理企业移交物业管理资料；二是物业服务合同终止时，物业管理企业应当将物业管理资料交还给业主委员会；三是物业服务合同终止时，业主大会选聘了新的物业管理企业的，物业管理企业之间应当做好交接工作。

另外，《条例》关于前期物业服务合同的规定，可以从以下两方面解释：一方面，前期物业服务合同可以约定期限。在约定的期限结束以后，物业管理企业可以自动结束合同约定的物业服务项目，而不用承担违约责任。另一方面，前期物业服务合同是一种附终止条件的合同。

前期物业服务合同应包括以下内容：
（1）合同当事人与物业的基本情况。
（2）物业服务内容与质量。
（3）物业服务收费方式。
（4）物业经营管理活动的内容。
（5）物业的承接查验。
（6）物业的使用与维护。
（7）专项维修资金。
（8）违约责任。
（9）其他事项。

在此类合同中，会涉及物业使用与维护，这也是实务中的热点：

> 一、公共建筑和共用设施规划用途不得擅自改变
>
> 无论业主大会、业主委员会、业主和物业管理企业，都不得擅自改变物业管理区域内按照规划建设的公共建筑和共用设施用途。但是，因原规划设计不合理或实际需要，存在确需改变公共建筑和共用设施用途的客观情况。对确需改变公共建筑和共用设施用途的情况，当事人必须依照法律程序进行，通过向规划部门提出申请，经规划部门批准后方可实施。
>
> 二、物业管理区域内的道路场地不得擅自占用与挖掘
>
> 对于业主因维修物业或者公共利益需要，只有征得业主委员会和物业管理企业同意的情况下才可实施。
>
> 三、公用事业单位应当依法履行相关管线和设施设备的维修养护责任
>
> 供水、供电、供气、供热、通信、有线电视等单位，应当依法承担物业管理区域内相关管线和设施设备维修、养护的责任。
>
> 四、业主装饰装修房屋应当依法规范
>
> 装饰装修房屋是业主的权利，但这一权利的行驶应以不损害他人利益和社会公共利益为前提。《条例》规定了业主装修房屋前对物业管理企业的告知义务。业主装饰装修房屋时，不得有违反法规规定以及业主公约明文禁止的行为并应该尽到合理的注意义务。《条例》规定物业管理企业在知道业主装修后应当将相关禁止行为和注意事项告知业主。
>
> 五、利用物业共用部位、共用设施设备经营应当遵守有关规定
>
> 《条例》关于利用物业共用部位、共用设施设备进行经营，主要做三个方面的规定：一是原则规定了利用物业共用部位、共用设施设备进行经营的办理程序，二是明确相关业主、业主大会、物业管理企业对利用物业共用部位、共用设施设备进行经营的事前否决权，三是确定业主由于物业共用部位、共用设施设备经营所得收益的使用方向。关于利用共用部位、共用设施设备经营所得经营收益的使用问题，各方面认识比较一致，应当优先用于补充住宅专项维修资金，也可以按照业主大会的决定使用。

12.3 物业管理的基本制度

《条例》确立了 6 项物业管理的基本制度：业主大会制度、业主公约制度、前期物业管理招投标制度、物业承接查验制度、物业管理企业资质管理制度、住宅专项维修资金制度。

一、业主大会制度

《条例》确立了业主大会和业主委员会并存，业主大会决策、业主委员会执行的制度。

《条例》规定业主大会和业主委员会应当依法履行职责，不得作出与物业管理无关的决定，不得从事与物业管理无关的活动。

（一）业主的概念

房屋的所有权人是业主。将业主定义为"房屋的所有权人"，并没有排除业主对与房屋相配套的设备、设施和相关场地拥有的相关权利，在物业管理活动中，业主作为不动产所有权人，不受国籍限制，也不受自然人、法人或其他组织的属性限制。我国对房地产管理实行权证管理方式。现实物业管理中，具备业主身份的情况有三种：一是房屋所有权证书持有人；二是房屋共有权证书持有人；三是待领房屋所有权证书和房屋共有权证书的购房人。

（二）业主的权利

《条例》规定业主在物业管理活动中享有的权利包括：

（1）按照物业服务合同的约定，接受物业管理企业提供的服务。

（2）提议召开业主大会会议，并就物业管理的有关事项提出建议；经 20%以上的业主提议。

（3）提出制定和修改业主公约、业主大会议事规则的建议。

（4）参加业主大会会议，行使投票权。

（5）选举业主委员会委员，并享有被选举权。

（6）监督业主委员会的工作。

（7）监督物业管理企业履行物业服务合同。

（8）对物业共用部位、公用设施设备和相关场地使用情况享有知情权和监督权。

（9）监督物业共用部位、共用设施设备专项维修资金的管理和使用。

（10）法律、法规规定的其他权利。

（三）业主的义务

（1）遵守业主公约、业主大会议事规则。

（2）遵守物业管理区域内物业共用部位和共用设施设备的使用、公共秩序和环境卫生的维护等方面的规章制度。
（3）执行业主大会的决定和业主大会授权业主委员会作出的决定。
（4）按照国家有关规定交纳专项维修资金。
（5）按时交纳物业服务费用。
（6）法律、法规规定的其他义务。

（四）业主大会

业主大会是业主参与物业管理活动的组织形式，由物业管理区域内全体业主组成。
性质：业主大会代表和维护物业管理区域全体业主在物业管理活动中的合法权益。

1. 成立业主大会的限制和选择

一个物业管理区域只能成立一个业主大会，同一个物业管理区域内的业主，应当在物业所在地的区、县人民政府房地产行政主管部门的指导下成立业主大会，并选举产生业主委员会。只有一个业主的，或者业主人数较少且经全体业主一致同意，决定不成立业主大会的，由业主共同履行业主大会、业主委员会职责。

2. 业主大会的筹备

1）成立业主大会筹备组

业主筹备成立业主大会，应当在物业所在地区、县人民政府房地产行政主管部门和街道办事处的指导下，由业主代表、建设单位组成业主大会筹备组。

2）业主大会筹备组的工作内容

（1）确定首次业主大会会议召开的时间、地点、形式及内容。
（2）参照政府主管部门制订的示范文本，拟定《业主大会议事规则》（草案）和《业主公约》（草案）。
（3）确定业主身份，确定业主在首次业主大会会议上的投票权数。
（4）确定业主委员会委员候选人产生办法及名单。
（5）做好召开首次业主大会会议的其他准备工作。

3）筹备业主大会的工作要求（14项）

反馈修改意见的时间和反馈方式同时公告。
业主大会筹备组应当自组成之日起90日内在物业所在地的区、县人民政府房地产行政主管部门的指导下，组织业主召开首次业主大会会议。

（五）业主委员会（是签约主体）

业主委员会是执行机构，业主委员会由全体业主通过业主大会会议选举产生，业主大会的常设性执行机构。业主委员会的5项主要职责是：

（1）召集业主大会会议，报告物业管理的实施情况。

（2）代表业主与业主大会选聘的物业管理企业签订物业服务合同。

（3）及时了解业主、物业使用人的意见和建议，监督和协助物业管理企业履行物业服务合同。

（4）监督业主公约的实施。

（5）业主大会赋予的其他职责。

《条例》规定业主委员会成立后应当向物业所在地的区、县人民政府房地产行政主管部门备案。《条例》还对业主委员会备案的时间作了限定，规定备案的时间为自选举产生之日起30日内。（告知性备案，非告知性备案）

二、业主公约制度

鉴于业主之间在物业管理过程中发生的关系属于民事关系，不宜采取行政手段进行管理。

（一）业主公约的概念

业主公约是由全体业主共同制定的，规定业主在物业管理区域内有关物业使用、维护、管理等涉及业主共同利益事项的，对全体业主具有普遍约束力的自律性规范，它一般以书面形式订立。业主公约的作用是物业管理法律法规和政策的一种有益的补充，是有效调整业主之间权利与义务关系的基础性文件，也是物业管理顺利进行的重要保证。共同财产和共同利益是业主之间建立联系的基础，业主公约就是物业管理区域内全体业主建立的共同契约。

业主公约的内容主要包括4个方面：

（1）有关物业的使用、维护、管理。

（2）业主的共同利益。

（3）业主应当履行的义务。

（4）违反公约应当承担的责任。

业主公约对物业管理区域内的全体业主具有约束力。业主公约的效力范围当然涉及全体业主。业主公约的法律效力应当注意以下两点：

（1）业主公约对物业使用人也发生法律效力。

（2）业主公约对物业的继受人（即业主）自动产生效力。

（二）业主临时公约

《条例》要求，建设单位在销售物业之前，应当制定业主临时公约。

业主临时公约的内容如下：

（1）物业的自然情况与权属情况。

（2）业主使用物业应当遵守的规则：

① 遵守相邻权规定。

② 遵守房屋装饰装修规定。
③ 共用部位共用设施设备的使用规定。
④ 使用物业的禁止性规定。
（3）维修养护物业应当遵守的规则。
（4）涉及业主共同利益的事项。
（5）违约责任。主要应规定以下内容：
① 业主违反关于物业的使用、维护和管理的约定，妨碍物业正常使用或造成物业损害及其他损失的，其他业主和物业管理企业可依据临时公约向法院提起诉讼。
② 业主违反关于业主共同利益的约定，导致全体业主的共同利益受损的，其他业主和物业管理企业可依据临时公约向法院提起诉讼。
③ 建设单位未能履行临时公约约定义务的，业主和物业管理企业可向有关行政主管部门投诉，也可根据临时公约向法院提起诉讼。

三、前期物业管理招标制度

《条例》特别要求，住宅物业的建设单位，应当以招投标的方式选聘物业管理企业。《条例》又作了例外的规定，对于规模较小的住宅物业，采用招投标的程序相对复杂，费时较多，费用也较高，建设单位可以采用协议的方式选聘物业管理企业；投标人少于3个的，由于缺乏足够的竞标，进行招投标的意义不大，也可以采用协议的方式选聘物业管理企业。应当经过物业所在地的区、县房地产行政主管部门的批准，才可以进行。不管是采用招投标方式还是采用协议方式，都应当选聘具有相应资质的物业管理企业。

投标文件应当包括以下内容：
（1）投标函。
（2）投标报价。
（3）物业管理方案。
（4）招标文件要求提供的其他材料。

《条例》第57条规定：违反本条例的规定，住宅物业的建设单位未通过招投标的方式选聘物业管理企业或者未经批准，擅自采用协议方式选聘物业管理企业的，由县级以上地方人民政府房地产行政主管部门责令限期改正，给予警告，可以并处10万元以下的罚款。

四、物业承接查验制度

物业承接查验包括物业管理资料移交和物业现场验收两部分。
（1）物业管理资料移交。
建设单位向物业管理企业移交下列物业资料：
① 竣工验收资料。
② 技术资料。

③ 物业质量保修文件和物业使用说明文件。
④ 物业管理所必需的其他资料。
(2) 物业现场验收。

物业现场验收包括物业共用部位共用设施设备验收和物业管理区域环境验收两个方面。

物业的保修责任,《条例》第 31 条规定:"建设单位应当按照国家规定的保修期和保修范围,承接物业的保修责任。"建设单位在前期物业服务合同中的保修承诺,不得低于《住宅质量保证书》所规定的保修范围和保修期限。

五、物业管理企业资质管理制度

一级物业管理企业资质证书由国务院建设主管部门负责颁发。二级物业管理企业资质证书由省、自治区人民政府建设主管部门负责颁发。直辖市人民政府房地产主管部门负责二级和三级物业管理企业资质证书的颁发和管理,设区的市级人民政府房地产主管部门负责三级物业管理企业资质证书的颁发和管理。

1. 新设立物业管理企业的资质申请

新设立的物业管理企业应当自领取营业执照之日起 30 日内,持下列文件向工商注册所在地直辖市、设区的市的人民政府房地产主管部门申请资质:
(1) 营业执照。
(2) 企业章程。
(3) 验资证明。
(4) 企业法定代表人的身份证明。
(5) 物业管理专业人员的职业资格证书和劳动合同,管理和技术人员的职称证书和劳动合同。

新设立的物业管理企业,其资质等级按照最低等级核定,并设一年的暂定期。

2. 物业管理企业资质等级的核定

申请核定资质等级的物业管理企业,应当向工商注册所在地直辖市、设区的市级人民政府房地产主管部门提交下列材料:
(1) 企业资质等级申报表。
(2) 营业执照。
(3) 企业资质证书正、副本。
(4) 物业管理专业人员的职业资格证书和劳动合同,管理和技术人员的职称证书和劳动合同,工程、财务负责人的职称证书和劳动合同。
(5) 物业服务合同复印件。
(6) 物业管理业绩材料。

在此,又出现了房地产专业相关的一个重要职业证书——物业管理师:

物业管理师是指经全国统一考试，取得《中华人民共和国物业管理师资格证书》，并依法注册取得《中华人民共和国物业管理师注册证》，从事物业管理工作的专业管理人员。

一、物业管理师资格考试

1. 物业管理师资格考试管理

物业管理师资格实行全国统一大纲、统一命题的考试制度，原则上每年举行一次。人事部、建设部共同成立物业管理师资格考试办公室，负责物业管理师资格考试工作。

经物业管理师资格考试合格人员，由人事部、建设部委托省、自治区、直辖市人民政府人事行政部门，颁发人事部统一印制，人事部、建设部用印的《物业管理师资格证书》。该证书在全国范围内有效，取得《物业管理师资格证书》的人员，用人单位可以根据工作需要聘任经济师职务。

2. 物业管理师资格考试内容和考试方法

考试科目为《物业管理基本制度与政策》、《物业管理实务》、《物业管理综合能力》和《物业经营管理》。

考试成绩实行2年为一个周期，参加全部4个科目考试的人员必须在连续2个考试年度内通过全部科目。

3. 物业管理师资格考试报名条件

二、物业管理师注册

1. 初始申请注册

取得《物业管理师资格证书》的人员，经注册后方可以物业管理师的名义执业。申请注册的人员，应当受聘于一个具有物业管理资质的企业，并通过聘用企业向本企业工商注册所在省的注册审查机构提出初始注册申请。

建设部为物业管理师资格注册审批机构。省、自治区、直辖市人民政府房地产主管部门为物业管理师资格注册审查机构。

取得《物业管理师资格证书》人员初始申请注册者，自取得《物业管理师资格证书》之日起1年内提出初始注册申请，并提交以下材料：

（1）《中华人民共和国物业管理师初始注册申请表》。

（2）《资格证书》。

（3）与聘用单位签订的劳动合同。

取得《资格证书》人员超过1年逾期提出初始注册申请的，在申请初始注册时，还应当提交通过继续教育的证明材料。

2. 申请延续注册

物业管理师资格注册有效期3年。注册有效期届满需要继续执业的，应当在有效期满前30个工作日内，向注册审查机构申请延续注册。

在注册有效期内，物业管理师变更执业单位，应当向注册审查机构办理变更注册手续。变更注册后，其《注册证》在原注册有效期内继续有效。

> ### 三、物业管理师执业
>
> 物业管理师应当接受继续教育，不断更新知识，提高业务水平，每年接受继续教育时间应当不少于40学时。
>
> 物业管理师应当具备以下执业能力：
> （1）掌握物业管理、建筑工程、房地产开发与经营等专业知识。
> （2）具有一定的经济学、管理学、社会学、心理学等相关学科的知识。
> （3）能够熟练运用物业管理相关法律、法规和有关规定。
> （4）具有丰富的物业管理实践经验。
>
> 物业管理师的执业范围是：
> （1）制定并组织实施物业管理方案。
> （2）审定并监督执行物业管理财务预算。
> （3）查验物业共用部位、共用设施设备和有关资料。
> （4）负责房屋及配套设施设备和相关场地的维修、养护与管理。
> （5）维护物业管理区域内环境卫生和秩序。
> （6）法律、法规规定和物业服务合同约定的其他事项。

六、住宅专项维修资金制度

多年的实践证明，建立专项维修资金，对保证物业共用部位、共用设施设备的维修养护，保证物业的正常使用，保障全体业主共同利益，是十分必要的。

（一）住宅专项维修资金的定义

（1）住宅专项维修资金，是指专项用于住房共用部位、共用设施设备保修期满后的维修和更新、改造的资金。

（2）住宅共用部位、共用设施设备主要包括：

① 住宅区内全体业主共同所有的部位和设施设备。

② 单幢住宅内全体或者部分业主共同所有的部位和设施设备。

③ 单幢住宅及与之相连的非住宅物业的全体业主共同所有的部位和设施设备。

（二）住宅专项维修资金的交存方式

（1）商品住宅维修资金。

（2）出售公有住宅维修资金。

(三)住宅专项维修资金的使用

(1)住宅专项维修资金的使用,应当遵循方便快捷、公开透明、受益人和负担人相一致的原则,任何单位和个人不得挪做他用。

(2)开发建设单位或者公有住房售房单位应当按照尚未售出商品住房或者公有住房的建筑面积,分摊住房共用部位、共用设施设备的维修、更新和改造费用。

(3)代收代管单位在保证住宅专项维修资金正常使用的前提下,可以按照国家有关规定和业主大会的决定,将住宅专项维修资金用于购买一级市场国债;但不得从事国债回购、委托理财业务或者将购买的国债用于质押、抵押等担保作为。

(4)住宅专项维修资金存储的利息收入,利用住宅专项维修资金购买国债的增值收益,利用住房共用部位、共用设施设备进行经营所得的纯收益,以及住房共用设施设备报废后回收的残值,应当转入住宅专项维修资金滚存使用。

(四)住宅专项维修资金的列支

(1)按以下两种方式从住宅专项维修资金中列支:① 用于全体业主共同所有的共同部位、共用设施设备,由相关业主按照各自拥有物业建筑面积的比例分摊;② 用于部分业主共同所有的共用部位、共用设施设备的,由相关业主按照各自拥有物业建筑面积的比例分摊。

(2)以下费用不得从住宅专项维修资金中列支:

① 依法应由建设单位承担的住房共用部位、共用设施设备维修、更新和改造费用。

② 依法应由相关单位承担的供水、供电、供气、供热、通信、有线电视等管线和设施设备的维修、养护费用。

③ 人为损坏住房共用部位、共用设施设备所需的修复费用。

④ 根据物业服务合同约定,应当由物业管理企业从物业服务费用或者物业服务资金中支出的住房共用部位、共用设施设备的维修养护费用。

(五)住宅专项维修资金的计划管理

(1)住宅专项维修资金使用计划的提出。

(2)住宅专项维修资金使用计划的实施。

住宅专项维修资金使用计划的实施必须具备以下条件:

① 全体业主共同所有的共用部位、共用设施设备维修、更新和改造的资金的使用计划,经业主大会通过后实施;未成立业主大会的,经全体业主2/3以上通过后实施。

② 部分业主共同所有的共用部位、共用设施设备维修、更新和改造的资金的使用计划,经对该共用部位、共用设施设备具有共有关系的业主1/2以上通过后实施。

③ 资金使用计划涉及动用公有住房售房单位交存的住宅专项维修资金的,还应当经财政部门审核后,方可实施。

案例　业主委员会

案情介绍：2016年12月20日，本市沙坪坝区阳光小区召开业主大会，因当地居委会换届，加之时间仓促，故未通知其安排代表参会，本次会议实际参会人员共计500人，参会业主持有建筑面积约6万平方米，本次会议通过了小区共用停车位收费标准及管理办法、更换部分业委会成员、使用并补筹专项维修资金等事项，两个月后，小区业委会在区房管局的监督下将本次会议记录告知业主。经查明，该小区总建筑面积12万平方米，业主1200人，实际居住人口3000人，入住率75%。

问：你认为本案存在哪些不规范之处？

（1）未通知当地居委会指派代表参会，依据：见《业主大会和业主委员会指导规则》第53条；
（2）参会人数不足，依据：见《物业管理条例》第12条第1款；
（3）表决事项不规范，依据：见《物业管理条例》第12条第3款；
（4）会议记录公告时间滞后，依：《业主大会和业主委员会指导规则》第30条第2款。

第12板块资源

主要参考资料

[1] 全国一级建造师执业资格考试用书编写委员会. 建设工程法规及相关知识. 2017 年版. 北京：中国建筑工业出版社，2017.
[2] 杨家学. 房地产开发流程. 北京：法律出版社，2010.
[3] www.baidu.com 百度文库网站.
[4] www.sqxb.com 北京尚权律师事务所网站.
[5] www.findlaw.cn 找法网.
[6] www.jianshe99.com 建设工程教育网.
[7] www.exami8.com 考试吧网.
[8] 高其才. 法理学讲义. www.baidu.com/zhuxingangel/blog/item/303d4.

第1版后记

本书的完成，要感谢编写团队的努力合作，以及重庆房地产职业学院领导的支持与帮助。在此，我本人想以后记的形式表达两个关键词："感谢"、"期待"。

感谢：

重庆房地产职业学院房地产研发与建设系主任范幸义教授对本书的完成给予了巨大的帮助与指导，范主任是建筑方面的专家，本书在编写过程中，有许多结构与内容上的安排，源于范主任的精心指导。谨此表示衷心感谢。

同时，读者会注意到，本书的编著团队十分有特色。首先，编著团队涉及法律、建筑工程等专业，因此本书避免出现只讲法律，不懂建筑实务的情况。其次，编著团队以在职高校教师为主，同时有法律事务部门的法官与律师参与，因此强化了实务案例的质量。最后，编著团队涉及重庆、上海、北京、辽宁、陕西、厦门等地区，因此结合各地区实务案例与法律纠纷解决途径。在此，我代表我个人，向整个编著团队的成员表示真心感谢，没有你们的辛勤劳动与创新精神，就没有本书的完成！

期待：

本书有五大特点：

1. 结构创新。本书以房地产建设流程为编写体例，从房地产前期开发（包括拿地、项目各种证书的报批等），到工程建设（包括招投标、监理等），再到房地产后期销售、租赁与物业管理。但同时，本书兼顾基本法律知识体系，在每一知识板块之后，以法律基础的形式将相关法律知识与制度进行系统讲解。

2. 突出实务。本书突出实务特色，每一知识板块都配有实训板块，并非简单的案例，而是以任务驱动的模式，帮助读者主动查阅相关资料，培养其分析问题、解决实务法律问题的能力。

3. 联系考证。本书的编写与相关考证紧密联系，以一级建造师、房地产估计师等相关考试的法律科目为编写依据，并附有历年真题，以帮助读者检验自己的学习效果。

4. 快乐学习。本书强调教材的可读性：首先，本书以知识板块为编写模式，区别于传统教材的章节模式，每一板块的案例导入部分有利于读者主动思考，强调实务能力。其次，本书的导读部分以"案例连载"的形式，以一名毕业生小芳刚进入房地产企业工作为线索，从第1知识板块到第10知识板块，都以小芳在工作生活中遇到的法律纠纷为案例导入。最后，本书在强调法律严谨与程序的同时，注重文字表述的可读性，以求用案例漫画与幽默的语言吸引读者。

5. 复合人才。本书强调知识的复合型：首先，语言能力，本书的上篇部分的扩展阅读附有辩论技巧、面试技巧和英语学习内容，注重综合能力的培养。其次，经济学知识，本书的中篇部分的扩展阅读附有经济学基础知识，编者有经济学专业背景，以实现经济与法律的融合。最后，职业规划，本书的下篇部分的扩展阅读附有职业规划内容，例如专升本、公务员考试内容，希望帮助读者在学习专业知识的同时，明确自己的职业方向。

因此，我期待读者对上述五大特点在实际使用本书过程中的效果给予批评指正，以求进步与提高！

何　峰

2011年夏于山城重庆

第 2 版后记

本书第 2 版的完成，要感谢编写团队的辛勤付出，以及重庆房地产职业学院领导的支持。

要特别感谢重庆房地产职业学院房地产研发与建设系主任范幸义教授。范主任对本书第 2 版的修订，提出了许多宝贵意见，在此表示衷心感谢。

第 2 版教材在案例、实训任务、同步真题等方面与第 1 版相比，有明显的改进，这一切源于整个编写团队的辛勤劳动与创新精神，你们辛苦了！

由于时间与能力有限，第 2 版难免有所疏漏与不足，在实际使用过程中，恳请读者给予批评指正，联系方式：275070765@QQ.com

何　峰

2013 年夏于山城重庆

第 3 版后记

本书第 3 版的完成，要感谢编写团队的辛勤付出。

2011 年本书第 1 版完成之时，笔者开始西南政法大学读博之路，2013 年本书第 2 版完成之时，笔者有幸参与德国职业教育考察项目，尝试将德国职业教育理念与建筑法职业教育有机结合。2017 年本书第 3 版落笔之时，笔者已在西南大学法学院任教。笔者与本书一起成长，在此，特别感谢重庆房地产职业学院房地产建设工程系系主任范幸义教授。范主任对本书第 3 版的修订，提出了许多宝贵意见，在此表示衷心感谢。也要感谢西南大学法学院张新民书记对笔者一直以来的关心与帮助。饮水思源，不忘笔者的博士生导师张怡教授的恩情，因恩师的鼓励，让本人不敢懈怠，继续前行。

第 3 版教材在编排、案例、实训任务等方面与第 2 版相比，有明显改进，这一切源于整个编写团队的辛勤劳动与创新精神，您们辛苦了！

由于时间与能力有限，第 3 版难免有所疏漏与不足，在实际使用过程中，恳请读者给予批评指正，联系方式：275070765@QQ.com

何　峰
2017 年夏于山城重庆